MÉMOIRES SECRETS

DU MÊME AUTEUR
AUX MÊMES ÉDITIONS

Mémoires secrets, tome 1, 1998

MONSIEUR X

MÉMOIRES SECRETS

tome 2

DENOËL

Ouvrage publié sous la direction
de Françoise Roth

9, rue du Cherche-Midi, 75006 Paris
ISBN 2-207-24822-4
B 24822.8

Préface

Semaine après semaine, Monsieur X continue à distiller ses confidences. « Gorge profonde » à la française, ex-agent des services de renseignement ou porte-parole d'un club d'anciens du renseignement, il veille plus que jamais à préserver son anonymat. Et je désespère d'en apprendre un jour plus sur ce mystérieux personnage.

J'ignore tout autant combien de fois il acceptera encore d'enregistrer ces récits pour les auditeurs de France-Inter. Un jour, peut-être, je trouverai porte close sur le palier de ce bureau d'export-import où nous avons nos habitudes depuis un peu plus de deux ans. Monsieur X aura à tout jamais disparu de ma vie.

Secrets d'État, révélations, une fois de plus, Monsieur X propose un éclairage nouveau et décapant sur les coulisses du pouvoir et le monde occulte de l'espionnage. Il démythifie, dévoile, accuse. Avec lui, nous en savons plus sur le versant obscur de l'Histoire, celui qu'il ne nous est jamais permis de connaître.

Dans ces nouveaux dossiers surgissent des noms très connus de l'espionnage et du monde du renseignement. On y croise Cicéron, Abel ou Philby. Mais d'autres personnages apparaissent : agents doubles, traîtres sur ordre, paumés du renseignement, ils expriment à leur façon la grandeur et la servitude de cet étrange métier de l'ombre.

Encore une fois, il ressort que Monsieur X a une connaissance aiguë des événements et des destins les plus contemporains. Le Che, mais aussi Carlos ou Bokassa nous apparaissent plus proches et parfois plus humains. Les secrets que dissimulent leur vie ou leur mort en sont d'autant plus surprenants.

PATRICK PESNOT

1

L'homme qui croyait être un espion

Même un demi-siècle après la fin de la guerre, certains secrets dorment encore. Des secrets qu'on ne veut pas révéler parce qu'ils trahissent des méthodes d'intoxication ou de manipulation qui sont peut-être toujours utilisées aujourd'hui. Ou qui pourraient servir demain, si, par malheur, un conflit mondial éclatait à nouveau...

Selon Monsieur X, l'affaire Cicéron cache l'un de ces secrets. C'est un classique de l'histoire de l'espionnage. Une histoire sur laquelle on croyait tout connaître. Il n'en est rien, affirme Monsieur X.

S'il s'y est intéressé, c'est presque par jeu. Parce que, en étudiant le dossier en professionnel, il a eu l'intuition que tout n'était pas clair et que cette affaire en cachait une autre. Il a mené sa propre enquête dans un milieu, celui du renseignement, où il compte encore beaucoup de relations. Et c'est ainsi qu'il a découvert la vérité, l'histoire vraie d'un espion qu'on appelait Cicéron !

Une aventure qui, par la technique utilisée, rappelle beaucoup la mystification mise en œuvre dans la malheureuse affaire du réseau Prosper [1].

1943, Ankara, capitale de la Turquie, un pays encore neutre qui est au centre de la guerre secrète que livrent les Alliés au IIIe Reich. Un diplomate allemand reçoit la visite d'un homme qui

1. Voir le tome 1 des *Mémoires secrets* de Monsieur X, page 27.

lui propose de lui livrer des documents provenant de l'ambassade anglaise contre une très grosse somme d'argent. L'Allemand se méfie. L'homme lui confie alors qu'il est le valet de chambre de l'ambassadeur britannique. Le diplomate en réfère à ses supérieurs, qui alertent eux-mêmes Berlin. Le feu vert est donné en un temps record. C'est ainsi que commence l'affaire Cicéron, Cicéron étant le nom de code attribué à ce valet de chambre passablement indélicat. Pourquoi Cicéron ? Parce que les renseignements qu'il fournit sont particulièrement éloquents ! Curieuse plaisanterie. En tout cas, les documents qu'il fait passer aux Allemands sont de première importance. Et l'affaire Cicéron apparaît aujourd'hui encore comme l'un des plus grands succès de l'espionnage allemand pendant cette période.

Avant de m'intéresser vraiment à cette histoire, j'en savais ce que savent les gens férus d'histoire contemporaine. Pas plus. Et puis un jour, tout à fait par hasard, j'ai eu entre les mains un article paru dans une revue historique, largement inspiré par les souvenirs de l'espion et écrit par Decaux ou Castelot... Qu'ils me pardonnent, mais parfois il m'arrive de les confondre.

Ce récit était très vivant et riche d'anecdotes. Mais, manifestement, certains détails ne collaient pas. Surtout quand on les examinait avec un œil de technicien du renseignement. C'est pourquoi j'ai voulu en savoir plus.

Elyesa Bazna, tel était son vrai nom, était un type assez insignifiant. Un valet de chambre, un *kawass*, comme on dit en Turquie. Il était né dans un territoire de l'ancienne Yougoslavie qui était encore sous la domination turque. Et lorsque la Sublime Porte s'est effondrée, tout naturellement, lui et sa famille sont allés s'installer à Constantinople. Là, Bazna a longtemps vécu de combines, d'expédients, de petites escroqueries. Il est évident qu'il n'avait pas un sens moral très développé. Il avait surtout une fâcheuse tendance à mettre son nez dans les affaires des autres. Or son métier de *kawass* lui permettait justement de satisfaire cette curiosité. Un maître, c'est bien connu, n'a pas de secrets pour son valet de chambre !

Elyesa Bazna n'exerçait son honorable profession que dans les cercles diplomatiques. Sans doute parce que cet homme habile, qui présentait bien, baragouinait quelques langues étrangères. Il a donc travaillé successivement chez les Américains, les Allemands et les Anglais. Une instabilité qui devait beaucoup à sa manie de fouiller partout. Le conseiller d'ambassade allemand Jenken l'avait par exemple surpris en train de lire son courrier.

Au moment où éclate la Seconde Guerre mondiale, Elyesa Bazna est valet de chambre de Son Excellence Hugue Knatchbull-Hugessen, ambassadeur de Grande-Bretagne. Or sir Hugue n'est pas n'importe qui : non seulement il occupe un poste diplomatique stratégique mais c'est un ami personnel d'Anthony Eden. Et le patron du Foreign Office le tient régulièrement informé des grandes décisions prises en matière de politique étrangère. Sir Hugue, en particulier, a connaissance par le détail des conférences de 1943 entre Alliés. Maints documents ultra-secrets passent donc entre ses mains.

Elyesa, qui n'a pas les yeux dans sa poche, a observé que l'ambassadeur possède deux cassettes dans lesquelles il classe les télégrammes et les rapports qu'il reçoit. Deux boîtes métalliques toutes simples qui ferment à clef. Le soir, avant d'aller se coucher, sir Hugue les range dans un coffre-fort. Mais dans la journée elles se trouvent sur sa table de travail ou même sur sa table de nuit. Toutefois, le *kawass* a remarqué que l'ambassadeur veille plus spécialement sur l'une des cassettes, celle qui est de couleur rouge. Sans doute y dépose-t-il les documents les plus secrets.

Sir Hugue – je m'en tiens toujours à la version « officielle » de l'affaire – avait une grande confiance dans son valet de chambre. Il paraît même que le modeste *kawass*, pourvu d'un joli timbre de voix, et l'aristocrate anglais nourrissaient une passion commune pour l'opéra. Et il arrivait à sir Hugue d'accompagner au piano son domestique.

Un beau matin, sir Hugue repose dans son bain. Dans la

chambre voisine, le *kawass* prépare les vêtements de Son Excellence. Soudain, il aperçoit sur la table les clefs de son maître. Parmi elles, celle de la cassette rouge. Aussitôt, Bazna sort un bâton de cire de sa poche et prend une empreinte. Un peu de cire reste collé sur la clef. Bazna s'empare alors d'un grand mouchoir de l'ambassadeur et commence à nettoyer la clef avec soin. Sir Hugue sort inopinément de la salle de bains. Avec beaucoup de sang-froid, le *kawass* montre le mouchoir à son maître : « Ce mouchoir n'est pas très net, sir... Je le mets au sale ! »

Autant l'avouer tout de suite, ce récit ne me paraît guère crédible. Ce n'est pas tellement le moyen utilisé, l'empreinte dans un morceau de cire, que l'accumulation de détails – la cire, le mouchoir – qui me semble suspecte. On a l'impression de se trouver en face d'un récit fabriqué. Fabriqué de toutes pièces et construit après coup. Bazna, il l'a naïvement révélé plus tard, avait décidé qu'il serait un grand espion, le plus grand de tous les espions !

Mais revenons à ce récit largement inspiré par Cicéron lui-même. Grâce à l'empreinte, il a fait fabriquer une clef. Désormais, il peut donc ouvrir comme il le veut la fameuse cassette rouge de sir Hugue. Difficile pour autant de voler les documents qu'elle contient. Inévitablement, l'ambassadeur s'en apercevra. Alors, Bazna, qui a décidément tout prévu, imagine d'emprunter quelques minutes les documents et de les photographier. Il ne dispose que d'un vieux Leica muni d'un objectif de 35 mm. Pour éclairer les documents, il se sert d'une simple ampoule de 100 watts. Quasiment impossible dans ces conditions d'obtenir des clichés parfaits. Et pourtant, très curieusement, les photos se révèlent très exploitables. Encore une invraisemblance ! Mais passons.

Avec un certain culot, le *kawass* va voir son ancien patron, l'Allemand Jenken. Celui qui, justement, l'a pris la main dans le sac en train de lire son courrier. Un diplomate qui est aussi le beau-frère du ministre des Affaires étrangères du IIIe Reich,

Ribbentrop. Bazna lui propose un marché. Un rouleau de photos de documents secrets britanniques contre 20 000 livres sterling ! C'est-à-dire l'équivalent de 80 000 dollars. Une somme importante, considérable même.

Jenken est méfiant. À juste titre. Il connaît trop bien le *kawass*. En même temps, il se dit que ce fouineur a peut-être réellement réussi à subtiliser des secrets aux Anglais. Et puis il y a l'importance de la somme que demande Bazna. Par sa démesure même, elle renforce la crédibilité de son offre.

Le diplomate hésite. Finalement, il décide de faire patienter le *kawass* et contacte le représentant allemand en Turquie du S.D., le service de renseignement des S.S. Un nommé Ludwig Moyzisch. Un professionnel, donc. Encore plus méfiant que Jenken. Mais l'offre est alléchante. Chacun sait, dans le petit monde du renseignement, qu'il se produit quelquefois, exceptionnellement, des coups de chance fabuleux. Alors Moyzisch propose un nouveau rendez-vous à Bazna. Le temps de réunir la somme, prétend-il. Le temps surtout de télégraphier à Berlin et demander des instructions.

Berlin réagit très vite. À peine soixante-douze heures plus tard, la réponse arrive : elle est positive. Les 20 000 livres sterling parviennent aussitôt à l'ambassade allemande d'Ankara. Et la transaction commence. « Vous avez l'argent ? » demande Bazna. Moyzisch ouvre un coffre, en sort 20 000 livres qu'il pose sur la table. « C'est à vous, si les documents sont aussi importants que vous le prétendez ! » Bazna lui tend un rouleau de pellicule. Aussitôt, ensemble, les deux hommes vont développer les photos dans la cave de l'ambassade. Dès que le révélateur commence à agir, Moyzisch tombe des nues : ce qu'il a sous les yeux est prodigieux !

Il y a par exemple des copies des télégrammes échangés entre Moscou, Londres et Washington sur les problèmes des relations interalliées ; mais aussi des documents relatifs à quelques théâtres d'opérations et également un télégramme au sujet d'un projet d'implantation de la Royal Air Force en Turquie.

Incontestablement, la moisson est inespérée. Et, au vu de ces documents, les Allemands ne peuvent regretter leurs 20 000 livres sterling. D'ailleurs, l'agent allemand Moyzisch a raconté lui-même, dans un livre intitulé *Opération Cicéron*, sa stupéfaction : « Là, sur mon bureau, se trouvaient les secrets politiques les plus soigneusement protégés de l'ennemi, et d'une valeur inestimable. Ces documents n'avaient rien de suspect. Ce n'était pas un coup monté. Aucun doute, c'étaient bien des pièces authentiques. Du ciel nous tombait le genre d'informations dont un agent secret rêve sa vie durant, sans espoir de s'en emparer ! »

Dans ce récit, Moyzisch oublie qu'il a quand même été convoqué à Berlin où certains trouvaient l'affaire trop belle pour ne pas être suspecte. Là, il a été longuement questionné par ses chefs, les patrons du S.D., c'est-à-dire Kaltenbrunner et Schellenberg. Le ministre des Affaires étrangères, Ribbentrop, s'en est aussi mêlé. Et, l'affaire étant d'importance, elle est remontée jusqu'à Hitler. Cette contre-enquête a permis de relever les points douteux. Il y en avait surtout deux.

Les nazis s'interrogent d'abord à propos de la façon dont Bazna avait opéré. Ils n'arrivent pas à croire que le valet de chambre a pu photographier tout seul les documents... Sur une photo agrandie, on voit nettement deux doigts. Comment Bazna aurait-il pu à la fois tenir les documents et prendre des clichés, alors qu'un expert a établi qu'étant donné le genre d'appareil utilisé par Cicéron, il devait se trouver à au moins trois mètres des papiers à photographier. À qui appartiennent ces doigts ? À un complice ?

Deuxième point qui semble louche, les documents paraissent avoir été choisis avec soin. Bref, Bazna n'a pas photographié n'importe quoi. Bizarre pour un type qui ne possède qu'imparfaitement la langue anglaise. Comment a-t-il fait ?

Mais le paradoxe, c'est que même si les Allemands sont à peu près persuadés que Cicéron est un fieffé menteur, il leur est difficile de suspecter l'authenticité des documents qu'il a livrés !

D'autant que Elyesa Bazna n'a pas l'intention d'en rester là. Il dit à ses interlocuteurs allemands : « Ça sera 15 000 livres sterling pour chaque nouveau rouleau ! » Malgré leur méfiance, les nazis acceptent le marché. Bientôt une autre livraison va les rassurer définitivement.

Dans ce nouveau rouleau photographique, une pièce annonce un prochain bombardement allié sur Sofia, la capitale de la Bulgarie. Or, au jour dit, Sofia est bombardée ! Cette fois, Berlin ne peut plus douter. L'opération Cicéron ne cache aucun piège. À noter d'ailleurs – et ce n'est pas un mince détail – que près de 4 000 Bulgares ont payé de leur vie cette affaire. Car les nazis qui, à l'époque, suspectent encore Cicéron, n'ont pris aucune mesure pour protéger Sofia, capitale amie.

Ces livraisons de documents ultra-secrets durent jusqu'au printemps 44. Dans les derniers rouleaux, deux mots reviennent souvent : « Opération Overlord » ! Overlord, un nom de code qui recouvrait toute la stratégie des Alliés en Europe du Nord-Ouest, et en particulier le plan du débarquement en France. Mais il est surtout mentionné une possible intervention au sud-est de l'Europe, dans les Balkans. Une hypothèse très crédible. Déjà, les Anglais ont poussé leur offensive dans ce secteur et n'ont pas hésité à payer le prix fort et à sacrifier des milliers d'hommes en essayant de s'emparer du Dodécanèse, c'est-à-dire des îles situées au large de la Turquie.

À ce niveau du récit, j'ai commencé à entrevoir une partie de la vérité. Mais j'ai vraiment compris lorsque, en compulsant des archives de l'époque, j'ai appris la présence à l'ambassade anglaise d'Ankara d'un certain Chidson. Celui-là, je le connaissais de réputation. C'était un as. Officiellement adjoint de l'attaché militaire, il était en réalité le chef du MI 6 pour la Turquie. Avec un personnage comme celui-là, il était exclu qu'un Cicéron, si habile qu'il ait été, ait pu impunément livrer des secrets militaires aux Allemands à la barbe des Anglais ! Il ne pouvait donc s'agir que d'une mystification destinée à tromper Hitler.

Cicéron, je suis en mesure de l'affirmer, a agi depuis le début sous le contrôle de Chidson. C'est ce dernier qui photographiait les fameux documents. Et qui les fabriquait à l'occasion. Cicéron était une pure créature du MI 6.

Il a commencé – c'est le B.A.-BA de toute opération d'intoxication – par livrer de vrais documents. Par exemple, la substance de la conférence de Moscou. D'ailleurs, en vérité, quel danger y avait-il à révéler ce qu'il s'y était dit ? Hitler a appris à l'occasion la détermination des Américains, des Anglais et des Soviétiques à poursuivre la guerre ! Jusqu'à l'anéantissement du IIIe Reich ! Psychologiquement, c'était même intéressant de faire savoir à Hitler qu'il n'en réchapperait pas. Dans ce genre de guerre souterraine, il faut parfois savoir livrer des renseignements secondaires pour mieux tromper l'adversaire à propos de projets beaucoup plus considérables.

C'est ensuite seulement, toujours par l'intermédiaire de Cicéron, que Chidson a distillé de fausses informations destinées à tromper l'ennemi. L'objectif essentiel de la manœuvre consistait à faire croire aux Allemands que les Alliés allaient attaquer quelque part entre Trieste et Istanbul. Ce qu'ils n'avaient nullement l'intention de faire. En réalité, ils voulaient surtout que Hitler ne dégarnisse pas ses troupes basées dans la région. Et même qu'il les renforce pour faire face à l'attaque des Alliés. Autant de troupes allemandes fixées dans les Balkans et donc empêchées d'aller combattre sur le vrai front, en Normandie !

Cicéron a donc joué un rôle essentiel. Mais ce n'est pas celui qu'on lui attribue d'habitude. Ce qui est extraordinaire, c'est que même après la guerre, un professionnel comme Moyzisch a continué à croire dur comme fer que Cicéron était l'espion du siècle. Son espion ! Plus extraordinaire encore, le fait que Bazna n'ait jamais avoué qu'il avait été manipulé par les Anglais. Mais pourquoi aurait-il dit la vérité ? Il était devenu une légende... Lui, l'obscur valet de chambre, le petit filou faisait figure de personnage prodigieusement habile : l'un des plus grands espions de la Seconde Guerre mondiale. Pas question pour lui d'avouer qu'il n'était en fait qu'un instrument aux mains des Anglais.

Question de vanité mais aussi d'argent! Les mémoires de Cicéron, le grand espion, pouvaient se vendre très cher. Tandis que les souvenirs du modeste valet de chambre Elyesa Bazna n'avaient aucune valeur. Or Bazna avait besoin d'argent, de beaucoup d'argent! En effet, le *kawass* indélicat s'était fait rouler. Les fameuses livres sterling de Moyzisch étaient de la monnaie de singe! De la fausse monnaie fabriquée par les Allemands. Et Bazna, qui s'était cru riche après-guerre, avait dépensé à tort et à travers. Jusqu'au jour où un banquier s'est aperçu que les billets étaient faux!

Elyesa Bazna est mort dans la misère en 1971. Longtemps après avoir publié ses Mémoires qu'il avait vendus fort cher mais dont il avait rapidement dilapidé le bénéfice.

Quant aux Anglais, s'ils n'ont jamais révélé la vérité sur Cicéron, c'est parce que cette affaire est un modèle de mystification et de manipulation. Et qu'il n'est jamais bon de révéler ce genre de méthodes qui relèvent autant de l'intoxication psychologique que de la technique du renseignement.

Dans son passionnant livre sur la guerre secrète, paru aux éditions Pygmalion, l'écrivain Anthony Cave Brown donne des détails inédits sur les rapports étonnants qui existaient entre l'ambassadeur et son valet de chambre. D'abord, Brown confirme leur goût commun pour l'opéra et surtout les lieder allemands. Il écrit ensuite : « Sir Hugue l'avait si bien pris en faveur qu'il l'avait libéré des tâches purement serviles et lui avait donné une position d'un certain rang dans l'ambassade. Revêtu d'un costume bleu solennel et coiffé d'une casquette à visière, Bazna montait la garde devant le bureau de son maître et écartait tout visiteur susceptible de venir troubler son repos ou ses méditations. Les jours de réception, sir Hugue l'habillait de brocart richement brodé, de chaussures à pointes retournées, d'un fez à pompon, et, lui donnant un immense cimeterre, le plaçait devant la porte principale. »

Quant à ce Chidson évoqué par Monsieur X, il aurait été effec-

tivement été présent à l'ambassade anglaise d'Ankara, au moment même où, semaine après semaine, Elyesa Bazna alias Cicéron livrait des documents à l'agent secret allemand Moyzisch? Anthony Cave Brown écrit qu'il était à cinquante et un ans l'un des officiers les plus expérimentés du MI 6, c'est-à-dire du service de renseignement britannique. Pendant la bataille de Hollande en 1940, il avait réussi un coup particulièrement spectaculaire en s'introduisant dans les souterrains de la salle des ventes des diamants à Amsterdam. Il y avait passé vingt-quatre heures à essayer d'ouvrir le coffre-fort. Et, ayant enfin réussi, il était parvenu à s'enfuir avec son butin juste au moment où les Allemands arrivaient à leur tour. Plus tard, c'est encore lui qui avait organisé la fuite en Angleterre de la famille royale hollandaise.

Malgré Monsieur X, malgré Anthony Cave Brown, Cicéron, aujourd'hui encore, est pourtant considéré comme un des maîtres espions de notre siècle. Alors qu'il n'aurait été qu'un pion dans une opération qui le dépassait largement. Toutefois, même si son action personnelle a été relativement secondaire, il reste, c'est vrai, que Hitler a réellement cru que les Alliés attaqueraient dans les Balkans. Il a même concentré dans cette région, Italie comprise, cinquante divisions dont neuf divisions blindées. C'est à peu près ce qu'ont trouvé en face d'eux les Alliés lorsqu'ils ont débarqué en Normandie, au jour J. Si on prend en compte l'extrême résistance qu'ont opposée les Allemands malgré l'effet de surprise de ce débarquement, on comprend que si les divisions des Balkans étaient venues renforcer ces troupes, la réussite du débarquement aurait été sérieusement affectée.

Formidable opération d'intoxication, donc. Comme le fut aussi, selon Monsieur X, la dramatique aventure du réseau Prosper. En effet selon toute vraisemblance, ce réseau franco-anglais du S.O.E., le Special Operation Executive, qui comptait plusieurs dizaines de clandestins, a été sacrifié volontairement afin de mystifier les Allemands et les tromper sur la date et le lieu du débarquement.

2

Le vrai trésor des nazis

Joinovici[1]*, chiffonnier, milliardaire, collaborateur, résistant et peut-être aussi agent soviétique, avait un rival ! Un certain Szkolnikoff, négociant en tissus, a lui aussi mis à profit la période noire de l'Occupation pour trafiquer avec les Allemands et amasser une fortune colossale en un temps record.*

Pour bien comprendre comment ces hommes ont pu gagner autant d'argent en si peu de temps, il faut connaître le contexte économique. Hitler avait décidé de puiser dans les caisses françaises afin de couvrir les dépenses de son propre effort de guerre. Une véritable saignée s'est ensuivie. Les Allemands ont exigé un versement quotidien de 400 millions de francs de l'époque, soit plus d'un milliard de francs d'aujourd'hui. Ce versement censé couvrir les frais des troupes d'occupation en France était en fait bien supérieur.

Après l'occupation totale du pays, en 1942, cette dîme a encore été augmentée. Le gouvernement nazi disposait donc de fonds considérables. Des fonds qui lui ont permis d'acheter sur le marché noir français tous les biens de consommation nécessaires aux Allemands, soldats et civils : cuirs, vêtements, machines, outils, métaux, articles de ménage, denrées alimentaires, etc. C'est par wagons entiers que ces articles ont pris la direction de l'Allemagne dès 1940. Les bureaux d'achat payaient rubis sur l'ongle, et cher,

1. Voir *Mémoires secrets,* tome 1, p. 39.

avec cet argent qui ne leur avait rien coûté et qui provenait directement des coffres de la Banque de France. Les intermédiaires français pouvaient donc pratiquer des marges indues sans aucun risque, sans aucun contrôle fiscal. Et surtout sans encourir les foudres des services économiques de Vichy puisqu'ils étaient protégés par l'occupant.

C'est ainsi qu'on peut expliquer les fortunes de Joinovici et de son rival Szkolnikoff.

Pour commencer, il faut dire que ces bureaux d'achat, dont le fameux bureau Otto, ont aussi servi aux nazis à camoufler des officines d'espionnage ou des services de basse police. C'est ainsi qu'un Joinovici a pu pratiquer un double, voire un triple jeu. Mais Michel Szkolnikoff, lui, n'était pas un agent soviétique. Et il n'a pas non plus, comme le chiffonnier milliardaire, essayé de se couvrir en finançant un réseau de résistance.

Alors était-il un agent allemand ?

De nombreuses zones d'ombre subsistent autour de Szkolnikoff, aventurier, beau parleur, escroc. À commencer par ses origines. Est-il né en Russie ou en Lituanie ? Mystère. Pour les autorités françaises, en tout cas, il est apatride d'origine russe et juif.

Lorsque la guerre éclate, il a une bonne quarantaine d'années, et déjà derrière lui une longue carrière de trafiquant. D'après ce qu'on peut savoir, il a commencé à Moscou pendant la Première Guerre mondiale en étant l'un des fournisseurs d'uniformes de l'armée tsariste. La révolution arrivant, il tourne aussitôt casaque et se met au service de la jeune Armée rouge. Puis, sans doute à la suite de quelque malhonnêteté, il quitte l'U.R.S.S. On le retrouve banquier à Riga, commerçant à Dantzig, trafiquant en Hollande et en Belgique où il commet quelques escroqueries. Enfin, en 1933, l'année où Hitler arrive au pouvoir, il débarque en France, pratiquement sans un sou.

Il y débute dans le domaine qu'il connaît le mieux : le vêtement et le tissu. La fripe, comme on dit dans le quartier du Sentier où il s'installe. Il vend des vêtements soldés. Mais son commerce n'est pas très fructueux : assez vite, il a des ennuis avec la Justice parce qu'il émet des chèques sans provision.

Comme il est apatride, on ne peut pas le renvoyer chez lui. On se contente de le mettre sous surveillance. Un inspecteur de police est chargé de surveiller ses activités commerciales. Mais Szkolnikoff est si malin qu'il finit par mettre le bonhomme dans sa poche. Plus tard, ce policier deviendra même l'un de ses associés. J'ajoute que Szkolnikoff, malgré la médiocrité de son commerce, habite les beaux quartiers, roule dans de somptueuses voitures et mène grand train.

Il n'y a que deux explications : ou bien Szkolnikoff fait des affaires au noir, des affaires non déclarées, ou bien il dispose de mystérieuses rentrées d'argent.

Dès cette époque, il amasse des stocks assez considérables de vêtements. Il rachète les invendus, les reliquats, les modèles défraîchis. Il sait que la guerre est proche. Or qui dit guerre, dit pénurie ! Ces stocks de tissus, de textiles divers et de vêtements démodés prendront soudain de la valeur. En somme, Szkolnikoff spécule sur la guerre à venir.

L'Histoire va lui donner tragiquement raison. En septembre 39, c'est la guerre. Puis en mai et juin 40, c'est la défaite et l'occupation d'une bonne moitié de la France.

En principe, Szkolnikoff, juif apatride, a tout à craindre dès que les Allemands sont à Paris. Or il prend contact avec eux ! Encore une fois, il n'y a que deux explications : ou Szkolnikoff est un type sacrément culotté. Ou il sait exactement où il met les pieds ! C'est-à-dire que ses contacts avec les nazis ont été préparés de longue date.

Au seul vu des pièces dont nous disposons aujourd'hui sur les débuts de Szkolnikoff, on ne peut pas en dire plus. Plus tard, lorsque le trafiquant aura bâti son immense fortune, on sera en mesure de comprendre. Et, peu à peu, les nuages se dissiperont.

Il rencontre d'abord des représentants de la Kriegsmarine, la marine allemande. Il leur propose de leur procurer tous les articles rares dont ils pourraient avoir besoin. Pas seulement du tissu, également des denrées alimentaires, vins, champagnes, foie gras. Le début d'un formidable trafic !

Mais, même si l'occupant est tout-puissant dans la zone Nord, il existe encore une administration française. Un service en particulier, le Contrôle des prix. Les activités de Szkolnikoff, toujours plus prospères, ne peuvent très longtemps échapper à la vigilance de ces agents qui traquent le marché noir. Au début de l'année 1941, des fonctionnaires viennent lui demander des comptes. Szkolnikoff le prend de haut ! Non seulement il refuse de montrer ses livres comptables, mais il explique sa réussite en disant qu'il travaille avec des capitaux allemands.

Est-ce une ruse pour se débarrasser de ces fonctionnaires trop curieux ? Je ne le crois pas. Malgré lui, Szkolnikoff a montré le bout de l'oreille.

Autre détail intéressant : Szkolnikoff informe son personnel qu'il n'est plus nécessaire de tenir une comptabilité. « Maintenant, dit-il, on est totalement couverts par les Allemands ! »

Si les agents du Contrôle des prix ne réussissent pas à inquiéter Szkolnikoff, ils peuvent quand même se faire une idée de la progression de ses affaires. Et quelle progression ! Szkolnikoff brasse des millions. Et bientôt des dizaines, des centaines de millions.

Claus, l'acheteur de la Kriegsmarine, est devenu un ami. Il présente à Szkolnikoff celle qui va devenir son associée mais également son épouse : Elfrieda. Allemande, elle est juive elle aussi. Cette femme d'affaires a suivi à peu près le même itinéraire que son futur mari. Internée en France en sa qualité d'Allemande, elle a pris contact avec ses compatriotes dès la signature de l'armistice. Malgré la situation des juifs en Allemagne, Elfrieda estimait donc, elle aussi, ne courir aucun risque.

L'arrivée d'Elfrieda, qui se fait appeler plus volontiers Hélène, dans la vie sentimentale et commerciale de Szkolnikoff, coïncide avec un développement démesuré de ses affaires. Le couple vise plus haut que la Kriegsmarine. Les Szkolnikoff veulent devenir tout simplement les fournisseurs officiels de la S.S. ! Ils vont y arriver, si incroyable que cela puisse paraître quand on sait que les services économiques de la S.S. sont également ceux qui gèrent l'activité des camps de concentration, où non seulement on extermine les coreligionnaires des Szkolnikoff mais on fait des bénéfices avec leurs dépouilles : cheveux, dents en or, lunettes...

C'est donc en trafiquant avec ces monstres que Szkolnikoff va devenir richissime ! Et cela grâce au patron de la mission économique de la S.S. en France, un certain Engelke, un proche de Himmler dont il a été le secrétaire. Très vite, les deux hommes deviennent intimes. Leurs femmes s'apprécient. On dîne à quatre dans les meilleurs restaurants, on festoie dans les cabarets, on part en vacances ensemble à la montagne... Et on n'oublie pas de faire des affaires, toujours plus d'affaires.

D'abord dans le textile, bien sûr. Parce que c'est le domaine de prédilection de Szkolnikoff, celui qu'il connaît le mieux. Mais on est loin du petit négociant du Sentier. Szkolnikoff achète la production entière de plusieurs ateliers ou usines. Des milliers de mètres de lainage peigné, des couvertures par wagons entiers, de la bonneterie, de la toile à bâche. Tout cela pour les troupes S.S. ! Szkolnikoff, secondé efficacement par Hélène, étend aussi la gamme de ses activités. Car s'il faut habiller les soldats S.S. du front de l'Est, il faut aussi penser à leurs femmes. Alors il fait le commerce des vêtements de luxe, des parfums, des bas de soie, etc.

Sur tous ces produits, il réalise des marges confortables. N'oublions pas que ce sont en réalité les Français qui paient ! Les acheteurs allemands se moquent donc des marges faramineuses de Szkolnikoff. D'autant qu'ils prennent leur propre commission au passage et que le trafiquant les traite royalement. Chez lui, rue de Presbourg, tout près de la place de l'Étoile, il tient table ouverte et tous les jours on y mange fastueusement. Engelke, par exemple, y a quasiment son rond de serviette... Et tout ça à un moment où les Français se serrent cruellement la ceinture.

Les Allemands ne sont pas les seuls à fréquenter la rue de Presbourg. Le gratin de la collaboration y prend vite ses habitudes. La table de Szkolnikoff est devenue l'une des meilleures de Paris... Et l'on s'y presse. Car on est sûr d'y côtoyer la fine fleur de l'administration allemande.

Szkolnikoff ne pense apparemment qu'à une chose : arrondir sa pelote ! Gagner, gagner toujours plus. Et le plus rapidement possible. Telle est manifestement la véritable mission qu'on lui a confiée.

Malgré son train de vie époustouflant, malgré la collection de manteaux de fourrure d'Hélène, malgré les meubles signés, la vaisselle d'or, et j'en passe, malgré toutes ces dépenses somptuaires, Szkolnikoff amasse, accumule. De l'or, des bijoux. Des sacs entiers. L'or, et surtout les bijoux, peut se transporter facilement et se dissimuler tout aussi aisément. Mais Szkolnikoff et donc ses commanditaires voient plus loin, beaucoup plus loin. Comme de bons épargnants, ils donnent ordre à Szkolnikoff d'investir dans le solide. La pierre, l'immobilier. En très peu de temps, Szkolnikoff devient le propriétaire privé le plus important de France. Pris d'une sorte de frénésie, il achète à tour de bras. Des immeubles, des grands hôtels, des villas, des châteaux, des magasins.

Il commence à Monaco où il rafle tout ce qui est à vendre. Puis il étend ses achats vers la côte d'Azur. Tous les plus grands hôtels tombent dans son escarcelle. À Nice, à Cannes. Le *Majestic*, le *Savoy*, le *Ruhl*, le *Martinez*, le *Plaza* et tant d'autres. Ensuite, Szkolnikoff, naturellement, lorgne vers Paris. Les Champs-Élysées, d'abord. Szkolnikoff n'y achète pas moins d'une cinquantaine d'immeubles.

On a pu, après-guerre, estimer l'importance des acquisitions faites par Szkolnikoff. Les acquisitions visibles, en tout cas. On est arrivé à la somme de 2 milliards de francs ! Soit plus de 6 milliards de nos francs.

Il est évident que sa seule fortune n'y suffit pas. Szkolnikoff n'est qu'un prête-nom. Celui des nazis !

Ceux-ci veulent non seulement mettre la main sur la partie la plus prestigieuse du patrimoine immobilier français, mais ils désirent aussi contrôler tout le secteur touristique en achetant les plus grands hôtels. En 42, et même en 43, les Allemands croient toujours en leur bonne étoile. Toutefois, les plus lucides pensent aussi à l'hypothèse de la défaite. D'accord, c'est Szkolnikoff qui achète. Mais au travers d'une nébuleuse de sociétés où, parfois, il n'apparaît même pas.

À la Libération, les biens immobiliers de Szkolnikoff ont été mis sous séquestre. Mais je suis certain que beaucoup d'autres biens ont échappé à la vigilance des autorités et sont restés dans les mains des nazis. Comme tant d'autres placements effectués à travers le monde entier par les hommes d'Hitler, avant l'effondrement du IIIe Reich. Le vrai trésor des nazis ne dort pas au fond de quelque lac autrichien. Non, il se trouve dans toutes ces sociétés achetées en sous-main. Et, aujourd'hui encore, cet argent blanchi qui n'a cessé de fructifier sert à financer de sales besognes !

Les activités de Szkolnikoff se poursuivent jusqu'à la fin de la guerre. Son exceptionnelle réussite attire des convoitises. Joinovici, par exemple, ne rate jamais une occasion de lui mettre des bâtons dans les roues.

Mais le danger vient d'ailleurs, du camp allemand lui-même. Des hommes de la Gestapo se disent que, décidément, ce Szkolnikoff en prend un peu trop à son aise. Et ils se rappellent opportunément qu'il est juif. Le trafiquant est arrêté, incarcéré. Seulement, ceux qui l'ont arrêté ignorent que Szkolnikoff est protégé, très protégé, et qu'il travaille pour les services nazis. Conclusion : après quelques jours de prison, Szkolnikoff est libéré avec les honneurs.

La vérité est que depuis longtemps déjà Szkolnikoff est un agent nazi. Dès avant la guerre, il est chargé de récolter des fonds. En se servant au passage, bien évidemment. Puis, dans une seconde phase, il participe à la mainmise des nazis sur le patrimoine immobilier et touristique français. Troisième phase, comme la défaite allemande devient de plus en plus probable, on lui demande de mettre à l'abri le trésor en or et bijoux qu'il a amassé pour le compte des nazis.

Dès le début de 1944, il commence à effectuer des séjours très réguliers de l'autre côté des Pyrénées. À chaque voyage en Espagne, ses valises sont lourdement chargées ! Mais ces voyages à répétition finissent par attirer l'attention des autorités ibériques. Un beau jour, juste avant le débarquement du 6 juin 1944, Szkolnikoff est interpellé par la police espagnole. Ses bagages sont fouillés : on y trouve un joli lot de pièces d'or et de pierres précieuses. Prévenu, son ami Engelke vole à nouveau à son secours. Il fait immédiatement le voyage de Madrid ! Franco n'a pas grand-chose à refuser aux nazis : Szkolnikoff est libéré. Prudemment, il reste en Espagne. Il a compris que la partie est définitivement perdue pour les Allemands, et d'autre part que dans une France libérée il risque gros. N'a-t-il pas déjà transféré en Espagne la plus grosse partie du trésor des nazis ? Quant à son immense patrimoine immobilier et hôtelier, Szkolnikoff, assez sagement, préfère l'oublier et le passer aux profits et pertes.

Pendant presque une année, le trafiquant coule des jours tranquilles en Espagne. Un jour de juin 1945, des villageois trouvent au bord de la route Madrid-Burgos le cadavre carbonisé d'un homme. Pour la police espagnole, il s'agit de Michel Szkolnikoff. Mais très vite, la rumeur court : Szkolnikoff aurait maquillé sa propre mort en assassinant et brûlant un homme de la même corpulence que la sienne. Il se serait ensuite sauvé en Amérique du Sud afin d'échapper pour toujours aux chasseurs de nazis.

L'hypothèse est séduisante mais elle est fausse. Car je sais qui a tué Szkolnikoff ! Ce sont des hommes des services français. De la D.G.E.R., l'ancêtre du S.D.E.C.E.

C'est la preuve que Szkolnikoff était un personnage considérable. Jamais la D.G.E.R. n'aurait pris le risque d'envoyer à l'étranger un commando de tueurs si Szkolnikoff n'avait été qu'un trafiquant et un collaborateur ! Combien de dignitaires de la collaboration avons-nous laissés mourir en paix dans leur exil !

Si la décision a été prise d'aller liquider Szkolnikoff en Espagne, c'est que nous savions que cet homme était un important agent nazi, l'homme qui savait où se trouvait une partie du trésor nazi.

Que s'est-il passé exactement ? Les membres de ce commando, avant de le tuer, l'ont sans doute fait parler. Peut-être même ont-ils récupéré le trésor. Mais c'est une vérité qui ne m'appartient pas. Il y a des secrets que je préfère voir dormir... Encore aujourd'hui.

Sur le train de vie fastueux de Michel Szkolnikoff, on trouve un témoignage très intéressant dans le livre d'Hervé Le Boterf, La Vie parisienne sous l'Occupation. *Le Boterf écrit qu'incontestablement Hélène Szkolnikoff était à l'époque la femme la plus élégante et la plus riche de Paris. Disposant pour son seul usage de trois automobiles, elle commandait cinquante robes par an chez les grands couturiers, possédait une collection de bijoux estimée à plus de trente millions de francs (soit quatre-vingt-dix millions de nos francs). Le Boterf poursuit : « Afin de faire admirer ses toilettes, ses colliers de perles et sa fameuse émeraude de quatorze millions, elle organise des réceptions dans l'immeuble de la rue de Presbourg que son mari a acheté. Le personnel comprend une dizaine de domestiques et il n'est pas rare qu'à déjeuner comme à dîner, Monsieur Michel et Madame Hélène rassemblent une bonne vingtaine de personnes. »*

Plus loin, l'historien ajoute cette anecdote qui conforte la thèse de Monsieur X : « La renommée de la table de Madame Hélène est telle qu'elle a incité Heydrich à découvrir la gastronomie chez les Szkolnikoff, au mois de mai 1942, en précédant de peu – ce qui semble plus contestable – Himmler, amené en grand secret par Engelke. »

Dans le livre de référence sur le sujet, Trafics et crimes sous l'Occupation, *écrit par Jacques Delarue, il est bien sûr souvent question de Michel Szkolnikoff... Et Delarue souligne notamment un fait très curieux qui montre combien les rapports entre le trafiquant et l'occupant étaient étroits. En novembre 1940, en effet, afin de violer la réglementation française, les Allemands opèrent une saisie des stocks de Szkolnikoff. Une saisie purement fictive qui permet de mettre ces stocks à l'abri et de dissimuler les activités du trafiquant. Désormais les locaux de Szkolnikoff, rue d'Aboukir, dans le quartier du Sentier, demeureront vides. Le trafiquant s'est emparé d'une autre société, la Société commerciale de l'océan Indien, rue du Faubourg-Poissonnière, société qui, dans un premier temps, va essentiellement traiter avec la Kriegsmarine.*

Delarue écrit encore que la diversité des marchandises proposées aux Allemands par les trafiquants était extraordinaire. Les bureaux achetaient tout. « On a retrouvé sur les livres de la firme Schenker, qui transportait les marchandises livrées par le bureau Otto, la trace des objets les plus inattendus : textiles, cuirs, métaux, mais aussi outillage, caoutchouc, appareils sanitaires, verrerie, parfumerie, bimbeloterie, mobilier, appareils électriques, et jusqu'à des balais, des peaux de singe et même des pierres tombales ! » Bref tout ce qui avait une valeur prenait le chemin de l'Allemagne. Et à travers ces trafics considérables, c'est à un véritable dépeçage de la France qu'on assistait...

Mais nul document ne fait allusion à ce trésor des nazis dont, selon Monsieur X, Szkolnikoff aurait été le dépositaire.

3

L'homme de l'ombre

C'est l'histoire d'un homme qui n'existait pas. Un homme qui se gardait bien d'apparaître publiquement, un homme dont on ne prononçait pas le nom, un homme dont on ne trouvait trace dans aucun organigramme officiel. Jamais, sans doute, l'expression « éminence grise » n'a été autant justifiée. Gris, celui qu'on ne devait jamais voir. Gris comme les murailles édifiées autour de lui.

Pourtant Eugen Fried, dont beaucoup d'entre vous ne connaissent peut-être pas même le nom, a joué un rôle considérable dans notre histoire. Un rôle longtemps insoupçonné. Car cet inconnu a sans doute été le vrai numéro un du Parti communiste avant-guerre. Peut-être même a-t-il été le réel inventeur du Front populaire !

Eugen Fried, qu'on appelait aussi Clément, était l'ombre de Maurice Thorez, son mentor, son ami et sans doute aussi celui que Staline avait placé auprès du Secrétaire général du Parti communiste français afin de mieux le surveiller. Flic ou conseiller, mauvais génie ou inspirateur avisé, Fried a été incontestablement un personnage important, fascinant même.

Pourquoi donc Monsieur X a-t-il choisi d'ouvrir le dossier d'un homme qu'il n'a sans doute pas connu, puisque Fried est mort à l'étranger pendant la guerre ? Une mort aussi étrange que l'a été sa vie.

Il se trouve qu'après la Libération, un peu par hasard, j'ai trouvé un dossier sur Eugen Fried dans un endroit où l'on range d'habitude les notes sur les personnes susceptibles d'être des agents clandestins communistes. Fried n'était pas un espion au sens où on l'entend d'habitude. Mais il faut bien savoir que pendant très longtemps le Parti communiste a été doublé par un appareil clandestin. Il y avait les dirigeants officiels, les députés, les secrétaires fédéraux, les militants, etc. Et, derrière, il existait toute une organisation secrète qui recevait ses ordres directement de Moscou. Cette structure, formée d'hommes qui étaient affublés de pseudonymes, était censée permettre au Parti de subsister dans l'ombre en cas de répression soudaine. C'était une survivance du temps où les bolcheviks étaient tous des clandestins. Des agents clandestins de la Révolution mais pas toujours des agents soviétiques, même si parfois la différence était difficile à cerner. À partir du moment où les Soviétiques, au début des années 30, avaient décidé de ne plus se servir des militants pour faire du renseignement, il était tentant d'utiliser les agents du Komintern, ces commis voyageurs de la Révolution. La différence était si floue que nous nous sommes longtemps posé la question.

Un exemple, celui de l'Orchestre rouge, le réseau soviétique antinazi... Comment devait-on considérer ses membres ? Comme d'authentiques résistants ? Ou d'abord comme des agents de l'Est ? Je dois avouer, même si je n'ai aucune responsabilité dans cette affaire, qu'au contre-espionnage la tentation a été grande de les considérer d'abord comme des espions. Et nombre d'entre eux qui ont lutté avec courage, et souvent au péril de leur vie, contre l'ennemi, ont longtemps été l'objet d'attentions particulières de la part de la D.S.T. !

Or les clandestins du Komintern, comme Fried, et les membres de l'Orchestre rouge ont souvent utilisé les mêmes réseaux et les mêmes moyens de transmission.

Fried, donc. J'ai feuilleté ce dossier oublié avec un intérêt de plus en plus grand, tant le personnage m'apparaissait fascinant, atypique. Mais il y avait aussi le mystère de sa mort. Un mystère sur lequel les dernières pages du dossier jetaient une lumière nouvelle et tout à fait étonnante.

Grand, toujours très élégant, cultivé, polyglotte (il parlait une demi-douzaine de langues), Eugen Fried n'était certes pas un personnage ordinaire.

Comme Maurice Thorez, il est né en 1900. Issu d'une famille juive de Slovaquie – son père est boulanger –, le petit Eugen, qu'on appelle familièrement Jenö, montre très rapidement d'évidentes aptitudes intellectuelles. Sa famille se sacrifie pour qu'il fasse de bonnes études. Il passe brillamment son bac. Puis il commence des études de chimie. Mais à l'Est la terre tremble. À Moscou, Lénine a pris le pouvoir, la Révolution triomphe. Le jeune Fried n'y résiste pas. Il rejoint les troupes de Béla Kun qui veut instaurer en Hongrie un régime communiste sur le modèle léniniste. La tentative échoue. Fried, comme beaucoup de ses camarades, est arrêté.

Libéré, il ne renonce pas à sa vocation de révolutionnaire et s'inscrit au Parti communiste tchèque. Très vite, il est appelé à Moscou pour faire partie du Komintern, c'est-à-dire l'Internationale communiste.

Mais en 1925 il est de nouveau arrêté, en Tchécoslovaquie cette fois-ci, et il passe trois ans en prison. Trois ans qui lui permettent de lire, de se cultiver. Dès sa libération, il bénéficie d'une importante promotion au sein du parti tchèque, le P.C.T. Toutefois, le relatif échec de cette organisation lui vaut d'être réprimandé par Moscou. Le jeune homme – il n'a que vingt-neuf ans – se soumet. Sans doute a-t-il compris que son avenir au sein du mouvement communiste international ne peut être assuré que s'il obéit aveuglément à Staline.

Désormais, son autocritique ayant été acceptée et même appréciée, Fried devient un des piliers du Komintern. En 1930, il est envoyé à Paris. Sa mission : reprendre discrètement en main le Parti communiste français. Eugen Fried va pouvoir donner la mesure de ses talents.

Affectant volontiers des allures de dandy, Fried exerce officiellement la profession d'antiquaire. Mais il a beau s'entourer de mille précautions, ce n'est pas tout à fait un inconnu des services de police. J'ai noté en particulier qu'au moment de la guerre d'Espagne sa surveillance a redoublé. Clément-Fried est alors le véritable patron d'une compagnie maritime, France-Navigation, chargée essentiellement de livrer des armes russes aux républicains espagnols, où œuvre aussi un certain Joinovici [1], le célèbre chiffonnier milliardaire ! Naturellement, cette activité ne peut échapper au Deuxième Bureau qui rend compte sans toutefois intervenir.

Cependant, c'est le P.C.F. qui occupe la plus grande partie de son temps. Dans l'ombre, il est le « numéro un », le représentant personnel de Staline, même si Fried n'est connu que de quelques dirigeants. Et encore ceux-là ne l'appellent-ils que par son pseudonyme, Clément !

Au début des années 30, le Parti communiste français traverse une mauvaise passe... C'est un mouvement refermé sur lui-même, miné par les querelles intestines et qui a fondu comme neige au soleil. Fried, envoyé du Komintern, doit remettre de l'ordre dans la maison. Et, dans un premier temps, il procède à la stalinienne !

À peine arrivé à Paris, il instruit un véritable procès en sorcellerie contre deux des principaux dirigeants de l'époque, Barbé et Célor. Ils sont accusés d'activité fractionnelle ! La pire accusation qui soit dans un parti bolchevik ! Existe-t-il des preuves contre eux ? Je n'en sais rien. D'ailleurs ça n'a aucune importance ! Quand il n'y a pas de preuves, on en invente ! C'est ainsi qu'à l'initiative de Fried, Barbé et Célor sont exclus. Désormais, il tient le Parti, personne n'osera plus remettre en cause les directives de Moscou.

Pourtant, en dehors de ce brutal épisode, Fried n'est pas homme à imposer sa volonté par la force. Non, il use de procédés beaucoup plus subtils. Comme il n'apparaît jamais dans les

1. Voir *Mémoires secrets,* tome 1, p. 39.

réunions du Bureau politique ou du Comité central, il s'arrange pour donner des rendez-vous à ses interlocuteurs dans les endroits les plus insolites : un parc, un musée. Là, il s'arrange pour parler longuement à celui qu'il a convoqué. Il le questionne sur son travail, ses rapports avec les autres dirigeants, et même ses amitiés. C'est un interrogatoire en douceur. Apparemment, en tout cas. Mais c'est ainsi qu'il fait passer le message du Komintern et qu'il imprime sa marque sur le Parti. Le gant est de velours mais la main de fer ! Le séducteur n'oublie jamais qu'il est d'abord un homme d'appareil !

Avec Thorez, les relations sont tout autres.

En 1930, lorsque Fried arrive à Paris, Thorez est membre de la direction collective. Même si sa jeunesse, sa fougue, son intelligence, en imposent, il n'est encore qu'un parmi les autres. Et il a un rival sérieux en la personne de Jacques Doriot, le maire et député de Saint-Denis, l'homme qui finira par porter l'uniforme nazi ! Doriot est alors un dirigeant communiste très populaire. C'est un fort en gueule, un orateur. Une personnalité de premier plan. Le concurrent naturel de Thorez. Mais Fried, j'en suis sûr, a choisi depuis longtemps, même s'il laisse les deux hommes s'opposer. Après tout, diviser pour régner est de bonne politique !

Pourquoi a-t-il choisi Thorez contre Doriot ? Fried voyait clair dans les hommes, difficile de lui retirer cette qualité. Surtout quand on sait ce que va devenir Doriot... Ainsi, c'est Fried qui a repéré Jacques Duclos, André Marty, Benoît Frachon. Il ne s'est guère trompé sur ces hommes qui vont devenir pendant des décennies les principaux dirigeants du Parti. Alors, oui, il préfère Thorez qu'il sait plus docile mais aussi plus sûr, plus solide et sans doute plus intelligent. Et il fait en sorte que Staline approuve son choix. C'est ainsi qu'un étrange et secret compagnonnage va naître entre Fried et Thorez !

Cette relation commence pourtant dans un climat de méfiance réciproque. Maurice Thorez, avant de devenir le premier stalinien de France – ainsi qu'il le disait lui-même avec fierté –, avait eu des débuts politiques beaucoup moins orthodoxes. Il avait même flirté avec les trotskistes! Curieusement, Staline ne lui en a pas voulu. Le dictateur soviétique a vu au contraire un moyen de mieux le tenir! À partir du moment où Thorez abjurait, bien sûr! Cette « erreur » trotskiste est restée inscrite dans son dossier. Un homme qui a failli est un homme qui reste fragile, donc dépendant. Staline adorait ça!

Fried n'ignore rien du dossier secret de Thorez. Et ce dernier sait que l'autre sait! Mais, peu à peu, les deux hommes se découvrent. Incontestablement, l'autodidacte Thorez est ébloui par la culture de Fried. Cette fascination favorise chez le futur secrétaire général, qui est déjà loin d'être inculte, une boulimie de lecture qui enrichira toute sa vie. Mais il y a plus... Les deux hommes apprennent à se connaître et à s'estimer. Comme Fried n'apparaît jamais dans les instances du Parti, ils se rencontrent presque tous les jours chez des amis, où des intermédiaires leur organisent de discrets rendez-vous.

Puis, presque naturellement, Thorez invite Fried chez lui, dans sa famille. Là, il se passe quelque chose d'assez étonnant : Fried, ou plutôt Clément, comme il se fait appeler à Paris, tombe amoureux de l'épouse de Thorez, Aurore. Le vaudeville fait irruption dans la politique! Pas très longtemps. Maurice vient justement de faire la connaissance d'une jeune, jolie et blonde militante du Nord, Jeannette Vermeersch. Le couple Thorez se dissout sans drame. Maurice accepte même que Fried et Aurore élèvent son fils, Maurice Thorez junior. Désormais les deux couples vont se fréquenter régulièrement.

Vient la suite, le Front populaire, une invention de Fried. Avec, bien sûr, l'approbation tacite de Staline. Celui-ci était ainsi fait : il ne disait jamais oui, il laissait faire. Par contre, il savait dire non! Et avec quelle férocité!

Dans ces années-là, Fried élabore son grand œuvre : la construction du personnage Thorez. Et la création d'un culte de la personnalité, à l'image de ce qui passe à Moscou pour Staline. Soyons juste, Pygmalion-Fried dispose avec Thorez d'une créature particulièrement attractive!

En 1936, Thorez n'a que trente-six ans. D'origine très modeste, il est intelligent, travailleur. Il a une bouille sympathique et c'est un très bon orateur. Rien de plus facile que d'en faire l'idole du prolétariat ! « Le fils du peuple » ! Encore une idée de Fried. On fait écrire une biographie flatteuse et un peu romancée. Le tour est joué ! *Fils du peuple* sera vendu à des milliers, des dizaines de milliers d'exemplaires. Thorez n'est plus Thorez, il est devenu « Maurice » !

1936-37, la nuit tombe sur Moscou. C'est l'heure des procès et des purges. Les compagnons de Staline les plus anciens sont liquidés les uns après les autres. Ceux qui, comme Fried, sont en poste à l'étranger sont rappelés à Moscou. Tous savent ce que cela signifie : voyage sans retour, accusations mensongères, procès, exécution. Mais, ce qui est extraordinaire, c'est que la plupart obéissent. Par esprit de parti. Ils acceptent de mourir de la main de Staline par respect pour la Révolution. J'avoue que c'est l'un des aspects les plus troublants de l'histoire du mouvement communiste [1].

Fried est juif, kominternien, bolchevik de la première heure. Une cible de choix. Comment a-t-il pu échapper aux purges staliniennes qui ont frappé les hommes qui avaient le même profil que lui ? Pourtant, lui aussi est invité à se rendre à Moscou. Toutefois il aura droit exceptionnellement à un billet de retour ! Est-il trop utile auprès de Thorez et du P.C.F. pour que Staline imagine de s'en séparer ? Mais on sait très bien que le dictateur soviétique n'a jamais hésité à sacrifier des hommes pourtant indispensables. Ainsi, en 1936, il a pratiquement liquidé l'élite de l'Armée rouge. Ce qui lui a coûté cher par la suite ! Alors, Fried ? Mystère. À moins que ce dernier n'ait donné des gages à Staline en participant lui-même à cette épuration dans les rangs communistes... Avec l'affaire Barbé-Célor, il avait déjà apporté la preuve que les procès policiers ne lui répugnaient pas.

Eugen Fried est donc épargné. Mais bientôt arrivent 1939 et

1. Voir chapitre 5, « La grande intoxication ».

le pacte germano-soviétique. L'envoyé du Komintern, pour la première fois de sa vie, vacille.

Fried, qui a pourtant connu de nombreux retournements de la politique suivie par Staline, a du mal à digérer le pacte conclu entre Soviétiques et nazis... Sans compter qu'il est juif et que depuis cinq ans la politique du Parti communiste est tout entière tournée contre Hitler et les fascismes européens. Cependant, malgré ses doutes, il continue à obéir en bon petit soldat du Komintern. Toutefois, en haut lieu, c'est-à-dire au Kremlin, on a eu vent de ce vacillement. C'est très grave ! Fried a vraisemblablement perdu la confiance de Staline. Quatre ans plus tard, il disparaîtra à jamais !

C'est pourtant lui qui organise la désertion de Thorez en octobre 1939 ! Une désertion sur ordre. Thorez, personnellement, aurait préféré demeurer soldat, sous le drapeau français. Mais on ne résiste pas à Staline, et il rejoint Moscou comme on le lui ordonne par l'intermédiaire de Fried. Une désertion qui marquera à vie le leader communiste français.

Quant à Fried, il gagne un nouveau poste, Bruxelles, toujours comme délégué clandestin du Komintern. Mais, premier signe de défiance, il n'est pas seul. Une autre personnalité importante de l'Internationale s'y trouve : Geroë, un dur, qui a traqué les anarchistes espagnols pendant la guerre civile et qui se conduira plus tard en pur stalinien dans son pays, la Hongrie.

En tout cas, pendant les trois premières années de la guerre, Fried continue à avoir la liaison avec Moscou, via Dimitrov, le patron du Komintern. Parfaitement rompu aux techniques de la clandestinité et du cloisonnement, il peut vivre des jours relativement tranquilles avec Aurore, Maurice Thorez junior et Ana, sa première fille, tout en faisant son travail de liaison avec les partis communistes clandestins allemand, belge et hollandais. Mais soudain, en 1943, la situation devient plus critique. Les réseaux soviétiques commencent à faire eau de toute part. Il y a d'abord l'arrestation par la Gestapo d'un des dirigeants du Parti communiste allemand. Physiquement épuisé par des années de clandestinité, malade, torturé, l'homme finit par parler et provoque l'arrestation de dizaines de militants.

Fried n'était pas en relation directe avec ce dirigeant allemand mais il leur arrivait de partager le même opérateur radio.

Après les communistes allemands, c'est au tour des Belges. Là encore, un homme parle. Tout l'appareil militaire du Parti communiste belge tombe. Et ce n'est pas fini. À la mi-43, nouveau coup de tonnerre : Moscou apprend que le chef de l'Orchestre rouge, le célèbre Léopold Trepper, est tombé aux mains des Allemands ! Et cela, depuis le mois de novembre 42. Or le réseau de Trepper n'a pas cessé d'envoyer des messages à Moscou. Conclusion, les Soviétiques sont victimes d'une intoxication qui dure depuis des mois. C'est Trepper lui-même qui le leur a appris, Trepper qui a réussi à s'échapper et à faire passer un message par l'intermédiaire de Jacques Duclos qui, en l'absence de Thorez, est le chef du P.C.F. et l'homme qui a le contact radio avec Moscou.

L'organisation communiste clandestine est de plus en plus menacée. Fried le sait et redouble de précautions ! Mais le filet se resserre. Il envoie une sorte de message de détresse à Jacques Duclos. À bout de ressources, persuadé qu'il est brûlé en Belgique, Fried demande de l'argent et une planque en France pour lui et sa petite famille.

Duclos ne répond pas. Fried comprend tout de suite. Avant-guerre, à l'époque où Fried, dit Clément, était le véritable patron du P.C.F., Duclos, comme les autres cadres, lui obéissait au doigt et à l'œil. S'il refuse aujourd'hui de l'entendre, c'est qu'il a des ordres. Car le P.C.F. clandestin, malgré tous les coups qu'il a reçus de la part des Allemands, est encore remarquablement organisé. Il dispose de ressources financières et il peut procurer des planques à qui en a besoin. Staline a donc lâché Fried !

À Bruxelles, Fried est aux abois. Il met les enfants, Ana et Maurice, à l'abri. Seule, Aurore demeure avec lui. En ce début septembre 1943, le dénouement approche. Le 17 septembre, en milieu de journée, Fried se rend en compagnie d'Aurore dans une maison du quartier d'Ixelles où il dispose d'une planque. Sur ses ordres, Aurore marche derrière lui, à quelques mètres. Au cas où... Fried sort les clefs de sa poche. Il ouvre, pénètre dans un petit vestibule. Aussitôt des coups de feu claquent !

Aurore, rompue depuis longtemps à la clandestinité, s'approche. À quelques mètres de la maison, elle voit dans le vestibule un corps allongé à terre. La jeune femme sait qu'il n'y a plus rien à faire. Elle s'enfuit. J'ajoute qu'elle réussira à passer en France où l'organisation du Parti lui trouvera un domicile. Ce domicile clandestin qui a été refusé à Fried...

Mais que s'est-il vraiment passé dans le vestibule de cette maison de Bruxelles ? Qui a tiré ? La logique voudrait que ce soit la Gestapo. Le matin même, dans le quartier, des voitures noires rôdaient. Et puis, après coup, on a appris que Frans, l'un des opérateurs radio qui connaissaient Fried, avait fini lui aussi par parler aux Allemands. Dans les affres de la torture, il aurait donné des miettes à la Gestapo pour avoir enfin la paix. Il aurait en particulier livré l'adresse de cette maison d'Ixelles. Une planque qu'il pensait abandonnée par le réseau depuis longtemps. Malheureusement, il ne pouvait pas savoir que la planque était toujours utilisée par Fried.

Mais, premier mystère, à aucun moment les Allemands n'ont revendiqué la mort de Fried. Or liquider un dirigeant de l'appareil communiste clandestin d'une telle importance était un succès incontestable. Et, même s'ils ne l'avaient pas immédiatement identifié, ils auraient fini par y arriver et donc s'en vanter.

Deuxième mystère : longtemps, on a prétendu dans certains cercles communistes oppositionnels que Fried n'avait pas été abattu par la Gestapo mais par des agents de Moscou, des tueurs du N.K.V.D. Je n'y crois pas. Le lâchage de Fried par Moscou était déjà en soi une condamnation à mort. Inutile d'envoyer des tueurs.

Troisième mystère, le corps ! Personne ne l'a jamais vu !

Aurore a aperçu de loin un homme étendu par terre. C'est tout ! Et, bien que des recherches aient été faites après-guerre, on n'a trouvé nulle trace d'une éventuelle sépulture de Fried.

La vérité, je l'ai lue dans ce dossier sur lequel j'ai mis la main après la Libération : Eugen Fried, se sentant menacé à la fois par les agents de Moscou et ceux de Berlin, a choisi de disparaître, en simulant sa liquidation, avec l'aide de quelques comparses. Une ultime pirouette pour un homme qui n'existait pas. Officiellement, en tout cas ! Car il a dû refaire sa vie ailleurs sous une autre identité !

Dans un numéro du Monde *daté du 12 mai 1969, à l'occasion du cinquantième anniversaire de l'Internationale communiste, pour la première fois, le fils aîné de Maurice Thorez, prénommé aussi Maurice, parle d'Eugen Fried, l'homme qui l'a élevé jusqu'à sa disparition en 1943. Et il en parle dans des termes très émouvants. Il écrit d'abord que, dès le jour où il a appris la mort de celui qui se faisait appeler Clément, il s'est juré de ne vivre que pour sa mémoire. « Des raisons m'ont toujours retenu de parler, espérant que d'autres, plus qualifiés, le feraient. Quand je tente, ce jour, de retrouver les raisons de mon silence, elles ne sont plus que fantomatiques et inconsistantes. Ce silence provient peut-être de l'habitude que j'ai prise depuis l'âge de huit ans, de ne rien voir, de ne rien entendre, de ne rien retenir, d'avoir deux mondes : le monde courant de la vie avec tous les autres, la façade, et le monde, mon monde merveilleux de l'illégalité, avec Clément. J'ai pourtant retenu tout entier ce deuxième monde, avec toute la sensibilité tragique de l'adolescence, malgré les consignes, malgré ma propre volonté d'anéantir la moindre preuve, même de mémoire. Mais c'était la guerre, puis, après-guerre, la calomnie du parti de l'étranger. »*

Plus loin, Maurice Thorez junior parle de l'homme extraordinairement bon, intelligent et cultivé, qui connaissait par cœur l'histoire de la Révolution française et la lui apprenait. Enfin, il cite son père Maurice qui lui a confié après-guerre en parlant de Fried : « Si les Français savaient tout ce qu'il a fait pour eux, ils lui élèveraient une statue ! »

Témoignage partial, forcément. Mais il reste de ces quelques lignes l'évidence d'une personnalité hors du commun.

Annie Kriegel et Stéphane Courtois ont publié récemment au Seuil un livre sur Fried : Eugen Fried, le grand secret du P.C.F. *Dans une interview au* Figaro, *Stéphane Courtois déclare : « L'une des tâches majeures de Fried a été de staliniser le P.C.F., c'est-à-dire de lui faire appliquer les mœurs politiques en vigueur à Moscou dans les années 30. Il a imposé la vulgate marxiste-léniniste élaborée par Staline ; le type d'organisation, un appareil de révolutionnaires professionnels régentés par le centralisme démocratique où le secret, le silence et le cloisonnement sont la règle d'or. Et la stratégie : la défense inconditionnelle de l'U.R.S.S. et de sa politique. Or cette culture d'appareil a perduré jusqu'à la fin du secrétariat de Georges Marchais. »*

À propos de la disparition de Fried, deux historiens, tous deux spécialistes du communisme, ont adopté des points de vue radicalement opposés. Philippe Robrieux, dans son Histoire intérieure du Parti communiste *parue en quatre tomes chez Fayard, affirme que Fried a été abattu par le N.K.V.D. Quant à Stéphane Courtois, dans le livre déjà évoqué, il soutient avec force arguments que le dirigeant du Komintern a été abattu par la Gestapo, la Gestapo qui ignorait la réelle identité de Fried. Il faut dire que Courtois a écrit son livre après avoir eu connaissance des archives soviétiques sur Fried.*

Mais, dans aucun livre ou article de journal, on ne trouve une quelconque allusion à la thèse de Monsieur X, celle de la disparition volontaire.

4

Le crime de Philby

Le général Sikorski, président du gouvernement polonais en exil, meurt en 1943 dans un étrange accident d'avion au large de Gibraltar.

Aujourd'hui encore, personne ne peut raisonnablement expliquer pourquoi son avion s'est abîmé en mer tout de suite après le décollage.

Monsieur X croit détenir la vérité. Une étrange histoire où l'on va évoquer le massacre de Katyn mais aussi la figure d'un espion légendaire.

En 1943, Sikorski a un peu plus de soixante ans. Vingt-trois ans plus tôt, jeune général, il se bat victorieusement contre l'Armée rouge qui a envahi son pays. Deux ans plus tard, il est Premier ministre. Mais, en 1926, le maréchal Pilsudski s'empare du pouvoir par la force. Sikorski n'accepte pas les méthodes dictatoriales du maréchal et abandonne la vie publique.

1939. Après avoir signé le pacte germano-soviétique, Hitler et Staline, de conserve, dépècent la Pologne. Les résistants polonais, ceux de l'intérieur mais aussi ceux de l'extérieur, portent Sikorski à leur tête. Le général installe d'abord son gouvernement en exil en France, puis, après l'invasion allemande, à Londres.

Sikorski se place d'emblée dans le camp des Alliés. Il a une obsession : faire en sorte qu'après la guerre la Pologne ne soit pas oubliée, simple objet d'un marchandage entre les Occidentaux et l'encombrant allié russe. Car l'U.R.S.S., à son tour, est entrée dans la guerre. Et Sikorski, malgré lui, doit négocier avec son ancien adversaire. Il se rend à Moscou, rencontre Staline, signe avec lui un traité. Mais Sikorski ne se fait pas beaucoup d'illusions : il est clair que le dictateur soviétique, malgré ses bonnes paroles, ne renoncera pas à son annexion de la partie est de la Pologne. Et il est également probable que Churchill et Roosevelt ne contrarieront pas Staline. Que pèse en effet la Pologne à côté de la nécessaire entente entre Alliés ?

Malgré tout, Sikorski poursuit désespérément son combat afin que la Pologne, effacée sur les cartes, continue à exister à travers les dizaines de milliers de soldats polonais engagés contre les armées du IIIe Reich.

Mais, en avril 1943, un événement va brouiller les cartes. Les Allemands découvrent à côté de Smolensk, dans la forêt de Katyn, un charnier où reposent des milliers d'officiers polonais. Des militaires qui ont été faits prisonniers par les Soviétiques en 1940. Les nazis accusent les Russes d'être les auteurs de ce massacre. Moscou nie et retourne l'accusation contre les Allemands. Sikorski, lui, demande une enquête internationale sous l'égide de la Croix-Rouge. Embarras des Alliés. Trois mois plus tard, Sikorski est mort.

Voyons le contexte et les circonstances de l'accident qui a coûté la vie au général polonais.

Début juillet 43, Sikorski, de retour d'une inspection des troupes polonaises du Proche-Orient, fait une escale à Gibraltar avant de regagner Londres. Ses amis, ses proches, ses ministres lui ont déconseillé ce voyage qu'ils jugent trop dangereux et trop risqué.

Il existe en effet beaucoup trop de gens qui seraient ravis de voir disparaître Sikorski. Et, curieusement, avant même son départ pour le Proche-Orient, des rumeurs d'attentat ont couru.

Le général voyage à bord d'un bombardier de la R.A.F. (la

Royal Air Force), un Liberator converti en avion de transport. C'est un gros avion, très sûr. Le pilote, un Tchèque nommé Prchal, est un as, un type qui connaît parfaitement son appareil. Il a été personnellement choisi par Sikorski qui a une totale confiance en lui.

Le Liberator décolle de Gibraltar en fin de soirée. Il fait déjà nuit. Quelques personnages officiels, dont le gouverneur de Gibraltar, assistent au départ. Le décollage est impeccable. Le bombardier s'élève jusqu'à une cinquantaine de mètres. Il est maintenant au-dessus de la mer. Il amorce un léger piqué. À terre, personne ne s'étonne. Le pilote Prchal pratique toujours ainsi : c'est sa technique pour prendre de la vitesse avant de poursuivre sa montée. Mais, ce soir-là, le piqué se poursuit dangereusement. Soudain c'est la catastrophe. Le Liberator s'abîme en mer. Il n'y a pas vingt-cinq secondes qu'il a décollé.

Quand les premiers bateaux de sauvetage arrivent sur les lieux, le pilote, à demi inconscient, flotte à la surface de la mer. Il est le seul survivant. Et c'est étrange ! En effet, Prchal, bien qu'il soit un excellent pilote, a une manie : contrairement au règlement de la Royal Air Force, il ne porte jamais son gilet de sauvetage lors du décollage ou de l'atterrissage et préfère garder sa Mae West près de lui, à portée de main. J'imagine qu'au cours de ces phases particulièrement cruciales il veut être plus libre de ses mouvements.

Mais alors pourquoi, lorsqu'on retrouve Prchal, porte-t-il son gilet de sauvetage parfaitement bouclé ? De toute évidence, il n'a pas eu le temps de le revêtir avant le crash. Prchal devait surtout penser à redresser son appareil.

Est-ce que pour une fois, dérogeant à ses habitudes, il a bouclé sa Mae West avant même de décoller ? Non. Prchal, lui-même, dès qu'il est en état de parler, affirme qu'il n'a pas bouclé son gilet de sauvetage. Interrogé à de nombreuses reprises, il se révèle incapable d'expliquer ce mystère.

Alors ment-il ? Et pourquoi ?

Seconde question : comment expliquer qu'il ait été le seul survivant ? Le pilote aurait été projeté à travers le toit en plexiglas de l'avion. Mais curieusement, Prchal ne porte aucune trace de blessure lorsqu'on le repêche.

Troisième point capital : l'accident lui-même. Le pilote déclare qu'arrivé à la hauteur de 150 pieds il a poussé sur le manche afin de prendre de la vitesse. Mais lorsqu'il a voulu ensuite reprendre de l'altitude en tirant sur le manche, il s'est aperçu que la commande était bloquée et qu'il lui était impossible d'actionner les gouvernes de profondeur. À partir de cet instant, l'accident était inévitable, Prchal ne pouvait plus redresser son Liberator.

Le pilote prétend que d'autres Liberator ont connu ce même problème de blocage des gouvernes. Or c'est une invention, l'enquête l'a parfaitement démontré ultérieurement.

Donc le pilote ment.

La première hypothèse qui vient à l'esprit, c'est que Prchal a provoqué délibérément l'accident. Mais le Tchèque n'est pas un kamikaze. Et il faut l'être pour tenter un semblable coup à l'issue duquel le pilote a très peu de chances de s'en sortir vivant.

La seconde hypothèse, la plus simple, c'est que Prchal ment pour couvrir une faute de pilotage. Dans la plupart des accidents aéronautiques, c'est l'homme qui est responsable. Prchal, par exemple, aurait pu un peu trop pousser sur le manche pour prendre de la vitesse. Et, appréciant mal l'altitude à laquelle il volait, il aurait percuté la surface de la mer.

Mais Prchal était un excellent pilote. Et il avait un copilote à côté de lui qui surveillait les instruments.

Il ne reste donc qu'une explication : la vraie, la seule ! Celle du sabotage. Parce que Sikorski était à bord du Liberator et qu'on voulait l'éliminer. Mais ça ne résout pas l'énigme des mensonges du pilote.

J'y ai longtemps réfléchi et je crois avoir trouvé. Prchal a été retrouvé vivant mais inanimé. Il a dû subir un choc très violent. Quand il reprend ses esprits et qu'on l'interroge pour la première fois, il raconte n'importe quoi à propos de son gilet de sauvetage. Ensuite, contre toute raison, il s'accroche à sa première version. D'autre part, consciemment ou pas, il croit peut-être à sa propre responsabilité dans l'origine de l'accident. Ce qui explique son autre mensonge sur le blocage des gouvernes dont auraient été victimes d'autres Liberator.

Le sabotage, donc. Il est évident. Pour des raisons politiques, d'abord. Et il me faut revenir sur la dramatique affaire de Katyn. Le charnier est découvert par les Allemands en avril 43, trois mois avant la mort de Sikorski. Trois mois terribles qui ont failli mettre à mal l'alliance entre les Occidentaux et l'U.R.S.S. ! Trois mois pendant lesquels se prépare le piège destiné à se débarrasser de Sikorski.

Quinze mille officiers polonais ont disparu en 1940. Depuis, on est sans nouvelles d'eux. À vrai dire, beaucoup pensent qu'ils sont toujours prisonniers des Soviétiques et détenus quelque part en Sibérie. Et soudain, en avril 43, c'est donc la découverte du charnier de Katyn !

Des habitants de la région, alors occupée par les Allemands, ont parlé d'exécutions en masse perpétrées par les Soviétiques. Aussitôt, les nazis, trop contents, commencent à faire des recherches. Et ils trouvent : des fosses creusées en pleine forêt dans lesquelles des centaines de cadavres ont été entassés. Curieusement, ces dépouilles humaines ont été très bien conservées, sans doute à cause de la nature du terrain. Les uniformes sont intacts. Et dans les poches de ces uniformes, les papiers aussi.

L'identification de ces cadavres est donc aisée. Il s'agit bien d'officiers polonais. De ces officiers dont on est sans nouvelles depuis 1940 ! D'une partie en tout cas puisque quatre mille cadavres sont recensés. La plupart ont les mains attachées derrière le dos. Ils ont été tués d'une balle dans la nuque.

L'un de ces officiers a même tenu son journal jusqu'au bout. Il se trouve encore dans sa poche. Le major Solski raconte son arrivée – sous la garde du N.K.V.D. [1] – au bois de Katyn, près

1. Ancêtre du K.G.B.

de Smolensk, le 9 avril 1940. Il écrit qu'au petit matin il est conduit avec ses compagnons dans un petit bois qui ressemble à un camp de vacances. Alliances, montres, ceintures, couteaux leur sont retirés. Solski se demande : « Quel sort nous attend ? » C'est la dernière ligne de son journal, les derniers mots qu'il écrira jamais.

Immédiatement après cette tragique découverte, les Allemands mettent en cause les Soviétiques. L'occasion est trop belle. Pour Goebbels, qui va orchestrer la propagande autour de cette affaire, il s'agit non seulement d'accuser l'U.R.S.S. d'un crime monstrueux, mais surtout de semer la zizanie entre les Alliés ! Car il feint de croire qu'il sera impossible à Roosevelt et Churchill de fermer les yeux. En réalité, sa véritable cible, ce sont les Polonais de Londres. Goebbels compte sur Sikorski pour souffler sur les braises. Et par là même il l'envoie à la mort !

Diabolique, le dirigeant nazi a en effet prévu la réaction du chef du gouvernement polonais en exil.

Il sait que, depuis 1940, Sikorski essaie en vain de chercher à connaître le destin de ces milliers d'hommes qui représentent l'élite de l'armée polonaise. Le chef du gouvernement en exil a même personnellement interrogé Staline lorsqu'il l'a rencontré à Moscou. Le dictateur soviétique lui répond alors qu'il n'a jamais entendu parler de ces officiers. Mais le général polonais insiste : ces hommes ont probablement été faits prisonniers par l'Armée rouge. Devant Sikorski, Staline décroche son téléphone et appelle la direction du N.K.V.D. : « Pourquoi les officiers polonais n'ont-ils pas été relâchés ? » Le maître du Kremlin écoute. Quand il raccroche, il dit à Sikorski : « On ne sait rien, ils ont dû s'évader... »

C'était bien sûr une réponse qui n'en était pas une. Une fin de non-recevoir ! Mais que pouvait faire Sikorski qui venait justement à Moscou pour signer un traité avec Staline ?

À Londres, lorsque Sikorski apprend la nouvelle de la découverte des corps des officiers à Katyn, il lui est donc impossible de ne pas réagir. Goebbels le sait très bien. Et il est aux aguets.

Avec beaucoup de prudence, le général polonais contacte secrètement le Comité international de la Croix-Rouge auquel il demande d'effectuer une enquête. Les Allemands, très bien informés, apprennent la démarche de Sikorski. Dès le lendemain, la Croix-Rouge allemande, sur l'ordre de Hitler, réclame officiellement au Comité international une enquête sur le massacre de Katyn. Sikorski est piégé ! Il est obligé de rendre publique sa propre démarche. La rupture avec Moscou est alors inévitable.

Les Soviétiques accusent immédiatement le chef du gouvernement polonais de faire le jeu des nazis. Sikorski est présenté comme l'allié objectif de Hitler tandis que Moscou contre-attaque en affirmant que les Allemands sont les vrais responsables de la tuerie de Katyn. C'est de bonne guerre. Et cette contre-propagande est si efficace que, pendant de longues années, le doute subsistera. Le seul fait que la découverte des charniers ait été faite par les nazis la rend hautement suspecte. Il peut s'agir d'une opération d'intoxication, les Allemands ayant maquillé leurs propres crimes.

En tout cas, la commission d'enquête de la Croix-Rouge demandée par le général Sikorski ne se rend pas sur place. L'organisation internationale ne veut pas agir sans avoir l'assentiment de toutes les parties. L'U.R.S.S. refusant de donner son accord, la Croix-Rouge renonce. Les Allemands bricolent alors une commission uniquement composée de médecins qui viennent de pays qu'ils occupent. À l'exception d'un praticien suisse. Dans ces conditions, Staline peut aisément dénoncer la partialité d'une enquête sous influence allemande. D'ailleurs, quand l'Armée rouge reprend la région de Smolensk, une commission soviétique est chargée de mener à son tour des investigations. Elle démontre naturellement que le crime est allemand ! Avec de bons arguments. En effet, la question cruciale à Katyn est celle de la date de l'exécution des officiers polonais. Si elle a eu lieu en 1940, alors que la région est occupée par l'Armée rouge, les assassins sont russes. En 1941, après l'offensive de la Wehrmacht, ils sont allemands. Or, les Soviétiques affirment avoir trouvé sur les cadavres des documents datés de 41. Autre argument : les exécutions ont été perpétrées avec des balles fabriquées en Allemagne !

Les Soviétiques disposent d'assez d'éléments pour entretenir durablement la confusion et repousser la terrible accusation qui pesait sur eux. Leurs arguments sont pourtant fallacieux. Les documents qu'ils exhibent sont en tout petit nombre alors que les Allemands, eux, en ont trouvé des centaines, tous antérieurs au printemps 40. Quant aux balles, il est vrai qu'elles sont allemandes. Mais les nazis en ont vendu un grand nombre aux pays Baltes. Les Soviétiques, lors de l'invasion de ces territoires, ont très bien pu les récupérer et les utiliser.

À la suite de son intervention auprès de la Croix-Rouge, Sikorski est donc devenu *persona non grata* pour Moscou. Mais pas pour les Anglais et les Américains qui sont contraints de continuer à le soutenir, tout en regrettant son intransigeance et sa rupture avec Staline. Situation embarrassante pour les Alliés : incontestablement, le général polonais gêne !

Les Soviétiques ne sont pas moins désireux de le voir disparaître. Son élimination permettrait la constitution d'un nouveau gouvernement polonais en exil. Un gouvernement qui serait moins hostile à l'U.R.S.S. Dans l'entourage même de Sikorski, des hommes sont prêts à le remplacer séance tenante.

Américains, Anglais, Soviétiques, tous ont donc des motifs de vouloir se débarrasser de Sikorski. Mais qui a réellement agi ?

J'ai tout compris quand j'ai appris la présence à Gibraltar, au moment de la mort de Sikorski, d'un homme particulièrement fascinant et dangereux. Kim Philby !

Philby, mort en 1988 à Moscou avec le titre de général du K.G.B., a sans doute été la personnalité la plus marquante d'un réseau d'espions soviétiques qu'on a appelé en anglais « The Magnificent Five », par allusion au film *Les Sept Mercenaires* (en anglais *The Magnificent Seven*). Des hommes issus de la meilleure société anglaise, sympathisants communistes, formés à Cambridge et qui réussiront à s'introduire au plus haut niveau des services secrets anglais ou du Foreign Office. Cinq espions qui travailleront des années durant pour les Soviétiques. Philby, par exemple, est entré au début des années 40 dans les services de renseignement britanniques. Quatre ans plus tard, il accède à la direction de la section IX chargée de surveiller les activités soviétiques et les partis communistes. Bel exploit pour un homme qui est en réalité un agent du K.G.B.

Sikorski est mort à Gibraltar parce que Philby s'y trouvait. Et je pense que l'espion, en accomplissant sa sale besogne, a rendu service simultanément à ses deux maîtres : Churchill et Staline ! L'un et l'autre ont dû être soulagés en apprenant la disparition de Sikorski.

Mais le vrai commanditaire est Staline et l'exécuteur est Philby. C'est lui qui, sans mettre lui-même la main à la pâte, a tout organisé. Quand on examine le dossier à la loupe, on comprend assez facilement.

Reprenons la chronologie : Sikorski fait escale à Gibraltar où il est reçu par le gouverneur. Il doit rester vingt-quatre heures sur le rocher. Son avion, naturellement, fait l'objet d'une rigoureuse surveillance afin d'éviter toute action de sabotage. À deux reprises déjà, aux États-Unis d'abord puis au Canada, les avions dans lesquels volait Sikorski ont été victimes de telles manœuvres. Sur l'aérodrome de Gibraltar, donc, on affecte une garde armée au Liberator. Un soldat reste même en permanence à l'intérieur de l'appareil.

Et pourtant le sabotage s'est produit !

Comment ? Par deux fois, des hommes pénètrent dans le Liberator. Les gardes et le soldat à l'intérieur les laissent passer parce que ces individus ont une bonne raison de pénétrer dans l'avion. La première fois, c'est un proche de Sikorski qui vient chercher une valise appartenant au général. La deuxième fois, un homme monte à bord prendre un sac de courrier. Qui est-il ?

Personne le sait. Mais les gardes n'y voient pas malice. D'ailleurs, l'homme reste très peu de temps à l'intérieur. Mais, détail capital, la soute où se trouvent les sacs de courrier est située juste en dessous du poste de pilotage, c'est-à-dire à l'endroit où passent les câbles de gouverne !

Philby, en tant que membre de l'Intelligence Service, pouvait avoir accès à n'importe quel avion du type Liberator. Il a dû concevoir avec ses amis soviétiques un système très simple à poser sur les câbles, un système de blocage mis en place en très peu de temps par ce mystérieux personnage.

Certes, avant de décoller, le pilote a vérifié que tout fonctionnait à bord. Et, surtout, les gouvernes de profondeur. Mais le système utilisé par Philby ne devait commencer à être efficace qu'au bout d'un certain nombre de manœuvres. Un système de blocage progressif !

Bien sûr, lorsqu'on a repêché l'épave du Liberator, ces fameuses commandes ont été examinées. Elles étaient en parfait état ! L'ingénieux petit appareillage conçu par les Soviétiques avait pour particularité de sauter en cas de choc violent.

Si vous avez encore un doute, c'est que vous ne savez pas combien de machines diaboliques et meurtrières ont été conçues et fabriquées dans les ateliers secrets des services d'espionnage. Et que vous n'imaginez pas le nombre d'inventeurs qui y travaillent. L'imagination n'a pas de limites, surtout lorsqu'il s'agit de dissimuler un crime aussi monstrueux que celui de Katyn !

Rien ne permet d'étayer ce dernier point de la démonstration de Monsieur X. Encore que la présence de Philby à Gibraltar soit avérée.

C'est seulement le 13 avril 1991 que Moscou, en pleine Glasnost, a enfin reconnu la responsabilité de l'U.R.S.S. dans le massacre en 1940, à Katyn, de quatre mille officiers polonais qui avaient été faits prisonniers par l'Armée rouge lorsqu'elle avait envahi la Pologne. Cet aveu, concédé lors d'une visite du général Jaruzelski à Moscou, a mis ainsi fin à cinquante ans de mensonge, le crime ayant toujours été attribué par les Soviétiques aux nazis.

Quant aux milliers d'autres officiers polonais disparus, grâce à la collaboration des Russes, ils ont été retrouvés dans deux autres charniers, à Kharkov et Mednoe, en présence d'une commission officielle polonaise.

5

La grande intoxication

À la fin des années 40, la foudre semble tomber sur l'Europe de l'Est. Les uns après les autres, les principaux dirigeants communistes sont traduits en justice. Laszlo Rajk en Hongrie, Rudolf Slansky et Artur London en Tchécoslovaquie, Kosto Tchaïkov en Bulgarie, et tant d'autres, sont accusés d'être des agents de l'impérialisme, des espions, des traîtres. Tous appartiennent à la vieille garde. Beaucoup d'entre eux ont combattu en Espagne dans les Brigades internationales et ont lutté contre l'occupant nazi. Revenus en héros dans leur pays après la fin de la Seconde Guerre mondiale, ils ont été appelés aux plus hautes fonctions lorsque le communisme a triomphé.

Mais soudain, du jour au lendemain, ils deviennent suspects. Jetés en prison, torturés psychologiquement ou physiquement, pour la plupart, ils avouent leurs « crimes ». Des aveux grotesques, irréels, qu'ils réitéreront pourtant lors des procès staliniens – tout à fait semblables aux procès de Moscou des années 30 – qui leur seront intentés. Beaucoup seront condamnés à mort et exécutés.

Ont-ils été victimes de la folie sanguinaire de Staline ? Certainement. Mais pas seulement. Selon Monsieur X, c'est l'un des grands secrets de l'après-guerre.

J'ai toujours eu du mal à croire que des communistes convaincus, des hommes qui s'étaient souvent conduits avec courage, puissent brusquement s'accuser des pires crimes. Je sais que pour certains d'entre eux il s'agissait d'une sorte de « patriotisme de parti ». Ils avouaient parce que le Parti le leur demandait ! Ils avouaient parce que le Parti a toujours raison ! Et il me souvient d'avoir vu il y a peu de temps à la télévision le témoignage d'une femme, une Polonaise, qui m'a particulièrement touché. Communiste, jetée injustement en prison par les siens, elle a raconté qu'elle a quand même pleuré lorsqu'elle a appris la mort de Staline. « Que voulez-vous, disait-elle, j'avais la foi !... » C'est terrifiant !

Mais c'est encore plus terrifiant lorsqu'on sait la vérité sur cette formidable purge qui s'est abattue sur les pays de l'Est dans ces années d'après-guerre !

Il me faut d'abord évoquer un très étrange personnage, Noël H. Field, un homme que j'ai croisé pendant la guerre, en Suisse. Un Américain bien tranquille, trop tranquille. Issu d'une famille aisée, c'est un WASP (white anglo-saxon protestant) comme on dit... Avant la guerre, il travaille à Washington, au Département d'État, c'est-à-dire au ministère des Affaires étrangères. Délégué de la Société des Nations en Espagne pendant la guerre civile, ses sympathies vont ouvertement aux antifranquistes. Field va d'ailleurs jouer un rôle important auprès des réfugiés républicains après la défaite du camp loyaliste. Il devient directeur du Comité unitarien pour l'Europe. D'abord à Marseille puis, après l'occupation de la zone libre, à Genève. Cette organisation religieuse et caritative vient en aide aux réfugiés, essentiellement des réfugiés originaires de l'Europe de l'Est.

L'homme est agréable. Grand, élégant, très racé, un Américain de bonne famille jusqu'à la racine des ongles, le genre « costume de tweed qui poche aux coudes » juste ce qu'il faut. Il a une femme charmante, Herta. Une Allemande dont il est follement amoureux.

Mais il y a incontestablement une ambiguïté chez Field. Personne ne peut mettre en doute son dévouement, sa générosité.

En même temps, on sent qu'il y a une faille chez lui. Une part d'ombre. Comment expliquer ? On a du mal à savoir s'il est réellement généreux ou s'il l'est par calcul, pour cacher ses véritables activités !

Je l'avoue, très vite, j'ai soupçonné que Field était un espion. Mais combien étaient-ils en Suisse à l'époque ? Là-bas, pendant la guerre, l'espionnage était une sorte de sport obligé. Pour comprendre, il suffit de regarder une carte. La Suisse était une sorte d'île au milieu de l'Europe nazifiée et fascisée. Il était donc normal que ce pays fût un lieu de prédilection pour les agents de tous bords.

Alors, Field, comme beaucoup d'étrangers présents sur le sol helvétique, est un homme du renseignement. À une différence près, c'est que dans le cas de l'Américain il est vraiment difficile de comprendre pour qui il travaille. Et d'ailleurs, à ce moment-là, le sait-il lui-même ?

Field, je suis au courant, a des relations suivies avec Dulles, c'est-à-dire avec l'O.S.S., l'Office of Strategic Service. Allan Dulles est déjà un maître espion. Celui qui sera l'un des personnages les plus influents de l'après-guerre s'est installé dès 1942 à Berne. Officiellement diplomate, il est en réalité le chef pour l'Europe de l'O.S.S., un organisme qui donnera plus tard naissance à la C.I.A. – dont Dulles sera le patron – et qui va jouer dans la guerre secrète entre l'Ouest et l'Est un rôle capital !

Field a donc ses entrées chez Dulles. Mais son activité auprès des réfugiés, dans l'association unitarienne, le met constamment en contact avec des hommes qui, pour la plupart, sont communistes et qui seront, après la guerre, les dirigeants des toutes nouvelles démocraties populaires. Des hommes avec lesquels il sympathise ouvertement.

Alors est-ce un agent double ? Il en a incontestablement le profil. Allen Dulles, le premier, en est conscient. J'ajoute même que ça l'arrange. Au fond, grâce à Field, il a un pied chez celui qui, demain, sera l'adversaire. Les Américains savent déjà qu'une fois Hitler éliminé, l'ennemi s'appellera Staline ! La guerre froide est en germe. Et dans cette future compétition, Field peut être un pion capital. Reste à savoir qui manipulera qui ? Là se trouve véritablement l'énigme Field !

Première interrogation : l'Américain, dès qu'il se sent en confiance, ne fait pas mystère de ses sympathies pour le communisme. Or, en général, les services soviétiques s'efforcent de ne pas recruter d'agents chez les sympathisants ou les militants communistes. Il y a quand même eu des exceptions. Mais c'était au tout début, quelques années seulement après la révolution soviétique. Les services n'étaient pas encore aguerris. L'utilisation en France de correspondants ouvriers dans les usines, les fameux rabcors, s'est d'ailleurs terminée par une catastrophe puisque le réseau a été démasqué par la police française. Non, le N.K.V.D. a très vite compris que c'était trop dangereux. Les militants ou sympathisants communistes étaient des objectifs vulnérables, surveillés par la police de leur pays. D'autre part, l'agent étant repéré, le parti communiste local était compromis.

Les vrais agents affectaient de professer au contraire un anticommunisme farouche... Exemple, Philby, qui travaillait pour un journal conservateur anglais et sympathisait ouvertement avec les franquistes pendant la guerre d'Espagne. Ou encore Richard Sorge qui fréquentait les nazis et les Japonais.

Deuxième interrogation : Field se conduit pourtant comme s'il était réellement un agent soviétique ! Joue-t-il un rôle, celui du faux agent ? Peut-être aspire-t-il à être un homme de Moscou ? Mais les Soviétiques, qui sont parfaitement organisés en Suisse, ne peuvent pas ne pas savoir que Field a des contacts réguliers avec Allen Dulles, le patron de l'O.S.S. L'administrateur du Comité unitarien, un certain Robert Dexter, un vieil ami de Field – ils se sont connus au Département d'État –, est même un homme de Dulles, un agent de l'O.S.S.

Troisième interrogation : pourquoi Field, procommuniste, livre-t-il quand même (j'en ai la preuve) des renseignements précieux aux services de Dulles ? Le travail de Field consiste en effet à aider les réfugiés. Parmi ceux-ci qui sont des milliers et qui, pour la plupart, vivent dans des camps, il y a beaucoup de communistes, hongrois, tchèques, bulgares ou encore polonais. Field est leur ami. Souvent, il les a connus en Espagne où ils ont combattu dans les Brigades internationales. En Suisse, il aide ces exilés, ces démunis. Il leur apporte secours, argent, vivres. Il lui est donc facile de s'informer auprès d'eux en les questionnant habilement et de transmettre ensuite à l'O.S.S. des noms, des fiches biographiques, des renseignements intimes sur les uns et les autres... Une matière précieuse pour l'après-guerre! Je dirai même une matière explosive! La suite va le prouver... J'affirme que dans le domaine des services secrets, je n'ai jamais connu une opération aussi machiavélique que l'affaire Field!

La guerre terminée, les Grands se partagent le monde. Staline met la main sur l'Europe de l'Est et les Balkans. Dans les nouvelles démocraties populaires, les amis communistes de Field, ceux qu'il a aidés et secourus, sont au pouvoir. Il y a Rajk en Hongrie, Slansky en Tchécoslovaquie et bien d'autres encore à Varsovie, Bucarest ou Belgrade. Tous ou presque étaient ses protégés.

Après la guerre, Field continue à travailler pour le Comité unitarien. Seulement ses liens étroits avec les communistes commencent à inquiéter les chefs de cette association religieuse. L'époque a changé, tout ce qui est communiste sent le soufre de l'autre côté de l'Atlantique. Bientôt, ce sera le maccarthysme... Les braves gens du Comité unitarien ne peuvent plus se permettre d'employer un homme qui proclame si imprudemment son attachement à l'idéologie communiste. En 1947, on le débarque proprement.

Licencié, Field tente une carrière dans le journalisme. Il voyage beaucoup, surtout en Europe de l'Est où il rencontre ses anciens amis réfugiés. C'est donc une source d'informations exceptionnelle. Déjà, les grands manipulateurs commencent à tisser leur toile.

D'une certaine façon, pour les patrons des deux services rivaux, le K.G.B. et la C.I.A., qui dès la fin de la guerre se livrent une lutte impitoyable, Field, malgré lui, est un personnage incontournable. On peut en faire ce qu'on veut ! Pour les Américains, s'il le faut, c'est un espion soviétique ! Et pour les Soviétiques, c'est un espion américain !

Field est une marionnette. Le problème, dans son cas, c'est qu'il y a deux montreurs de marionnettes et qu'il y a un grand risque que les fils ne s'emmêlent un jour. Sans compter que la marionnette elle-même est si imprévisible qu'elle peut tout embrouiller.

À l'Est, Staline voit d'un très mauvais œil l'irrésistible ascension de ces dirigeants communistes tchèques, hongrois, yougoslaves. Il les soupçonne de vouloir être trop indépendants. Ces hommes, à la différence d'un Thorez, par exemple, n'ont pas passé la guerre à Moscou ! Ils ont vécu à l'Ouest, ils ont souvent courageusement combattu en Espagne, ils ont subi moins que d'autres la férule de Staline. Et s'il leur est impossible de lui faire de l'ombre, ils risquent rapidement de ne pas être suffisamment dociles. Pour le Kremlin, il ne peut y avoir qu'un chef. L'exemple de Tito, qui a libéré son pays à la tête de ses troupes et s'est maintenant délivré de la pesante tutelle soviétique, ne doit pas se reproduire.

De l'autre côté, à l'Ouest, on guette, on épie. Sans toujours comprendre ce qui va se passer. La kremlinologie est une science particulièrement subtile. Et rarement exacte ! Mais soudain les choses se précipitent à l'Est... Staline décide de mettre de l'ordre dans sa maison. En 1948, en plein été, le numéro un du P.C. hongrois, Rakosi, est convoqué à Moscou. Staline veut se débarrasser de Laszlo Rajk, ministre de l'Intérieur, qui, pour son malheur, est le dirigeant le plus populaire du Parti. Impardonnable pour Staline !

Rajk est un personnage très intéressant. Un séducteur – on lui prête beaucoup de conquêtes féminines – qui est également un meneur d'hommes. Il combat en Espagne contre les franquistes. C'est là qu'il rencontre Field qui devient son ami. Après la défaite des républicains espagnols, il est interné dans un camp en France. Field parvient à le faire libérer. En 1941, Rajk gagne clandestinement la Hongrie. Secrétaire du parti communiste clandestin, il est alors l'un des acteurs importants de la résistance aux nazis. Fin 1944, la Gestapo l'arrête. Il est déporté. Mais il survit et, en 1945, revient triomphalement dans son pays.

À noter que parmi les principaux dirigeants du P.C. hongrois, c'est le seul qui n'ait pas passé les années de guerre à Moscou.

Mais pour abattre cet homme courageux, il faut un motif. Ou à tout le moins fabriquer des preuves contre lui : les Soviétiques sont passés maîtres dans cet art depuis les grands procès de Moscou. Mais quelles preuves?

Staline veut qu'on lui confectionne un dossier solide ! Il désire profiter de l'occasion pour frapper un grand coup, c'est-à-dire impressionner les opinions publiques et surtout persuader les dirigeants communistes des démocraties populaires de s'abstenir de sortir du rang! C'est ici que va intervenir Field. Field, l'ami de Rajk. Field qui va être l'instrument de la plus grande purge qu'ait connue le monde soviétique.

Dans toute affaire d'espionnage, comme dans toute affaire criminelle, il faut d'abord répondre à cette question toute simple : qui peut avoir un mobile? Si on parvient à répondre correctement à cette question, la solution est déjà en vue!

1949, 1950, 1951, c'est la purge à l'Est ! La grande lessive ! Les procès succèdent aux procès. On découvre que les traîtres sont partout, infiltrés jusque dans les plus hautes instances des partis communistes. Les envoyés spéciaux des journaux occidentaux assistent, éberlués, à des procès où les dirigeants inculpés font des aveux précis et insensés. On pend, on fusille, on étrangle aussi. Et partout on épure! Des centaines, des milliers de militants sont éliminés, salis, vilipendés.

Qui a vraiment intérêt à faire couper toutes ces têtes révolutionnaires sinon le pays qui mène la lutte anticommuniste dans le monde entier? Le chef d'orchestre, le montreur de marionnettes, c'est le patron de la toute neuve C.I.A., c'est Allan

Dulles ! Oui, si extravagant que cela puisse paraître, ce sont les Américains qui ont permis à Staline de se débarrasser de ces indésirables. Et je vais donner la preuve de ce que j'avance.

Revenons à 1948, l'année où Staline décide d'éliminer Rajk. Dulles, sans doute grâce à Field ou un autre de ses agents infiltrés à l'Est, apprend que le maître du Kremlin veut se débarrasser du dirigeant hongrois. Il imagine alors un plan diabolique : il faut que la pièce maîtresse de l'accusation contre Rajk soit Field. Il suffit de faire savoir aux Soviétiques que l'espion américain Field a eu et a encore des relations avec le Secrétaire général du Parti communiste hongrois.

Mais Dulles voit encore plus grand ! Mieux que quiconque, il sait que Field a connu tout le gratin de la Résistance en Europe de l'Est. Et si, d'un seul coup, on faisait de ces communistes des traîtres, des agents de l'espion américain Field ? Extraordinaire, non ? Alors, on commence à fabriquer des preuves concrètes, établissant que Field est bien un agent américain de haut niveau, un chef de l'espionnage américain. Par exemple, une lettre de Field à Dulles et d'autres documents encore. Lorsque ces faux sont confectionnés, on se débrouille pour les faire parvenir de l'autre côté, c'est-à-dire au K.G.B. Et ça marche ! Bientôt, les Soviétiques sont convaincus que tous ceux qui ont approché un jour ou l'autre Field sont des traîtres...

Dulles va faire preuve du machiavélisme le plus incroyable afin de parachever son œuvre. Il contacte Field : « Vos amis sont en danger à l'Est... Pourquoi ne pas aller tenter de les sauver ? » Et voilà le naïf Field qui se précipite aussitôt de l'autre côté du rideau de fer. Où immédiatement le K.G.B. lui saute dessus et l'emprisonne. Cette arrestation est une aubaine pour les Soviétiques ! Ils ont mis la main sur l'espion américain qui a gangrené les dirigeants hongrois, tchèques, roumains, polonais... Un homme qui a par ailleurs les meilleures relations du monde avec les Yougoslaves, des traîtres au service du grand capital américain. C'est dire !

Les agents du K.G.B. sont des experts. L'Américain a beau

protester de ses convictions communistes, on ne l'écoute pas. On sait que Field est un espion. Il doit parler, il faut qu'il parle. L'Américain finit par craquer. Il donne des dizaines de noms, des centaines, ceux de tous ces réfugiés qu'il a bien connus et protégés. Tous sont aussitôt arrêtés à leur tour, torturés. Et eux aussi ils avouent. Pour en finir, parce qu'on leur promet la vie sauve, ou encore par patriotisme de parti, comme je l'expliquais plus haut. On leur explique que leurs aveux sont nécessaires au Parti. Et ces communistes fidèles, intelligents, à bout de forces, avalent cette faribole. Ils signent tout ce qu'on leur demande de signer !

Toutefois, les Soviétiques sont prudents. Peut-être ont-ils compris que Field n'est pas un espion comme les autres. Si son nom apparaît dans tous les actes d'accusation, s'il est présenté comme étant la clef de voûte de ce prétendu réseau d'espionnage, on se garde bien de l'exhiber. Dans les procès, il ne paraît jamais physiquement. Faire comparaître cet imprévisible personnage comme témoin, c'est prendre un risque. Or tous ces procès staliniens sont réglés comme du papier à musique. Ce sont des vraies pièces de théâtre où tous, et d'abord les accusés, savent leur rôle par cœur.

Sans doute trouvez-vous la technique de la manipulation trop simple ? Non, car Dulles, très intelligemment, tient compte de la psychologie de Staline, un monomaniaque qui a tendance à voir des traîtres sous chaque lit du Kremlin. Pour une fois qu'on lui en apporte des dizaines sur un plateau, il applaudit des deux mains et affûte son couteau ! C'est ainsi que pour le plus grand profit des États-Unis et du chef de leurs services secrets, les directions des Partis communistes tchèque, hongrois, bulgare sont décapitées. Joli succès pour Dulles !

Field a-t-il eu conscience du rôle qu'on lui a fait jouer ? Ou a-t-il été complice de Dulles ?

J'avoue que j'ai du mal à répondre à cette nouvelle interrogation. Mais je pense plutôt que cet homme a été entraîné dans une manipulation qui le dépassait et qu'il ne pouvait même pas imaginer.

Les Américains lui ont caché la vérité. Field ne voit rien, ne comprend rien. Il constate simplement que son ami Rajk est en danger. Et il ne se rend pas compte que c'est lui, Field, qui va l'envoyer à la mort.

Field a passé plusieurs années en prison, au secret. En Occident, à part à la C.I.A., bien sûr, personne ne savait ce qu'il était devenu. Et lorsqu'il a été libéré, contre toute attente, il a voulu rester à l'Est où, étrangement, on l'a bien traité puisqu'on lui a même alloué une pension. Après tout, du point de vue du K.G.B., il avait rendu d'éminents services en lui permettant d'éliminer tous ces traîtres.

Au reste, il lui était sans doute difficile de rentrer aux États-Unis, où il était considéré comme un espion communiste. Dulles, qui aurait été le seul à pouvoir révéler le rôle qu'il avait joué dans les purges staliniennes, était dans l'incapacité de le faire pour des raisons évidentes : il lui était impossible de révéler la vérité sur les agissements de la C.I.A.

Alors qui était vraiment Field ? Je crois que, fondamentalement, c'était un homme de bien. Il est difficile d'oublier son dévouement pendant la guerre d'Espagne et ensuite pendant la Seconde Guerre mondiale. Bien sûr, il est à l'origine de l'emprisonnement et parfois de l'exécution de dizaines, de centaines de militants innocents. Mais il a été manipulé. Dans les mains de Dulles, c'était un jouet. D'une certaine façon, il était prisonnier de son rôle.

Malgré toutes les apparences, Field était donc un homme honnête. Malheureusement ! En tout cas, il est certain qu'il n'était pas fait pour affronter les monstres froids de l'espionnage qui se sont servis de lui !

La sténographie du procès de Rajk, et en particulier les aveux du dirigeant communiste – même si on sait maintenant qu'ils lui furent extorqués –, confirme le récit de Monsieur X. « C'est au camp d'internement du Vernet qu'un citoyen américain nommé

Field qui, à ma connaissance, était le chef du service de renseignement américain pour l'Europe centrale et orientale, vint me voir. Il se référa aux instructions reçues de Washington, selon lesquelles il devait se mettre en liaison avec moi et m'aider à sortir du camp pour rentrer en Hongrie. Il ajouta qu'on voulait me faire parvenir en Hongrie pour que je puisse, en tant que provocateur non démasqué, et travaillant à l'intérieur du Parti, chercher à désorganiser et à désagréger le Parti... »

Tous les autres accusés dirent aussi avoir eu des relations avec Field, qui est toujours présenté par eux comme un agent important, un chef de l'espionnage américain.

Pourtant dans un livre de référence, Le K.G.B. dans le monde, *écrit conjointement par un universitaire anglais, Christopher Andrew, et un transfuge soviétique, Oleg Gordievski, qui fut un haut responsable du K. G. B., les deux auteurs sont formels : Field, « communiste romantique et rêveur », a été recruté par le N. K. V. D., l'ancêtre du K. G. B., en 1934, alors qu'il travaillait au Département d'État... Il fournissait des informations mais pas de documents. Et ses officiers de liaison successifs ne semblèrent guère lui accorder beaucoup de crédit...*

Un autre historien, Gert Buchheit, écrit : « Field joignait la soumission et l'arrogance à un total manque du sens des réalités. Il était le Don Quichotte des pseudo-agents de la Seconde Guerre mondiale... » Pas très aimable. Par contre, la biographe de Field, Flora Lewis, écrit, elle : « Field s'était voué avec une véritable humilité à une noble conviction à laquelle il voulait rallier les autres, quelles qu'en fussent les conséquences. Il se soumettait à sa foi et il se sentait engagé à fond, mais il refusait avec présomption d'en imaginer les effets ultérieurs... »

C'est un peu plus flatteur. Mais il ressort en tout cas de ces deux appréciations que Field était fragile et que son manque de bon sens en faisait un homme qu'on pouvait aisément manipuler.

6

L'homme au pyjama

Jamais peut-être un dirigeant politique n'a été aussi caricaturé. On s'est moqué de lui, on l'a sali, vilipendé. On l'appelait « l'homme au pyjama », le « pleurnicheur », le « vieillard entêté ». Et pour les journaux anglais, c'était avant tout « le grand voleur de pétrole ». Maintenant, on comprend mieux la haine qu'a suscitée au tout début des années 50 le Dr Mohammad Mossadegh. Le dirigeant du tiers-monde qui, le premier, a brisé le carcan des grandes compagnies pétrolières. Et qui a osé nationaliser l'industrie du pétrole dans son pays, l'Iran. Un exemple, on le sait aujourd'hui, qui sera extrêmement contagieux. Et qui fera de Mossadegh un homme à abattre d'urgence. Au sens propre comme au sens figuré.

L'histoire de Mossadegh illustre à la perfection l'interventionnisme occulte des grands pays lorsqu'ils jugent, à tort ou à raison, que leurs intérêts économiques sont menacés.

Khomeyni et ses séides enturbannés ont brouillé l'image de l'Iran. Quel dommage ! La patrie du grand Cyrus est un pays de vieille, très vieille culture. J'y suis souvent allé : dès que flotte quelque part une odeur de pétrole, les services secrets ne sont jamais loin.

L'Iran, occupé pendant la Seconde Guerre mondiale par les Anglais et les Soviétiques, recouvre son indépendance avec la paix. Une indépendance toute relative car l'Iran est en réalité dans les mains de la toute-puissante Anglo-Iranian Oil Company. À l'époque, cette compagnie fait et défait les gouvernements, manipule armée et police, réalise des profits fabuleux mais n'en reverse qu'une partie infime à l'Iran, quatrième producteur mondial de pétrole. En 1950, par exemple, l'Anglo-Iranian ne lui abandonne que neuf pour cent de ses bénéfices. Cette situation de quasi-colonisation explique l'existence d'un sentiment anglophobe grandissant dans le pays. Un pays plongé dans la misère où manifestations, attentats, assassinats, ne cessent de se succéder.

Sur le plan politique, trois forces principales s'affrontent. D'abord, les communistes du parti Toudeh, puissamment organisé et soutenu par le voisin soviétique. Ensuite, les religieux qui entretiennent des liens ambigus avec une sorte de secte terroriste, les Fedayan Eslam, c'est-à-dire les Combattants de l'Islam. Très antianglais, ils s'attaquent à tous les dirigeants jugés trop anglophiles. Le troisième parti, c'est le Front national du Dr Mossadegh, une organisation qui veut moderniser ce pays encore féodal et s'oppose à la mainmise de l'Anglo-Iranian sur les ressources pétrolières de l'Iran.

Et puis il y a le shah, Mohammad Reza, trente ans, deuxième souverain de la dynastie des Pahlavi. Le premier, son père, Reza Khan, un simple colonel, s'est emparé du pouvoir en 1925 après avoir déposé le roi et s'être proclamé Shah-in-Shah, c'est-à-dire roi des rois. Il a commencé à réformer le pays, sans oublier de se bâtir une colossale fortune en s'appropriant une bonne moitié des terres iraniennes. Mais il a dû abdiquer en 1941 quand les Alliés ont envahi le pays : Soviétiques et Anglais le soupçonnaient d'avoir des sympathies pour leurs adversaires. C'est donc son fils, Mohammad Reza, qui lui a succédé sur le trône. En principe, la constitution fait de lui un souverain qui règne mais ne gouverne pas. En réalité, le shah reste rarement inerte et pèse de tout son poids sur les affaires de son royaume.

Au début de mars 1951, le général Ali Razmara, Premier

ministre acoquiné avec l'Anglo-Iranian, tombe sous les coups des fanatiques de la secte des Combattants de l'Islam. Pour lui succéder, le shah nomme un modéré. Mais les événements s'accélèrent soudain. Peu après l'assassinat de Razmara, sur proposition du député Mossadegh, le Parlement vote à l'unanimité une proposition de loi sur la nationalisation de l'industrie pétrolière. La rue commence à s'agiter. Religieux et communistes manifestent et exigent le départ du nouveau Premier ministre et la nomination à sa place du Dr Mossadegh. Le shah résiste jusqu'au 30 avril mais, sous la pression de la rue et des députés, il doit s'incliner et finit par nommer Mossadegh. L'aventure peut commencer. Elle va tenir en haleine l'Occident pendant plus de deux ans.

Mossadegh est francophone. Il a fait une partie de ses études à Paris et parle parfaitement notre langue. Comme le shah, d'ailleurs. C'est un aristocrate. Il appartient à la dynastie des Qadjars, celle-là même qui régnait sur l'Iran avant qu'un soudard du nom de Reza Pahlavi ne la chasse. Ainsi que tous les siens, c'est avant tout un très riche propriétaire terrien. Loin d'être révolutionnaire, c'est un nationaliste de progrès et un homme politique de tout premier plan.

En Occident, on l'a sciemment caricaturé. Parce qu'il fallait absolument en faire un personnage ridicule et haïssable. C'est une pratique assez courante : on commence d'abord par la psychologie, on finit par les armes. Plus tard, lorsque Nasser, un peu à l'instar de Mossadegh, osera nationaliser le canal de Suez, des dirigeants modérés de nos démocraties occidentales n'hésiteront pas à le comparer à Hitler ! Il faut quand même ajouter, pour être tout à fait juste, que de son côté Mossadegh a aussi forcé le trait : c'était un grand comédien.

Au moment où il arrive au pouvoir, Mossadegh a sa carrière politique derrière lui. Il a soixante-dix ans, peut-être plus : sur ce point, il a toujours refusé d'être précis. C'est un grand vieillard maigre et voûté au crâne rasé qui affecte d'être faible et malade. Lorsqu'il apparaît en public, on a l'impression qu'il va s'écrouler d'un moment à l'autre. Il est d'ailleurs ordinairement soutenu par deux hommes.

En réalité, le Dr Mossadegh se sert de sa supposée mauvaise santé comme d'une arme : dès qu'on le contrarie, il se trouve mal. Il se tient par exemple très souvent chez lui, dans son lit. Sa chambre, dépouillée comme une cellule de moine, est son cabinet de travail. Il y reçoit ses visiteurs, même les plus illustres, en pyjama, calé par des oreillers sur un simple lit de fer. Et la plupart du temps c'est ce vieillard faible et alité qui finit par avoir le dessus.

Il feint, c'est certain. Car, lorsqu'il le veut bien, il peut galvaniser les foules et parler en public pendant des heures. Orateur hors du commun, il tempête, pleure, implore. Lorsque, dès son accession au pouvoir, le Dr Mossadegh annonce la nationalisation du pétrole – une nationalisation votée par les députés mais que le shah a refusé de promulguer –, le délire s'empare du pays. Le petit peuple de la terre et des bazars applaudit. C'en est fini de l'exploitation de l'Iran par les compagnies étrangères. Mossadegh est désormais immensément populaire.

Aussitôt, l'Anglo-Iranian, qui règne sur l'immense raffinerie d'Abadan, crie au voleur. Derrière elle, toute l'Angleterre s'indigne de ce qu'elle considère être une pure et simple spoliation. Londres en appelle aux instances internationales et saisit le Conseil de sécurité et la Cour de La Haye. Mais le Dr Mossadegh fait le voyage de New York et il obtient un vrai triomphe devant l'assemblée des Nations unies. Ce faible vieillard se rend ensuite à La Haye. Il y plaide lui-même, en français, la cause de son pays : la Grande-Bretagne est déboutée.

Malgré ces succès de Mossadegh, les Britanniques durcissent leur position et entreprennent d'asphyxier l'Iran en fermant le robinet du pétrole, principale ressource du pays. Car, l'industrie pétrolière peut bien être nationalisée, l'Anglo-Iranian garde la maîtrise de l'exploitation et aussi celle du raffinage ! Les Anglais se sont bien gardés de former des techniciens autochtones. Sans eux, pas ou peu de pétrole.

Les Iraniens n'ont même pas la ressource de faire venir des professionnels étrangers : l'industrie du pétrole fait bloc derrière les dirigeants de l'Anglo-Iranian. Et d'abord parce que l'initiative de Mossadegh pourrait en effet donner des idées à d'autres pays. Les États-Unis font donc cause commune avec les Anglais, solidarité atlantique oblige. Une aide pas tout à fait désintéressée : les Américains se disent aussi qu'à l'occasion de cette crise ils pourraient bien mettre pied dans cette chasse gardée des Anglais et avoir leur part de la manne pétrolière.

Il faut donc étrangler l'Iran et l'amener ainsi à capituler. Les petits malins qui voudraient quand même acheter du pétrole iranien sont fermement dissuadés : un pétrolier italien qui a entrepris de violer ce blocus de fait est tout simplement arraisonné par la Royal Navy sous le prétexte qu'il transporte du pétrole volé.

Mossadegh, enivré par le succès qu'il a remporté à New York et à La Haye, n'a sans doute pas vraiment pris la mesure de la coalition qu'il affronte. Pourtant, ce n'est pas un naïf, loin de là.

Très vite, sans vente de pétrole, sans les royalties de l'Anglo-Iranian, les caisses iraniennes se vident. Les difficultés de toutes sortes s'accumulent pour Mossadegh.

Mais c'est un fin politique. Il sait que le shah, qui ne l'a nommé qu'à regret, veut se débarrasser de lui à la première occasion. Or Reza Pahlavi dispose du soutien des généraux sur lesquels il a la haute main. Mossadegh réagit en exigeant du shah les pleins pouvoirs. Il veut avoir les moyens de contrôler l'armée et disposer du portefeuille du ministère de la Guerre.

Le shah refuse catégoriquement. Mossadegh aussitôt démissionne ! Naturellement, c'est une manœuvre. Il sait qu'il a le soutien du peuple. Et il joue le peuple contre le shah.

Lorsque le souverain nomme un nouveau Premier ministre favorable aux intérêts anglais, les manifestants communistes et islamistes descendent dans la rue. Des émeutes éclatent. Il y a des morts. Des centaines de morts. Mais les manifestations ne cessent pas pour autant. Le shah se résigne à rappeler Mossadegh qui obtient enfin les pleins pouvoirs qu'il réclamait.

Le bras de fer avec les Anglais recommence de plus belle. Mais Mossadegh va commettre sa première grande faute. En position de force, après avoir obligé le shah à le rappeler, il devrait être en mesure d'engager des négociations avec l'Anglo-Iranian dans les meilleures conditions possibles. Or il se montre de plus en plus intransigeant. Mossadegh s'imagine que l'Occident ne peut pas se passer durablement du pétrole iranien. Malheureusement pour lui, c'est faux !

Les compagnies pétrolières ont compris que la crise serait longue. Donc, elles ont anticipé. Elles poussent la production en Arabie Saoudite, au Koweït, et compensent ainsi l'absence du pétrole iranien. Du coup, la marge de manœuvre de Mossadegh se trouve soudain réduite.

Pourquoi a-t-il commis cette erreur ? Sans doute à cause de l'opinion, de tous ces gens qui sont descendus dans la rue pour le soutenir, et qui ne comprendraient pas qu'il fasse des concessions aux Anglais. Presque malgré lui, il se trouve obligé de poursuivre cette folle course en avant. Une course qui va d'ailleurs le conduire à rompre les relations diplomatiques avec la Grande-Bretagne.

Là-bas aussi, on est décidé à en finir. En Angleterre, Churchill vient de revenir au pouvoir : il n'en faut pas attendre de la faiblesse. Quant aux États-Unis, en cette fin 1952, ils se donnent un nouveau président, le républicain Eisenhower. Ike va se choisir un secrétaire d'État, Foster Dulles, qui a la réputation d'être inflexible et la particularité d'avoir comme frère Allen Dulles, le patron de la C.I.A. !

La première offensive des Anglo-Saxons relève de la propagande. Il s'agit, je l'ai déjà évoqué, de présenter Mossadegh comme un vieillard fou, un clown. Mais, très vite, cette opération qui déferle dans tous les journaux contrôlés par le capitalisme occidental prend un aspect encore plus insidieux. Peu à peu, on laisse entendre que Mossadegh est manipulé par Moscou et qu'il va donc faire de l'Iran un nouveau pays communiste !

Certes le parti communiste, le Toudeh, apparaît comme un allié objectif de Mossadegh dans cette croisade pour l'indépendance économique. Un allié de circonstance : en réalité, Mossadegh est résolument anticommuniste et, tout au long de sa vie politique, il n'a cessé de combattre l'influence de Moscou en Iran. C'est lui, par exemple, qui n'a pas hésité à faire tirer sur des rassemblements communistes. Lui encore qui a empêché les Soviétiques d'obtenir une concession pétrolière en faisant voter une loi au Parlement. S'il était procommuniste, aurait-il agi ainsi ? Et d'ailleurs, on le verra, les communistes du Toudeh seront les premiers à le lâcher quand viendra l'heure de sa chute.

En fait, le but réel de cette propagande occidentale est de préparer l'opinion internationale et de justifier le complot qui se prépare avec la complicité des plus hauts personnages du pays !

Mossadegh a vu le danger. Mais il le sous-estime. Il pense qu'il lui faut affirmer son autorité face au shah qui joue visiblement le jeu des Occidentaux, face aussi à ses alliés communistes et religieux qui risquent de prendre leurs distances. Alors, ce joueur risque un nouveau coup de poker : au début du mois d'août 53, il provoque un référendum et se fait plébisciter par le peuple en obtenant un score quasi stalinien de quatre-vingt-dix-neuf pour cent en sa faveur. Ce que ne manque pas de souligner la presse du monde libre : Mossadegh est en train de tourner au dictateur !

Fort de ce soutien plébiscitaire, il dissout le Parlement et demande une fois de plus au shah les pleins pouvoirs. Ce qu'il ne sait pas, c'est que la machine conçue pour l'abattre vient de se mettre en place. Désormais, tout va aller très vite.

Soudain, vers la mi-août, le shah passe à l'offensive. Il destitue Mossadegh et le remplace par un fidèle, le général Zahedi. Ce militaire a flirté avec les nazis pendant la guerre. Si ouvertement que les Anglais ont dû l'enlever pour le neutraliser ! Tel est l'homme que le shah met en place.

Mossadegh, loin de s'incliner, résiste. Mais il ne sait pas que c'est justement ce que l'on attend de lui.

Il accuse le shah : la nomination de Zahedi est illégale. Lui seul est Premier ministre. Et apparemment c'est vrai puisque Mossadegh continue à contrôler le pays et l'armée. Le shah, prudemment, a même quitté l'Iran. Il est d'abord parti pour Bagdad. Puis il atterrit à Rome. À Téhéran, on commence à parler d'abdication et de république.

C'est une ruse qui vise à endormir Mossadegh. Car dans le même temps il se passe de drôles de choses dans les bas quartiers de la capitale iranienne. Des truands, des vagabonds semblent avoir mystérieusement disparu. Où sont-ils passés ? On ne va pas tarder à le savoir. Brusquement, le 19 août, cette racaille réapparaît. Mais elle n'est pas seule. Elle est accompagnée par la troupe. Et à la tête de la troupe, il y a le général Zahedi. C'est un putsch !

Pendant que l'armée s'empare de la radio, ces étranges manifestants issus des bas quartiers courent les rues, tuent et rapinent sous prétexte d'éliminer les communistes. Tous les hommes qui portent une moustache sont abattus sauvagement. En effet, les militants du Toudeh arborent souvent une moustache en hommage à Staline.

Pendant ce carnage, la maison de Mossadegh est attaquée à coups de canon, mise à sac. Ses occupants sont massacrés. Seul Mossadegh réussit à fuir la ville. Mais il est bientôt rattrapé, arrêté dans sa maison de campagne et emprisonné.

À Rome, le shah se tient au courant en permanence pendant que Soraya, joignant l'utile à l'agréable, profite de son bref exil pour faire quelques achats. Dès qu'il a l'assurance que Zahedi a réussi son putsch, Reza Pahlavi revient à toutes brides à Téhéran. Il n'est pas seul : un autre éminent personnage a regagné la capitale iranienne au moment même où les massacreurs envahissaient la rue. C'est l'ambassadeur américain !

Car le coup est parti de Washington. Et voici comment, dans les services, nous avons reconstitué ce qu'il s'est passé en réalité.

Quelque temps avant ces événements, deux hommes arrivent à Téhéran. L'un est un américain, Schwarzkopf, père du général qui commandera l'opération « Tempête du désert » pendant la guerre du Golfe. Ancien policier, il s'est rendu célèbre en dirigeant l'enquête sur l'enlèvement du fils Lindbergh. Depuis, il est devenu une sorte de conseiller international en matière de police et de renseignement. À ce titre, il a déjà beaucoup travaillé en Iran où il a réorganisé les services de sécurité et s'est lié non seulement avec le shah mais aussi avec le général Zahedi, le putschiste d'août 1953.

Officiellement, Schwarzkopf vient faire du tourisme et rendre visite à ses vieux amis. C'est naturellement cousu de fil blanc.

Le deuxième homme s'appelle Kermit Roosevelt. Petit-fils du président Theodore Roosevelt, il est le chef des opérations de la C.I.A. pour le Moyen-Orient. Il faut remarquer qu'après ces événements il sera nommé vice-président de la Gulf Oil Corporation, preuve supplémentaire de la connivence entre la C.I.A. et les compagnies pétrolières.

Trois mois plus tôt, Roosevelt était déjà à Téhéran afin de préparer le terrain et prendre des contacts avec les truands locaux. Son retour sur le territoire iranien, trois semaines avant le putsch, est clandestin. Il gagne aussitôt la capitale et, grâce à ses agents sur place, il s'immerge dans les bas-fonds.

Schwarzkopf et Roosevelt ne sont pas venus les mains vides. Ils sont munis d'une dizaine de millions de dollars. Tandis que le premier noue des contacts en haut lieu avec les comploteurs, le deuxième organise les manifestations anti-Mossadegh de la pègre.

Je peux ajouter que l'opération Ajax – c'est son nom de code – est pilotée depuis la Suisse où l'on a assisté à l'arrivée concomitante de quelques personnalités comme Allen Dulles, chef de la C.I.A., l'ambassadeur des États-Unis en Iran ou encore la princesse Ashraf, la sœur jumelle du shah que certains considèrent non sans raison comme sa principale inspiratrice.

Tout est prévu, y compris l'obstination de Mossadegh. On espère ainsi le prendre au piège dans Téhéran. L'opération prévoit sa disparition au cours de l'assaut donné à sa maison. C'est au fond le seul échec de ce scénario puisque Mossadegh réussit quand même à s'échapper momentanément. Ensuite, lorsqu'on le retrouve dans sa maison de campagne, il est plus difficile de le liquider physiquement. C'est ainsi que le nouveau pouvoir s'est retrouvé avec un prisonnier plutôt encombrant.

La fuite du shah est aussi prévue dans le scénario. Il faut dramatiser la situation avant l'intervention de l'armée. Cela signifie donc que Reza Pahlavi est complice des comploteurs. C'est d'ailleurs le grand secret de l'opération Ajax. Une poignée d'Iraniens seulement savent à quel véritable travail se livre Kermit Roosevelt dans les bas-fonds de Téhéran. Et l'un d'eux est le shah lui-même. La preuve ? L'homme qui envoie à Rome un télégramme pour indiquer au souverain qu'il peut regagner sa capitale se nomme Kermit Roosevelt ! L'agent en chef de la C.I.A. !

Cette version a été plus ou moins confirmée par l'enquête de deux journalistes américains, David Wise et Thomas Ross. Dans leur livre, Le Gouvernement secret des États-Unis, *ils mettent en lumière le rôle joué à Téhéran par Schwarzkopf et l'agent de la C.I.A., Kermit Roosevelt.*

Autre confirmation du rôle des Américains : dans le journal Le Monde *du 19 décembre 1983, Paul Balta écrit : « Au début de 1953, lorsque Eisenhower s'installe à la Maison-Blanche, le sort de Mossadegh est scellé. Sa chute n'est plus qu'une question de mois. »*

Il faut aussi noter que la destitution de Mossadegh a largement profité aux Américains. Non seulement ils ont éliminé ce Premier ministre qui les gênait, mais ils ont aussi obtenu l'exploitation de quarante pour cent du pétrole iranien. Business is business !

D'autre part, dans une interview publiée par le Guardian *en mars 1979, l'ancien agent secret Kermit Roosevelt admet que trois Iraniens seulement connaissaient les détails du complot. Dont Reza Pahlavi.*

Quant à Mossadegh, il a été jugé et condamné à la peine de mort. Curieusement, sa peine a été commuée en trois ans de réclusion. Le shah, sans doute, n'a pas osé en faire un martyr.

Au cours de ce procès, Mossadegh a prononcé une importante plaidoirie, son testament politique en quelque sorte : « Le seul crime que j'ai commis est la nationalisation du pétrole. J'ai lutté contre le plus grand empire du monde... J'ai lutté également contre la plus grande entreprise d'espionnage du monde. Mais ces gens que j'ai combattus veulent montrer aux peuples d'Orient ce qu'ils réservent à un homme qui ose les braver... Je voulais maintenir la neutralité de l'Iran entre les deux blocs occidental et oriental, afin de ne fournir ni à l'un ni à l'autre l'occasion de détruire notre pays ! »

7

Meurtre au Kremlin

Il s'agit certainement de l'un des personnages les plus secrets de l'histoire contemporaine. L'un des plus inquiétants aussi. Lavrenti Beria. Celui que l'on a présenté comme étant l'âme damnée de Staline. Son flic numéro un. L'homme des purges, celui qui a été le principal fournisseur du Goulag où il a envoyé des détenus par millions. Le vrai responsable du massacre des officiers polonais de Katyn [1]. *Et aussi le véritable commanditaire de l'assassinat de Trotski.*

Cet homme qui a terrorisé pendant des années l'U.R.S.S. était peut-être le successeur désigné par Staline. Mais il n'a survécu que quelques mois à son maître, et sa mort est au moins aussi mystérieuse que sa vie ! A-t-il été fusillé, comme on l'a prétendu officiellement ? Ou bien a-t-il été assassiné par ses rivaux du Politburo, comme Khrouchtchev l'a affirmé plus tard ? Aujourd'hui encore, on ne le sait pas. Mais Monsieur X affirme détenir la vérité.

On a accusé Beria de tous les péchés et je ne vais pas prendre sa défense. C'était un type impitoyable et cynique, prêt à tout pour arriver au pouvoir et sauver sa peau. Mais il lui est aussi arrivé d'avoir une influence modératrice sur Staline. Par

1. Voir chapitre 4, « Le crime de Philby ».

exemple, dans l'affaire du massacre de Katyn où des milliers d'officiers polonais ont trouvé la mort, Beria était opposé à ces fusillades massives. Mais c'est Staline qui commandait. Beria s'est donc incliné et a donné l'ordre à ses hommes de passer à l'action.

Il n'était donc certainement pas l'ogre qu'on a décrit. Et il faut se rappeler que tous ceux qui l'ont accusé plus tard se sont tus à l'époque. Tous ces dirigeants soviétiques qui l'ont vilipendé, les Khrouchtchev et les autres, étaient collectivement coupables car ils connaissaient mieux que d'autres les crimes de Staline et les avaient approuvés sans broncher. Mais il était plus confortable de se trouver un bouc émissaire!

Bien entendu, dans les services, on s'intéressait à tout ce qui se passait à l'Est. Toutefois, dans ces années d'après-guerre, il était bien difficile d'y voir clair.

Après la fraternisation de la guerre et de l'immédiat après-guerre, une véritable chape de plomb s'est en effet abattue sur l'U.R.S.S. C'est le début de la guerre froide et de la grande chasse aux secrets atomiques. Grâce aux formidables réseaux d'espionnage mis en place par Moscou aux États-Unis et en Angleterre, la première bombe A soviétique peut exploser dès 1949, suivie en août 1953, l'année de la mort de Staline, de la bombe H.

Le grand coordonnateur du nucléaire en Union soviétique s'appelle Beria. Géorgien comme Staline, il tire les fils du renseignement en matière de nucléaire. C'est également lui qui impulse les travaux des savants soviétiques. Dès 1945, après les premières expériences américaines, il promet la bombe atomique à Staline.

Cela signifie que tous les services occidentaux l'ont particulièrement à l'œil. D'autant que, selon des informations sérieuses et concordantes, il apparaît à la fin des années 40 comme le successeur probable de Staline. Or, malgré l'opacité qui règne dans les sphères dirigeantes de l'U.R.S.S., nous savons que Staline est malade, très malade même, et que sa fin est proche.

Né en 1899, Beria rejoint en 1917 le camp de la Révolution. Dès cette époque, on murmure que le jeune Lavrenti fricote avec des services de renseignement. Lesquels ? Mystère. Cela ne l'empêche nullement d'intégrer les rangs de la Tcheka, la redoutable police politique du nouveau régime, qui donnera plus tard naissance à la Guépéou puis au N.K.V.D. et enfin au K.G.B.

Dans les années 20, il gravit tous les échelons sans quitter la Géorgie. Intelligent, manipulateur, il règne bientôt sans partage sur toute la Transcaucasie. Petit dictateur régional, il a aussi la réputation d'être un homme à femmes.

Staline remarque très vite cet habile compatriote. En 1938, il le nomme à la tête du N.K.V.D. Un poste à haut risque : ses deux prédécesseurs, Iagoda et Iéjov, ont été physiquement liquidés. C'est l'heure de la suspicion, des purges massives et des grands procès staliniens. Les bolcheviks de la première heure, les plus fidèles, les plus valeureux, sont décimés. Des centaines de milliers d'hommes sont envoyés en Sibérie. Staline fait le vide autour de lui. Beria coupe les branches mortes sans états d'âme et veille soigneusement à ne pas tomber lui-même sous le couperet du bourreau.

Heureusement pour lui, son arrivée à la tête du N.K.V.D. coïncide aussi avec une inflexion progressive de la politique stalinienne. La folie sanguinaire du dictateur soviétique s'apaise. Beria se paie même le luxe de plaisanter au cours d'une réunion du Politburo : « Si nous continuons les arrestations à ce rythme, bientôt, il n'y aura plus personne à arrêter. » Devant une telle insolence, les autres membres de l'instance dirigeante du Parti sont médusés. Beria, lui, sait qu'il ne risque rien. Il a compris avant les autres que Staline en a provisoirement fini avec les grandes purges.

La guerre arrive. L'influence de Beria grandit encore. Artisan des sales besognes, mais aussi chargé du secteur essentiel de l'armement, il est nommé commissaire à l'Intérieur. Élevé à la dignité de maréchal en 1945, il devient peu après vice-président du gouvernement. A-t-il pour autant la confiance totale de Staline ?

Le dictateur a l'impression que Beria est un autre lui-même. Aussi intelligent que lui, aussi rusé, aussi calculateur, aussi dénué de tout sens moral. Mais Staline le tient. Beria a commis des fautes pendant sa jeunesse. En outre, sa vie débridée offre de nombreuses possibilités de chantage. Le « Sultan », comme on l'appelait en Géorgie lorsqu'il y régnait sur un véritable harem, kidnappe les adolescentes qui ont le malheur de lui plaire. Il s'est même aménagé une sorte d'appartement secret au cœur d'une prison, à quelques kilomètres de Moscou.

Staline, bien sûr, sait tout cela. Mais en même temps Beria fait partie des rares intimes avec qui Staline passe des nuits entières à festoyer et à boire. Des beuveries obligatoires, car il n'est pas question de dire non au maître du Kremlin.

En réalité, jamais la méfiance du numéro un soviétique ne s'est relâchée. Le dictateur doute de tous ses proches et vit les dernières années de sa vie dans la peur permanente du complot.

Au début des années 50, de nombreux signes montrent que la disgrâce de Beria est proche. On va rapidement en avoir la démonstration.

Dans ce genre de régime totalitaire, il faut guetter les moindres indices. Tout compte. Or soudain, au Kremlin, on parle de l'affaire mingrélienne (la Mingrélie est l'une des régions de la Géorgie). Il s'agit d'un complot nationaliste. Sans doute imaginaire et à peu près certainement inventé par Staline. Mais quand on veut noyer son chien, on l'accuse d'être enragé ! Et pour les kremlinologues avertis, Beria est directement visé. Il s'agit d'un sévère avertissement qui lui est adressé par le maître du Kremlin.

L'affaire mingrélienne est à peine oubliée qu'on évoque un nouveau complot, le complot des Blouses blanches !

Des médecins, tous des sommités du monde médical (et qui sont pour la plupart d'origine juive), sont sur la sellette. On les accuse d'avoir voulu assassiner plusieurs dirigeants soviétiques sous prétexte de les soigner. Parmi ces dirigeants, Staline lui-même !

Beria est encore dans la ligne de mire. Pour deux raisons. Quand éclate cette affaire des médecins à la fin 1952, on se rappelle fort opportunément à Moscou que, pendant la guerre, Beria a patronné le Comité antifasciste juif. C'est donc un protecteur et un ami des juifs. Or un vent très fort d'antisémitisme souffle du Kremlin.

Deuxièmement, Beria est l'homme de la police. Comment n'a-t-il pas démasqué plus tôt ces médecins criminels ?

Pour tous les observateurs, il est clair qu'une nouvelle purge se prépare et que Beria va en être la première victime ! Désormais, c'est une question de temps. Beria joue sa peau. C'est lui ou Staline. À cet instant, sans doute pense-t-il à faire assassiner le dictateur soviétique.

On a souvent laissé entendre que Staline est mort empoisonné. Je crois que la vérité est plus simple.

Le dictateur est alors un homme très malade qui paie des années et des années d'intempérance. Mais c'est aussi un homme seul. Il a tellement peur qu'on n'attente à ses jours qu'il vit la plupart du temps retiré dans sa datcha, à proximité de Moscou.

Il est difficile de l'approcher. Et tout autant de le soigner. Sans compter qu'il a lui-même jeté en prison les plus grands médecins du pays.

Ses proches, les Beria, Khrouchtchev, Malenkov, Boulganine, ont seuls accès à sa chambre. Tous quatre se relaient à son chevet. Quand Staline a sa première attaque, ces hommes font en sorte de persuader tout le monde que la fin est proche, inéluctable. Ils empêchent qu'on le soigne et le laissent littéralement mourir. Bref, s'il ne s'agit pas d'un crime, il y a au moins non-assistance à personne en danger.

Il faut ajouter que, seul parmi eux, Beria s'est vanté d'avoir assassiné Staline. Mais quel crédit accorder à un tel aveu ?

En tout cas, tous les quatre ont intérêt à voir disparaître Staline. Ils sont bien placés pour savoir qu'une nouvelle purge se prépare et que certains d'entre eux en seront les victimes. Staline a toujours agi ainsi, liquidant d'abord ses plus proches compagnons.

Il existe donc une sorte d'alliance objective entre ces hommes. Mais cet accord dissimule une lutte féroce pour le pouvoir suprême. La bagarre a déjà commencé, bien avant la mort du dictateur.

Au sein de la direction collégiale mise en place à la mort de Staline, tous ont leurs chances. Le mieux placé, parce qu'il contrôle le ministère de l'Intérieur et donc la police et les services secrets, c'est Beria. Staline à peine installé dans son mausolée, le Géorgien donne le ton : c'est une vraie douche froide pour ses concurrents qu'il prend brutalement à contre-pied ! Lui, le premier flic du pays, le complice des atrocités commises par Staline, se prononce pour une déstalinisation radicale et immédiate !

Beria donne aussitôt des gages de sa bonne foi. Il fait d'abord libérer les médecins du complot des Blouses blanches. Puis il met un terme à la campagne antisémite inspirée par Staline. Il laisse même entendre que le Parti communiste ne doit pas tout diriger dans ce pays. Enfin, il met en place une réforme du Goulag qui passe sous la juridiction du ministère de la Justice.

Dans un premier temps, incontestablement, l'opinion soviétique, tétanisée depuis tant d'années, se remet à espérer. Il y a comme un parfum de dégel.

Ses rivaux, qui voulaient eux aussi se draper dans le manteau de la déstalinisation, sont pris de court. Beria, le bourreau Beria, leur vole leur rôle. Il y a de quoi enrager ! D'autant que le scénario qu'ils ont imaginé se trouve soudain caduc.

Dans un style purement stalinien, Khrouchtchev et ses alliés ont en effet confectionné des dossiers, rédigé des accusations. Il y a bien sûr la vieille rumeur qui prête au jeune Beria des amitiés nationalistes géorgiennes. Une curieuse histoire. En fait, vraisemblablement, Beria a infiltré ce mouvement sur ordre. Mais les archives, si on sait bien les utiliser, peuvent dire tout et son contraire. On a procédé ainsi dans tous les procès de Moscou.

N'ayant donc pas prévu qu'il deviendrait le champion de l'antistalinisme, les ennemis et rivaux de Beria remisent provisoirement leurs dossiers. Mais il leur faut trouver autre chose très vite avant que Beria ne devienne véritablement le numéro un du Parti.

Ils vont être très habiles. Surtout Khrouchtchev, le plus malin d'entre eux !

Ils imaginent d'abord de prendre Beria à son propre piège. Puisqu'il a décidé de réformer le Goulag et qu'il a décrété une large amnistie, quelques jours seulement après la mort de Staline, tout va être fait pour exploiter les conséquences négatives de ces mesures.

Beria veut une amnistie la plus large possible. Il estime que seulement deux cent mille hommes doivent demeurer au Goulag. Les autres membres de la direction collégiale s'opposent à cette libération massive. Plus d'un million de détenus, surtout les politiques, restent prisonniers. Les conséquences sont prévisibles : ceux qui n'ont pas été libérés se révoltent immédiatement lorsqu'ils voient les droits communs sortir. C'est un véritable feu de paille. Les révoltes se multiplient au Goulag. Il faut mater ces insurrections dans le sang en faisant intervenir les forces spéciales et les chars ! La responsabilité de ce désordre incombe à Beria qui, le premier, a ouvert la boîte de Pandore.

Il reste quand même que près de la moitié de la population pénitentiaire est sortie des camps. Cela représente plus d'un million de détenus libérés, essentiellement des détenus de droit commun, voyous, délinquants en tout genre. Ces types n'ont qu'une idée, regagner les villes et reprendre leurs trafics passés. D'où une augmentation soudaine de la criminalité et le ressentiment de la population.

Beria, ministre de l'Intérieur, est montré du doigt. On l'accuse d'être incapable d'assurer la sécurité. Naturellement, certains de ces délinquants ont dû être encouragés en sous-main. Après tout, la mafia soviétique a toujours été très proche du pouvoir et il devait être relativement facile de manipuler ces voyous.

Ces manœuvres obscures suffisent-elles pour mettre Beria en difficulté ? Pas encore tout à fait. Khrouchtchev et les autres imaginent un autre plan et c'est encore Beria qui va, malgré lui, les aider. Mais cette fois il ne pourra pas s'en sortir !

Beria, dans la course au pouvoir, veut aller très vite. Il l'a déjà démontré sur le plan intérieur en devenant le premier porte-drapeau de la déstalinisation. Sur le plan extérieur, il doit aussi s'affirmer et prouver au monde entier qu'à l'Est quelque chose commence à bouger.

Il travaille dans deux directions. D'abord, il fait un geste en direction de Tito. Le traître Tito, la bête noire de Staline ! La manœuvre est très spectaculaire : Beria est bien placé pour savoir que Staline, peu avant sa mort, a donné l'ordre d'assassiner le leader yougoslave. Le revirement est donc d'importance.

D'autre part, de sa propre initiative, Beria conduit une politique encore plus radicale en œuvrant pour la réunification allemande ! Il estime en effet que le meilleur moyen de préserver les intérêts soviétiques en Europe est de créer une Allemagne réunifiée et neutre, une sorte de tampon entre les forces de l'OTAN et celles du bloc de l'Est.

En échange de l'abandon de l'Allemagne de l'Est, Beria pense exiger une importante contrepartie financière. Comme Gorbatchev le demandera d'ailleurs plus tard.

Évidemment, ce projet doit être élaboré en secret, à l'insu des autres dirigeants soviétiques. Beria utilise des hommes du N.K.V.D., c'est-à-dire des services secrets. Il les charge de prendre des contacts discrets en Allemagne de l'Ouest, afin de tâter le terrain.

Mais des fuites, volontaires ou pas, se produisent. À mon avis, c'est d'abord en Allemagne de l'Est qu'on a vent des projets de Beria. Le dirigeant de la R.D.A. de l'époque, Walter Ulbricht, qui est bien sûr farouchement opposé à toute réunification, réagit aussitôt. Il informe les rivaux de Beria au sein de la direction collégiale et passe à son tour à l'offensive avec un cynisme et un machiavélisme qui m'étonnent encore aujourd'hui.

Voyons la chronologie. Staline est mort en mars 53. Les libérations des détenus du Goulag interviennent un mois plus tard. Les premières révoltes datent de mai. Ce même mois, Beria commence à prendre des contacts ultra-secrets avec les Allemands de l'Ouest. En juin, très soudainement et très mystérieusement, des grèves et des émeutes éclatent en Allemagne de l'Est. Les grévistes veulent de meilleurs salaires, de meilleures conditions de vie.

Ces émeutes, qui vont très vite dégénérer, ne sont aucunement spontanées : ce sont les dirigeants communistes est-allemands qui les ont secrètement suscitées et encouragées. Ulbricht lui-même en a pris l'initiative !

Il se moque bien que ces manifestations soient dirigées contre son gouvernement. Ce qu'il veut, c'est contrecarrer le plan de réunification imaginé par Beria en obligeant l'Armée rouge à intervenir !

Effectivement, devant la gravité croissante de la situation, Beria, à contrecœur, doit envoyer des troupes. La répression est rigoureuse et sanglante : des milliers de grévistes sont tués.

Ils sont tombés à cause du machiavélisme d'Ulbricht. Mais il s'agit d'un réel succès pour ce dernier : après ce bain de sang, le fossé entre les deux Allemagne s'est encore creusé un peu plus. Il n'est plus question d'envisager avant longtemps la réunification.

Quant à Beria, il est forcément condamné. Il est désormais tellement facile de l'accuser d'avoir trahi les intérêts soviétiques au profit de l'Ouest en imaginant cette réunification allemande. Ses ennemis, très opportunément, ressortent les dossiers qu'ils ont préparés. Lavrenti Beria doit passer à la trappe !

Cela se déroule comme dans un film d'Eisenstein, à la façon d'Ivan le Terrible.

Fin juin 1953, au Kremlin, Beria assiste avec les autres membres de la direction collégiale à une réunion du Politburo. La tradition, sans doute instaurée par Staline, veut que les participants, même les militaires, ne portent jamais d'arme sur eux.

Mais, ce jour-là, un homme a dissimulé un pistolet sous son uniforme. C'est un héros de la Seconde Guerre mondiale, le maréchal Moskalenko.

Sur un signal du président de séance, Malenkov, le maréchal sort son arme et se précipite sur Beria. Les autres, dont Khrouchtchev, viennent lui prêter main-forte pour maîtriser le redoutable ministre de l'Intérieur.

Ce qui se passe ensuite n'est pas très clair. Selon certains, Beria est abattu sur place. D'autres prétendent qu'il est étranglé par ses pairs. Enfin, une troisième version veut que Beria ait été arrêté, enfermé au secret, jugé sommairement à la stalinienne et exécuté dans la foulée. Ce nouveau mystère du Kremlin n'a jamais été dissipé. Mais, pour ma part, je suis persuadé que les conspirateurs ne pouvaient pas prendre le risque de laisser vivant le tout-puissant chef de la police.

La duplicité de Walter Ulbricht dans les événements sanglants de juin 1953 est en partie confirmée par un ancien agent du N.K.V.D. et collaborateur de Beria, Pavel Soudoplatov, dans ses Mémoires parus il y a quelques années aux éditions du Seuil.

Quant à la vérité sur la mort de Beria, c'est beaucoup plus compliqué. La version officielle soviétique veut que Beria, arrêté par surprise au cours d'une réunion du Politburo, ait été jugé à huis clos, accusé d'intelligence avec l'ennemi, puis fusillé. À noter que pour contrer la puissante machine policière qui aurait pu rester fidèle à Beria, l'armée est sans doute intervenue.

Mais, huit ans après la mort de Beria, un journaliste anglo-saxon, Colin Lawson, a reproduit des confidences qui auraient été faites par Khrouchtchev lui-même lors d'une réunion internationale de dirigeants communistes de pays amis. D'après ce journaliste, l'homme qui présidait le Politburo, Malenkov, a appuyé discrètement sur une sonnette qui se trouvait à ses pieds. Aussitôt, le maréchal Moskalenko est entré, une mitraillette à la main, et sans autre forme de procès il a abattu Beria d'une rafale.

Enfin, dans l'ouvrage collectif, Le Livre noir du communisme, *paru en 1997 chez Robert Laffont, Nicolas Werth écrit : « Au cours des derniers mois de l'existence de Staline, presque tous les dirigeants avaient senti à quel point ils étaient eux-mêmes devenus vulnérables. Personne n'était à l'abri, ni Vorochilov, traité d'agent de l'Intelligence Service, ni Molotov et Mikoyan, chassés par le dictateur de leur poste au praesidium du Comité central, ni Beria, menacé par de sombres intrigues au sein des services de sécurité manipulés par Staline. Aux échelons intermédiaires également, les élites bureaucratiques qui s'étaient reconstituées depuis la guerre craignaient et rejetaient les aspects terroristes du régime. La toute-puissance de la police politique constituait le dernier obstacle les empêchant de profiter d'une carrière stable. Il fallait commencer par démanteler ce que Martin Malia a justement appelé " la machinerie mise en place par le dictateur défunt à son propre usage ", afin de s'assurer que nul ne s'en servirait pour affirmer sa propre prééminence aux dépens de ses collègues et rivaux politiques. Bien plus que des divergences de fond sur les réformes à entreprendre, c'était la peur de voir revenir au pouvoir un nouveau dictateur qui coalisa les héritiers de Staline contre Beria qui apparaissait alors comme le dirigeant le plus puissant, car disposant de l'immense appareil de la Sécurité et de l'Intérieur. »*

8

L'impossible aveu

Il est des noms d'espions qui sont à eux seuls des légendes. Ainsi celui de Rudolf Abel, un célèbre espion soviétique démasqué aux États-Unis en 1954. Selon le F.B.I. de l'époque, cet homme était l'espion le plus important jamais arrêté par les services américains. Il était peut-être le chef de tout le réseau d'espionnage soviétique aux États-Unis. Allan Dulles, qui était alors le patron de la C.I.A., aurait même dit de lui, admiratif : « J'aimerais bien en avoir quelques-uns comme lui à Moscou... »

Ces années d'après-guerre ont été capitales dans la guerre secrète que se livraient les deux plus grandes puissances mondiales... Le maître espion de Moscou aux États-Unis était peut-être le même homme qui, grâce à ses informateurs dans les milieux scientifiques et militaires, avait permis que les secrets atomiques américains fussent dérobés et que l'U.R.S.S. fût dotée de l'arme nucléaire quelques années seulement après Hiroshima...

Mais, curieusement, autant l'arrestation de Rudolf Abel a donné lieu outre-Atlantique à de spectaculaires manifestations d'autocongratulation, autant rien ou presque n'a filtré sur ses véritables activités et sur les renseignements ultra-secrets qu'il aurait pu faire passer à l'Est. Bref, Rudolf Abel était un super-espion. Seulement on ne savait pas ce qu'il avait espionné. Ou on ne voulait pas le dire ! Lui-même, au cours de son procès, s'est tu avec obstination et n'a rien dévoilé de ses activités...

Il y avait donc un mystère Abel ! Et il était légitime de se demander si l'arrestation de cet agent soviétique ne dissimulait pas autre chose...

J'avoue que, lorsque j'ai appris l'arrestation de Rudolf Abel aux États-Unis, je n'ai pas fait tout de suite le rapport avec l'homme que j'avais croisé un peu par hasard, en 1946 ou 47 à Montparnasse. Et c'est seulement lorsque j'ai vu une photo de lui dans un journal américain que je l'ai reconnu.

À l'époque, Abel se faisait appeler Andrew Kayotis et fréquentait le milieu parisien des rapins. Il était peintre et pratiquait aussi la photographie à l'occasion. Un type plutôt secret, pas très liant. Mais il nous est arrivé de prendre parfois un verre ensemble.

Rudolf Abel était étrange. Souvent coiffé d'une sorte de chapeau de paille, il avait un visage osseux mais ordinaire. Le visage d'un homme passe-partout. Ce qui frappait, c'étaient les yeux. Étonnamment perçants et vifs. Comme étrangers à ce visage trop banal. Des yeux qui, incontestablement, attirent l'attention et révèlent une personnalité hors du commun.

Autant vous dire que je n'ai alors jamais soupçonné la vraie nature de ses activités, je ne voyais quand même pas des espions partout. Certes, il ne me paraissait pas très franc du collier. Mais à Montparnasse, on trouvait tellement de types bizarres à cette époque-là.

Un beau jour, il a disparu ! Parti pour le Canada, je crois. Et je n'ai plus entendu parler de lui jusqu'à ce fameux jour de juin 1957 où les Américains ont claironné son arrestation. À partir de là, j'ai suivi l'affaire avec attention. Grâce à quelques relations bien placées aux États-Unis, j'ai obtenu assez vite des renseignements très intéressants. D'abord des informations sur la méthode qu'ont utilisée les Américains pour le démasquer. Et il s'avère que Rudolf Abel est tombé d'une manière assez curieuse. Pour un agent professionnel, j'entends.

Rudolf Abel, ou plutôt celui qui se fait appeler Martin Collins, est installé à New York où il exerce la profession de photographe. Une couverture, bien sûr. Il a un adjoint assez peu fiable, un nommé Reyno Hayanem qui s'appelle en réalité Eugène Maki, et qui est lieutenant-colonel dans les services soviétiques, Abel étant lui-même colonel du K.G.B.

Hayanem n'est pas fiable parce qu'il boit. Beaucoup, beaucoup trop. Abel demande à Moscou de rappeler ce type encombrant et vulnérable. La centrale soviétique répond favorablement. Hayanem, naturellement, ne prend pas un vol direct pour l'U.R.S.S. Il s'embarque sur un transatlantique pour Paris. Là, il est pris en charge par un agent soviétique. Mais soudain il prend peur : ce rappel subit ne lui dit rien qui vaille. Et il décide de changer de camp. Le pseudo-Hayanem échappe à son ange gardien et se rend à l'ambassade des États-Unis. Et il parle !

Il révèle l'existence d'un formidable réseau d'espionnage soviétique aux États-Unis et dénonce les agents qu'il connaît et dont il était l'officier traitant.

A priori, Abel, lui, ne devrait rien risquer. Comme il est d'usage dans les services secrets, il était interdit aux deux hommes d'avoir des contacts physiques. Hayanem ne connaissait même pas le pseudonyme d'Abel. Pour lui, c'était simplement « Mark » ! Ils communiquaient par le fameux système des boîtes aux lettres mortes, c'est-à-dire des endroits définis à l'avance où l'agent dépose un message qui est ensuite récupéré par son officier traitant. Il peut s'agir d'une anfractuosité dans un mur, un trou dans un arbre, une poubelle, un placard dans les lavabos d'un café. Naturellement, avant de déposer son message, l'agent doit repérer un certain nombre de signes qui lui indiquent que la voie est libre. *Idem* pour l'officier traitant.

Seulement, Rudolf Abel a commis une faute. Un jour où Hayanem réclamait en urgence des microfilms, il lui a donné rendez-vous dans un studio de photographe qu'il louait à Brooklyn. Contre toutes les règles ! La bévue est impardonnable ! Surtout pour un agent secret de la classe de Rudolf Abel.

Lorsque celui-ci est averti par Moscou de la défection de son adjoint, il s'inquiète aussitôt et se prépare à quitter les États-Unis. Mais les hommes du F.B.I. ont déjà mis en place une planque autour de son studio et ils finissent par le repérer. L'espion soviétique est arrêté dans une chambre d'un petit hôtel de la 28e Rue Est où il a ses habitudes. Les policiers qui sont entrés en force chez lui annoncent d'emblée la couleur : « Colonel, nous espérons que vous allez être coopératif ! » Ils vont très vite déchanter.

La chambre d'Abel, mais aussi son studio de photographe, renferme une vraie panoplie de parfait espion : microfilms, objets creux utilisés pour dissimuler des messages, poste émetteur, etc. Mais tout ce beau matériel servait à quoi ? Pour quel travail d'espionnage ? C'est la question essentielle à laquelle personne n'est capable d'apporter la moindre réponse. À part Rudolf Abel, bien évidemment ! Mais l'espion démasqué refuse avec obstination de révéler quoi que ce soit sur ses activités.

D'accord, Abel est un espion, puisqu'on a trouvé chez lui tout le matériel nécessaire. Mais les enquêteurs demeurent incapables de faire la preuve qu'il a fourni à sa centrale des renseignements de premier ordre. Ils établissent seulement que Rudolf Abel a eu des contacts avec un sergent de l'armée américaine. Un simple sergent ! Un pauvre type plus ou moins mythomane qui s'est inventé un beau-frère ingénieur atomiste. C'est dérisoire !

En épluchant ces informations reçues des États-Unis, je ne comprends pas. Je commence même à me dire que cette affaire d'espion, c'est de la poudre aux yeux, une opération de propagande des Américains. D'autant que la réaction de l'U.R.S.S. me paraît étonnamment mesurée. Les Soviétiques parlent bien sûr de calomnies impérialistes, de manœuvres d'intoxication, d'anticommunisme primaire. En tout cas, à aucun moment les Soviétiques ne viennent apparemment en aide à leur agent. Mais peut-être est-ce parce que Abel est un illégal...

Rudolf Ivanovitch Abel – si tel est réellement son nom –

passe très rapidement devant la justice après son arrestation. C'est la première fois dans l'histoire des États-Unis qu'un citoyen soviétique est condamné et jugé selon la loi américaine comme espion. C'est aussi la première fois qu'un homme est passible de la peine de mort pour avoir espionné au profit d'une nation étrangère avec laquelle les États-Unis sont légalement en paix. Tels sont les termes de la loi fédérale.

Abel reste silencieux pendant toute la durée de son procès. Il a dit à son avocat, un nommé Donovan, qu'il n'attend aucune aide de l'extérieur. Et il paraît parfaitement résigné. Selon les témoins qui assistent à ce procès, Abel ne manifeste une quelconque émotion que lorsque son défenseur lit des lettres de sa femme, des lettres trouvées sous forme de microfilms par les hommes du F.B.I. lors de la perquisition de sa chambre d'hôtel. Des lettres bouleversantes écrites par une épouse qui, manifestement, adore son espion de mari.

Malgré ces quelques instants d'émotion, le jury répond oui à toutes les questions. Abel est reconnu coupable. Il risque donc la peine de mort. Il reste au juge à prononcer la sentence. C'est alors que Donovan, l'avocat de Rudolf Abel, fait une intervention décisive. La justification de la peine de mort, dit-il, c'est son effet de dissuasion. Mais il est absurde de croire que l'exécution d'Abel dissuadera l'U.R.S.S. d'envoyer des espions aux États-Unis. Et puis, surtout, il faut penser aux citoyens américains à l'étranger. N'est-il pas envisageable qu'un jour prochain un Américain de grade équivalent soit capturé par les Soviétiques ? Et, dans ce cas, un échange de prisonniers ne pourra-t-il pas avoir lieu ?

C'est ainsi, grâce à cette plaidoirie prophétique – nous allons voir pourquoi –, que Rudolf Abel sauve sa tête et qu'il est condamné à trente ans de réclusion. Autant dire que, pour cet homme de cinquante-cinq ans, cela signifie la prison à vie.

Le temps passe. En prison, Abel est un détenu modèle, respecté par tout le monde. Soudain, en 1960, les relations entre les États-Unis et l'U.R.S.S. se tendent d'un seul coup. Francis

Powers, le pilote d'un avion américain espion, est capturé sur le territoire de l'Union soviétique !

Il pilotait son U2 lorsqu'il a été abattu par les Soviétiques. Heureusement, il a eu le temps d'actionner son parachute. À la veille d'une conférence au sommet entre les deux Grands qui peut enfin signifier une éclaircie dans la guerre froide, cet incident a des conséquences gravissimes. Khrouchtchev se fâche et demande des excuses à Eisenhower qui, bien sûr, les refuse. Le maître du Kremlin claque la porte. Quelque temps plus tard, ce sera la crise des fusées de Cuba et jamais le monde ne sera aussi près de la catastrophe. C'est dire l'importance de l'affaire Powers.

Malgré ce climat de tension, Américains et Soviétiques envisagent un échange : Powers contre Abel ! Les Russes reconnaissent donc après coup que Rudolf Abel est bien un de leurs agents. Cela prouve surtout que l'espion est réellement un personnage de premier plan. Car, de son côté, Powers est devenu une sorte de héros aux États-Unis. L'opinion américaine réclame sa libération. Le président Kennedy en fait une affaire personnelle. Pour les Russes, Powers est donc un prisonnier de grande valeur. Et s'ils acceptent de l'échanger contre Abel, ils admettent *de facto* que ce dernier n'est pas n'importe qui.

Une nouvelle fois, je m'interroge. Mais heureusement, au même moment, en pleine négociation, la lumière vient d'Angleterre.

Tout commence par une histoire bizarre à Portland, une base britannique ultra-secrète spécialisée dans le matériel militaire sous-marin. Le joyau de cette installation, c'est le Dreadnought, le premier sous-marin nucléaire de la Royal Navy. Mais on y travaille aussi sur les appareils de détection, sonars, asdics, etc. Au printemps 1960, des techniciens britanniques de la base reçoivent des lettres anonymes les traitant de « sales juifs ». Aussitôt une enquête est ouverte par les services de sécurité : tout ce qui touche Portland est extrêmement sensible.

Les enquêteurs sont amenés à s'intéresser à un type du nom de Houghton. Un modeste chef de service, un bonhomme assez peu reluisant, fêtard, amateur de bonnes fortunes et de soirées arrosées. Et professionnellement assez médiocre. Mais il est vrai qu'un type incompétent n'a pas son pareil pour mettre en relief les remarquables qualités de son chef !

Le moins qu'on puisse dire, c'est que son pedigree aurait dû alerter depuis longtemps les hommes du contre-espionnage britannique. En effet Houghton, ancien maître d'armes de la marine, a été affecté en 1950 à l'ambassade anglaise à Varsovie. Là, il a fait la connaissance d'une jeune et jolie Polonaise, Christina. Éperdument amoureux, il a continué à correspondre avec elle et à lui envoyer des cadeaux. Il n'est guère difficile d'imaginer que cette Christina était en fait une créature des services de l'Est. D'autre part Houghton a fait l'objet d'un rapport très défavorable des services de l'ambassade et on a du mal à comprendre comment il a pu être engagé dans une base secrète comme celle de Portland.

En fait, si les hommes de la sécurité s'intéressent particulièrement à lui, ce n'est pas à cause de son passé mais parce que la plupart des techniciens qui ont reçu ces lettres anonymes entretiennent de mauvais rapports avec Houghton. Seulement les policiers de la base ne peuvent rien prouver contre lui.

L'enquête sur les lettres anonymes en reste là. Mais pas l'enquête sur Houghton. Car ce type vit sur un pied qui n'est nullement en rapport avec son modeste traitement. À partir de ce moment-là, c'est le grand jeu : le MI 5, le contre-espionnage britannique, prend les choses en main.

Il apparaît très vite qu'au poste subalterne qu'il occupe, Houghton ne peut pas espionner grand-chose. Il en va tout autrement de sa petite amie, miss Gee. Elle travaille à un poste éminemment stratégique : celui du classement des archives secrètes de la base. Elle a donc accès à des informations très confidentielles.

Dans une affaire de contre-espionnage, comme dans

n'importe quelle affaire judiciaire, il faut des preuves. Filatures, écoutes, pendant des mois et des mois, les agents du MI 5 surveillent le couple. Ils observent que, régulièrement, Houghton, sac à provisions à la main, se rend à Londres par le train. À Waterloo Station, il rencontre un inconnu. Les deux hommes parlent brièvement et, soudain, le sac à provisions change de main.

Le MI 5 prend donc en filature cet inconnu. Il est identifié comme étant un homme d'affaires canadien assez prospère, un certain Lonsdale. Un bon vivant lui aussi qui est même honorablement connu à Scotland Yard où il est venu proposer l'un de ses articles, un tout nouvel antivol pour voitures.

Seulement, il y a cette histoire de sac à provisions. Lonsdale est placé à son tour sous surveillance. Les hommes du contre-espionnage observent qu'il se rend tous les mois dans un cottage de la grande banlieue londonienne pour y rencontrer un paisible couple, les Kruger. Des libraires d'origine canadienne, spécialistes des livres précieux et qui sont connus des bibliophiles de toute l'Europe. Apparemment rien à dire. Sauf que les services de contre-espionnage ont une mémoire d'éléphant.

Un rapprochement est fait avec une affaire considérable qui a secoué les États-Unis et le monde entier quelques années plus tôt : l'affaire Rosenberg ! Julius et Ethel Rosenberg avaient été accusés d'espionnage. On les soupçonnait d'avoir transmis des secrets atomiques aux Soviétiques, secrets obtenus grâce à leur beau-frère, Greenglass, qui travaillait sur la base de Los Alamos. Condamnés à mort, ils ont été exécutés sur la chaise électrique.

On le sait aujourd'hui : les Rosenberg étaient vraiment coupables. Mais leur attitude a été extrêmement digne. Émouvante même, car jusqu'au bout ils n'ont cessé de s'aimer et de proclamer cet amour à la face du monde. J'ajoute que les Rosenberg ont été des espions par idéal, qui croyaient sincèrement travailler pour la paix en permettant à l'U.R.S.S. de rattraper son retard en matière nucléaire.

Un couple, les Cohen, a été mêlé à l'affaire Rosenberg. Un couple qui appartenait au même réseau mais qui a réussi à s'évanouir dans la nature. Les gens du MI 5 sont assez rapidement persuadés que les Kruger ne sont autres que ces Cohen. Les choses se précisent.

Un jour de 1961, à Waterloo Station, alors que Houghton et Lonsdale procèdent à l'échange rituel du sac à provisions, des costauds les entourent et les arrêtent... À l'intérieur du sac, il y a des microphotographies de documents ultra-secrets provenant de la base de Portland. Les deux espions sont pris la main dans le sac. Au sens propre comme au sens figuré !

Les perquisitions chez l'un et chez l'autre sont accablantes. Les agents du service du contre-espionnage fouillent aussi chez les faux Kruger et trouvent poste émetteur, codes, faux passeports, etc. Le cottage des époux est en réalité la base opérationnelle de Lonsdale, alias Molody. Un « illégal » particulièrement important du K.G.B. qui, d'ailleurs, avec une certaine élégance, essaie de dédouaner ses complices et de prendre tout sur lui.

Mais c'est bien inutile : les Kruger sont formellement identifiés comme étant les Cohen qui faisaient partie du même réseau que les Rosenberg. Au moment de l'affaire, en 1950, ils avaient pu échapper au coup de filet. Ils étaient partis en Asie. Là, ils avaient pu se procurer les papiers des vrais époux Kruger qui venaient de mourir. Et c'est ainsi, pourvus d'une nouvelle et parfaite identité, qu'ils étaient arrivés à Londres et aussitôt s'étaient mis au travail, c'est-à-dire au service de Lonsdale, alias Molody.

Mais la surprise, la vraie surprise, n'est pas là ! Elle est dans la manière dont ils ont réussi à s'échapper au moment où éclate l'affaire Rosenberg. L'homme qui a permis cette fuite, c'est Rudolf Abel ! C'est lui qui les a alertés. C'est lui qui leur a ordonné de fuir le plus vite possible ! Parce qu'il était leur chef. Et, par voie de conséquence, c'était aussi le chef de ce fameux « réseau atomique » auquel appartenaient les Rosenberg.

À la faveur de l'affaire Portland, on saisit enfin quelle est la vraie dimension du colonel Abel !

Il reste à comprendre pourquoi les Américains n'ont jamais révélé la vérité ; pourquoi ils ont présenté Abel comme un maître espion et pourquoi ils ont prétendu ignorer quelle était la nature des renseignements fournis à Moscou. Pourquoi enfin ils n'ont jamais fait connaître que Rudolf Abel était le véritable patron du K.G.B. pour l'Amérique du Nord.

Pour moi, l'explication est celle-ci : les États-Unis ne pouvaient pas admettre que leurs secrets les plus précieux, les secrets atomiques entre autres, avaient été systématiquement pillés par les Soviétiques. C'était impossible ! Alors le procès Abel fut un procès pipé. Un procès où il était indispensable que, de part et d'autre, personne ne s'avise de dire la vérité... Abel, de son côté, a joué le jeu : il s'est tu ! Les Américains, eux, ont triomphé à bon compte ! Mais ils ont dû pousser un ouf de soulagement quand Abel a regagné l'U.R.S.S. après son échange avec Powers : personne ne serait capable de percer le mystère du maître espion soviétique. Ils ne pouvaient pas prévoir que l'affaire rebondirait de l'autre côté de l'Atlantique avec l'arrestation des faux époux Kruger.

Comment s'est opéré l'échange entre Powers et Abel ? Dans la meilleure tradition des romans d'espionnage, sur le pont Glienicker entre l'Allemagne de l'Ouest et l'Allemagne de l'Est. Le récit de cet échange est rapporté dans un livre de Jacques Houbart et Jean-Michel Rankovitch, Guerres sans drapeau. *Une précision toutefois : Abel n'a pas seulement été échangé contre Powers. Un autre Américain, un agent de la C.I.A. nommé Pryor, a aussi fait partie du marché... Ce qui d'ailleurs renforce la thèse de Monsieur X : Abel était vraiment un personnage important.*

L'échange donc. On attend de part et d'autre du pont. L'avocat d'Abel, Donovan, est là, à côté de son client. Il est accompagné par le représentant de la C.I.A. et d'un camarade de Powers, chargé d'identifier le pilote. Soudain, un Soviétique se présente : c'est un haut dignitaire du K.G.B. Il demande si l'échange peut avoir lieu. Mais les Américains veulent d'abord avoir la preuve que l'autre espion, Pryor, est libéré. Le temps passe. On commence à s'impatienter dans les deux camps. Seul, Abel reste calme. Il a vieilli, il est las. Mais selon son avocat son visage exprime une impression de grande noblesse... Enfin, la radio grésille. Pryor vient d'arriver à l'Ouest. Abel s'engage sur le pont. Au milieu, il croise Powers. Tous deux ont des sacs, de maigres souvenirs de leur captivité. Se sont-ils parlé ? On ne le sait pas. Déjà, Abel atteint l'extrémité du pont. Près d'une luxueuse limousine, un chauffeur attend. Il se met au garde-à-vous en apercevant Abel. Celui-ci est redevenu le colonel Rudolf Ivanovitch Abel. Il a retrouvé les siens. On n'entendra plus jamais parler de lui en Occident !

Et Molody, alias Lonsdale ? Il apparaît, à la lumière de l'ouverture partielle des archives du K.G.B., que ce Lonsdale, dont le vrai nom était Konon Trofimovitch Molody, était un personnage très curieux... Le transfuge Oleg Gordievski raconte : « Molody vit le jour à Moscou en 1922. Son père était un grand savant et quand il eut sept ans, sa mère l'envoya vivre avec sa tante à Berkeley en Californie. En 1938, il choisit de retourner en U.R.S.S. et, lorsque vint la guerre, s'engagea dans le N.K.V.D. En 1954, il entra au Canada avec un faux passeport, puis se procura l'acte de naissance d'un Finno-Canadien décédé, Gordon Arnold Lonsdale. En 1955, il partit pour Londres. Grâce aux fonds procurés par le K.G.B., il s'établit comme directeur de plusieurs sociétés de location de juke-box, de distributeurs automatiques et de machines à sous. » Plus loin, les auteurs, qui soulignent que Molody parlait le chinois à la perfection, écrivent que l'espion ne se contentait pas d'autofinancer ses activités clandestines mais qu'il était aussi très fier de rapporter de substantiels profits au K.G.B. D'ailleurs, il considérait que ses entreprises, largement bénéficiaires, étaient « propriété socialiste ». Ainsi donc, il existe des espions qui ont de la morale !

Malheureusement pour lui, Molody, qui avait regagné rapidement l'U.R.S.S. à la faveur d'un échange d'espions, comme

Rudolf Abel donc, n'a pas longtemps profité de sa liberté recouvrée. Ce trop joyeux espion est mort à l'âge de quarante-huit ans à la suite d'une beuverie estivale sous un soleil un peu trop brûlant... Il n'empêche que sa photo figure à une place d'honneur au siège du K.G.B. dans la salle du souvenir, panthéon des héros soviétiques de l'espionnage.

Enfin, ce n'est que très récemment que l'on a appris le véritable nom de Rudolf Ivanovitch Abel : William Guenrikhovitch Fisher ! Abel, après avoir été instructeur des officiers du K.G.B., est mort d'un cancer du poumon à Moscou en 1971.

9

Des fuites sur ordre

C'est une des affaires les plus étranges de la IVᵉ République... Son nom même sonne comme un titre de roman d'espionnage : « l'affaire des fuites » ! Les fuites, l'obsession de tout service de contre-espionnage. Des fuites au sommet de l'État, puisqu'elles avaient lieu dans l'un des endroits les plus secrets de la République, le Conseil de défense nationale !

Nous sommes en 1954, en pleine guerre froide. 1954, l'année de Diên Biên Phu et de la fin de la guerre d'Indochine. L'année où se joue aussi le destin de la C.E.D., la Communauté européenne de défense, c'est-à-dire l'esquisse d'une armée européenne, l'année enfin où la France, sous l'impulsion de Pierre Mendès France, va décider de se doter de l'arme atomique... Et bientôt ce sera l'insurrection algérienne qui va ensanglanter la Toussaint 1954.

C'est donc au cœur de cette année cruciale qu'éclate comme une bombe l'affaire des fuites ! Nos secrets militaires les plus précieux aboutiraient régulièrement sur le bureau des dirigeants communistes de l'époque. Autant dire qu'ils atterrissent directement à Moscou. Le scandale est énorme. La presse hurle, l'opinion se pince le nez. Et la IVᵉ République, durablement éclaboussée par cette affaire, finira par en mourir quatre années plus tard.

Les fuites, en cette année 54, c'était une sorte de sport national... Des rapports militaires ultra-secrets sur la situation en

Indochine avaient déjà été publiés dans la presse, *France-Observateur*, *L'Express*, *Libération*, le *Libération* de l'époque, c'est-à-dire le journal d'Emmanuel d'Astier de La Vigerie, un quotidien très proche des communistes. Autant d'informations qui n'auraient jamais dû transpirer. Mais il fallait préparer l'opinion, l'entretenir dans l'idée que cette République était incapable de garder un secret.

Toutefois, ce n'était encore rien à côté de l'affaire qui est restée dans l'Histoire comme l'affaire des fuites !

J'ai personnellement suivi de très près ce dossier, car j'avais mes entrées au cabinet du ministre de l'Intérieur de l'époque, un certain François Mitterrand. Je n'ai jamais vu un tel sac d'embrouilles. Plus cette affaire progressait, et plus elle devenait ténébreuse ! Des personnages nouveaux apparaissaient, qui ne semblaient placés là que pour mieux emmêler les fils d'une histoire déjà suffisamment compliquée ! ... Mais comment s'en étonner lorsqu'on connaissait le *deus ex machina* ?

En juin 1954, Pierre Mendès France succède à Joseph Laniel. Diên Biên Phu est tombé, nos troupes sont harcelées par Giap. Le nouveau président du Conseil veut sauver les meubles, enfin ce qu'il reste à sauver, et surtout il veut arracher la moins mauvaise paix possible pour la France. La négociation marathon de Genève commence. Mendès France va y donner le meilleur de lui-même. D'ailleurs, il a menacé : si les négociations n'aboutissent pas, le contingent sera envoyé en Indochine !

C'est à ce moment crucial que l'affaire des fuites commence vraiment...

Début juillet, un ministre du gouvernement Mendès France, Christian Fouchet, le futur ministre de l'Intérieur de Mai 68, reçoit une curieuse visite. L'homme se prénomme Jean. C'est un commissaire de la Préfecture de police de Paris, un flic au parcours particulièrement tortueux qui a la réputation d'être l'un des policiers les mieux informés sur les affaires internes du Parti communiste français. Il a des révélations sensationnelles à faire ! Jean affirme au ministre qu'au cours de la dernière réunion du bureau politique du Parti communiste, Jacques Duclos a lu une note résumant le contenu des travaux du Conseil de défense nationale ! Et pour faire bonne mesure, il lui montre le document. Le ministre est effaré.

Très vite, Christian Fouchet prévient Pierre Mendès France qui est à Genève, en train de négocier pied à pied la paix en Indochine dans une atmosphère dramatique. D'emblée, le président du Conseil prend la vraie dimension de l'affaire. S'il y a réellement des fuites, elles peuvent avoir de graves conséquences sur le rapport de forces engagé avec les dirigeants vietminh. Dans cette partie de poker menteur, on ne peut pas jouer à jeu égal si l'adversaire connaît à l'avance vos cartes.

Pierre Mendès France ordonne une enquête la plus discrète possible et n'informe que le président de la République et quelques hauts responsables de la sécurité. Même les ministres les plus importants, François Mitterrand, par exemple, son ministre de l'Intérieur, ne sont pas informés. Mitterrand lui en voudra d'ailleurs durablement de ce qu'il considérera être une manifestation de défiance.

Trois jours plus tard, et malgré les consignes de secret exigées par le président du Conseil, la rumeur commence à courir Paris. Il y a un traître au gouvernement. Dans les milieux de droite, on murmure un nom : François Mitterrand !

Pourquoi Mitterrand ? C'est un personnage politique inclassable, ambitieux, brillant, trop brillant. Sans doute faut-il le casser avant qu'il ne prenne son envol... Mitterrand, déjà, a beaucoup d'ennemis. Le plus intraitable, parce qu'il a peur d'être limogé par le nouveau ministre, c'est le préfet de police de Paris, Jean Baylot, le patron du commissaire Jean. À l'époque, la Préfecture de police est une véritable forteresse. Un endroit curieux. On y trouve des résistants authentiques mais aussi des collabos mystérieusement passés à travers les gouttes de l'épuration. Le commissaire Jean, par exemple. Sous l'Occupation, il travaillait aux Renseignements généraux. Un service particulièrement sensible où il était chargé de la surveillance des étrangers. On imagine lesquels ! Pourtant, à la Libération, il n'a pas été poursuivi. Son chef, lui, a été fusillé ! Il existe auprès de Jean un autre personnage intéressant, un certain Delarue. Lui, il a eu moins de chance que son collègue puisqu'il a été arrêté et condamné à dix-huit ans de travaux forcés. Mais il s'évade, disparaît quelque temps... Et reparaît à la Préfecture sous un faux nom !

Cette impunité n'est pas aussi étonnante qu'il y paraît. Tous ces gens avaient du répondant. Ils avaient en effet hérité du fichier des militants communistes, fichier établi sous l'Occupation. Un document qui, en pleine guerre froide, valait cher ! C'est ainsi qu'a été créée au sein de la Préfecture de police une cellule anticommuniste quasi clandestine dont le commissaire Jean était le principal animateur. Il disait disposer d'une source de premier plan au P.C.F. Une taupe, un journaliste, André Baranès. Un type qui, affirmait-il à ses supérieurs, avait accès aux plus hautes instances communistes.

Par peur d'être limogé par Mitterrand qui veut mettre de l'ordre dans cette étrange Préfecture de police, le préfet Baylot passe donc à son tour à l'offensive : son homme lige, le commissaire Jean, révèle l'affaire des fuites au Conseil de défense nationale. Naturellement, c'est sa taupe au P.C.F., ce Baranès, qui lui a donné l'information. Mitterrand, après une campagne de presse diffamatoire, se retrouve au banc des accusés. Le coup est bien joué. Ça n'empêchera pourtant pas Mitterrand de remercier le préfet Baylot.

La D.S.T. est bien sûr chargée de l'enquête : l'affaire relève du contre-espionnage. Le premier réflexe consiste à interroger Baranès, qui doit avoir une idée sur le responsable des fuites. À tout le moins, il peut, se servant de ses relations chez les communistes, découvrir l'identité de cet homme. Mais à la Préfecture de police on pousse les hauts cris. Pas question de compromettre Baranès qui est une source d'information incomparable sur le P.C.F. Si on utilise les secrets qu'il découvre, on le grille. Conclusion : on ne se sert jamais du matériel extraordinaire livré par Baranès !

Lorsque j'apprends cela, je commence à y voir plus clair. En effet, Baranès peut raconter n'importe quoi sur le P.C.F. Il est sûr de n'être jamais démenti ! Mais est-il pour autant un mystificateur ?

Mes amis et moi nous sommes intéressés à ce drôle de personnage. Et nous avons trouvé dans les archives des informations très intéressantes. Dès 1950, Baranès, journaliste à *Libération* et membre du P.C.F., offre à la D.S.T. d'espionner le Parti communiste. Les premiers documents qu'il remet sont extravagants : il s'agit de télégrammes adressés par Staline en personne à la direction du Parti. Des télégrammes rédigés en clair. Manifestement, ce sont des faux. La carrière d'informateur de Baranès à la D.S.T. s'arrête là brutalement. Mais le journaliste ne renonce pas. Il s'adresse à la Préfecture de police où le commissaire Jean l'accueille à bras ouverts.

Nous avons donc de bonnes raisons de penser que Baranès a inventé une partie de l'histoire. Et pourtant, les fuites sont bien réelles. Le document que Jean a remis au ministre Fouchet reproduit fidèlement le compte rendu de la dernière séance du Conseil de défense nationale.

Début septembre, un nouveau Conseil va se réunir... Pierre Mendès France demande que la salle du Conseil des ministres soit passée au peigne fin. L'examen, opéré par des techniciens de la D.S.T., est négatif. Il n'y a pas de micros ! Donc la réunion se tient normalement. Le président de la République, le président du Conseil, une poignée de ministres – dont Mitterrand – et de hauts responsables de l'armée y assistent. Le secrétaire de séance est un haut fonctionnaire, Jean Mons, secrétaire général de la Défense nationale.

Quatre jours plus tard, seulement quatre jours après la tenue de cette réunion, on murmure dans les milieux bien informés, selon l'expression consacrée, qu'une nouvelle fuite a eu lieu. Et toujours en direction du P.C.F. !

À partir de ce moment-là, l'affaire va prendre un tout autre aspect. Parce qu'un homme entre dans le jeu : Roger Wybot, le patron de la D.S.T. Un personnage aussi ténébreux que bouillant. Un esthète qui soigne sa légende. Toujours accompagné de gros chiens, toujours élégant, toujours séduisant. Célibataire endurci – on ne lui a jamais connu de relations féminines –, machiavélique, secret et surtout craint, terriblement craint... Wybot s'empare à bras-le-corps de cette affaire des fuites et va peu à peu en faire *son* affaire ! Un véritable coup de pied dans la fourmilière.

Comme mes amis politiques et moi-même, Wybot nourrit rapidement des doutes sur Baranès et sur Jean. Il décide de les mettre sur écoute et les fait filer. Presque tout de suite, il va obtenir des résultats.

Avec l'autorisation du ministre de l'Intérieur François Mitterrand, particulièrement attaché à faire aboutir l'enquête pour les raisons qu'on devine, Wybot fait interpeller le commissaire Jean. Dans la serviette du policier, on trouve un compte rendu d'un récent Comité central du Parti communiste relatant les dernières délibérations du Conseil de défense. Le commissaire Jean est interrogé. Il refuse de dire comment ce document est arrivé en sa possession. Il ne peut pas expliquer non plus pourquoi il n'a pas aussitôt transmis ce document à ses supérieurs puis à son ministre.

Veut-il protéger sa « source », la taupe Baranès ? Décidé à en avoir le cœur net, Wybot fait aussitôt opérer une perquisition chez le journaliste. On trouve au domicile de Baranès d'autres documents semblables sur des réunions précédentes du Conseil de défense. C'est grave, très grave. Une information est ouverte pour atteinte à la sûreté de l'État.

Le commissaire Jean et Baranès sont donc arrêtés ! Mais ils sont tout de suite relâchés. Pourquoi ? Parce que le commissaire réussit à persuader le juge d'instruction que Baranès est un patriote, un espion irremplaçable au sein du P.C.F.

Aussitôt libérés, les deux hommes commencent une vraie campagne d'intoxication, visant une nouvelle fois « le traître Mitterrand ». On a du mal à imaginer aujourd'hui la violence des attaques de la presse contre le ministre de l'Intérieur et le chef du gouvernement. Car à l'évidence, si Mitterrand est apparemment la première cible, la seconde est bien sûr Pierre Mendès France!

Peu importe! Malgré cet échec provisoire, Wybot n'est pas décidé à se résigner. Et il est prêt à tout pour découvrir qui est réellement à l'origine des fuites.

En bon flic, il se dit que la première chose à faire, c'est de comparer les notes prises au Conseil de défense par le secrétaire général, Jean Mons, et les papiers retrouvés chez Baranès. Enfin, il va approcher de la vérité. Enfin, d'une certaine vérité... Mais finissons-en avec l'aspect purement policier de l'affaire. Wybot fonce. Malgré les hommes de la Préfecture de police qui lui mettent en permanence des bâtons dans les roues.

En comparant les notes de Jean Mons et les papiers de Baranès et en remarquant la grande similitude entre les deux liasses de documents, Wybot acquiert la conviction qu'il faut chercher le ou les coupables au sein même du secrétariat général de la Défense. Ce qui innocente immédiatement les autres participants au Conseil de défense qui, eux, n'ont pas pris de notes. Mitterrand est donc mis hors de cause.

Wybot continue classiquement son travail de policier. Et il découvre le pot aux roses en recueillant les aveux de deux des collaborateurs les plus proches de Jean Mons. Il s'avère que Mons, qui est pourtant un haut fonctionnaire zélé, a le tort d'avoir une confiance aveugle dans ses collaborateurs. Et il a commis à plusieurs reprises la négligence de laisser traîner ses notes sur son bureau.

Ces deux collaborateurs – dont je ne veux même pas prononcer le nom pour ne pas les embarrasser s'ils vivent encore – étaient-ils pour autant des traîtres? Je ne le crois pas. Ils ont agi par idéalisme. Pacifistes, ils étaient tous deux opposés à la guerre d'Indochine. Un jour, ils ont rencontré un brave homme comme eux, un type qui leur a dit partager leurs convictions. Un journaliste nommé Baranès! Et, pensant naïvement que leurs informations pouvaient accélérer le processus de paix, ils ont eu la faiblesse de lui communiquer quelques-uns des secrets du Conseil de défense. La main dans l'engrenage, il leur était ensuite impossible de reculer !

L'enquête de la D.S.T. n'en est pas restée là. Wybot, si bon flic qu'il ait été, était aussi à sa manière une sorte de fanatique.

Le directeur de la D.S.T. se met en effet dans la tête que le vrai coupable, c'est Jean Mons. Peu à peu, il se persuade qu'il s'agit d'un agent soviétique ! Une conviction d'autant plus étrange que Wybot, comme moi, a découvert que Baranès est un mystificateur et que les comptes rendus du Conseil de défense ne parviennent jamais au P.C. mais directement dans la poche du commissaire Jean.

La vraie question que Wybot devrait se poser est celle-ci : pourquoi se donner tant de mal pour obtenir des informations secrètes si on ne s'en sert pas ?

La réponse est évidente : ce qui importe, ce n'est pas le contenu des fuites, c'est de faire savoir qu'il y a des fuites ! Il faut faire la preuve qu'il y a des traîtres au gouvernement et que le pouvoir est noyauté par les communistes. Voilà quel est le véritable objectif du grand manipulateur de cette affaire des fuites !

L'information la plus importante, et qui, curieusement, est passée inaperçue, était pourtant contenue dans un des rapports de filatures du commissaire Jean par les policiers de la D.S.T. : le jour même où Baranès lui a remis les documents qu'il avait soi-disant trouvés au Comité central du P.C., Jean a rencontré son ancien patron, le préfet Baylot. Puis il s'est rendu chez un homme que je connaissais parce qu'il était lié aux services américains. C'est la clef de ce dossier !

En réalité, la C.I.A. manipulait les principaux protagonistes de l'affaire. J'ai d'ailleurs découvert plus tard que le commissaire Jean avait eu des contacts avec l'O.S.S. après la guerre. Peut-être espérait-il faire oublier ses fréquentations douteuses pendant l'Occupation.

Il restait à comprendre pourquoi la C.I.A. était tellement acharnée à perdre le gouvernement de Pierre Mendès France.

Il ne m'a pas fallu longtemps : c'était à cause de la C.E.D., la Communauté européenne de défense ! Les Américains y étaient farouchement attachés parce que ce traité de défense représentait pour eux une pièce essentielle de l'Alliance atlantique. Or ils soupçonnaient l'homme de gauche Mendès France d'y être hostile. Et il l'a été en effet puisque le projet de traité a été repoussé par l'Assemblée sous son gouvernement. Voilà pourquoi on a essayé de le déstabiliser à travers cette malheureuse affaire des fuites qui a été une mystification du début à la fin.

*Dans l'*Histoire de la IVe République *de Georgette Elgey, parue en plusieurs volumes chez Fayard, l'historienne voit derrière cette campagne un homme, le préfet de police Jean Baylot. Patron du fameux commissaire Jean, homme lige du précédent ministre, Léon Martinaud-Déplat, il a fait de la Préfecture une citadelle anticommuniste où l'on retrouve pas mal d'anciens policiers collaborateurs... Selon Georgette Elgey, Baylot avait bien peur d'être limogé par Mitterrand. Alors il a pris les devants... Et c'est vrai qu'il avait des raisons de craindre Mitterrand. Ce dernier voulait effectivement se débarrasser de lui. Il en informe Mendès France : « Il y a un cancer dans mon administration, la Préfecture de police et Baylot. Je vous demande l'autorisation de le faire sauter. – Naturellement, dit Mendès France, vous êtes ministre de l'Intérieur, c'est vous que cela regarde ! » François Mitterrand précise : « Ce n'est pas un petit problème. Baylot est au mieux avec les francs-maçons et tout le personnel politique. Cela va faire une histoire. » « Ne me faites pas perdre mon temps », répond Mendès France. François Mitterrand passe à l'action. Dans la nuit, Mendès France reçoit trente-cinq coups de téléphone. Toutes les personnalités du régime, y compris le président de la République M. Coty, viennent l'adjurer : « Surtout, ne touchez pas à Baylot ! » Après une nuit totalement blanche, Mendès France convoque Mitterrand : « Je ne savais pas si vous aviez raison de vouloir le départ de M. Baylot. Maintenant, après toutes les inter-*

ventions dont j'ai été l'objet, je sais que vous aviez raison, faites-le tout de suite ! »

Autre personnage clef de cette affaire : Wybot, le patron de la D.S.T. de l'époque, en place depuis la Libération. Le chroniqueur judiciaire du Monde, *Jean-Marc Théolleyre, en a dressé un portrait assez savoureux : « Il arrive que le poste crée le personnage. M. Wybot est mystérieux. Son nom est un pseudonyme. Il paraît peu dans les salons et les soirées. Il aime les fleurs, les chiens musclés, la vie paisible et confortable... Il vaut mieux être de ses amis que de ses adversaires... » Quant à son biographe, Philippe Bernert, il ajoute dans* Bataille pour la D.S.T. *: « Roger Wybot, peintre et auteur de théâtre à ses heures, est fasciné par l'irrationnel, la magie, l'hypnose et l'astrologie. Il paraît même qu'il ne décide rien sans avoir mis les astres dans son jeu... »*

Dans le livre de Georgette Elgey déjà cité, un extrait d'une lettre d'André Bettencourt à Pierre Mendès France semble confirmer la thèse de Monsieur X : « Les Américains s'imaginent que vous leur cachez votre véritable jeu, ils n'ont pas confiance. Cette impression a été renforcée par tout ce qui a été dit sur vous par vos adversaires : Mendès France prépare petit à petit le renversement des alliances. Ce sera d'abord l'isolement de la France, puis, fatalement, le rapprochement avec l'Est. » Une telle perspective, convenons-en, était bien de nature à affoler le président Eisenhower. Et pourquoi pas, à le convaincre de faire en sorte que Mendès France quitte le pouvoir au plus tôt... Ce qu'il devra faire d'ailleurs, au bout de sept mois de pouvoir.

Enfin, Monsieur X affirme qu'une violente campagne de presse avait été menée contre le gouvernement de Mendès France... Un exemple qui donne bien le ton. Dans L'Aurore, *Robert Lazurik interpelle François Mitterrand à propos de l'enquête de la D.S.T. de Wybot : « Nous ne pouvons tolérer que dans votre administration on rencontre un service qui songe plus à protéger les communistes qu'à défendre la liberté. Vous ne pouvez le tolérer non plus. Autrement, monsieur Mitterrand, vous ne pourriez pas rester ministre de la République. » Quant aux Américains (à rappro-*

cher de la dernière confidence de Monsieur X sur la rencontre entre Jean et un agent de la C.I.A.), ils réagissent aussi violemment. On lit par exemple dans le Washington Post *que « des mesures auraient été prises dans la police parisienne à l'effet d'éliminer des agents connus pour leurs sentiments anticommunistes. Cela donne à penser que ceux qui sont appelés à les remplacer sont plutôt favorables aux communistes » !*

10

Une mission peut en cacher une autre

C'était un petit homme chétif à l'air malicieux et gouailleur. Cigarette au bec, le commandant Lionel Crabb, presque toujours photographié sur le pont d'un bateau, en tenue d'homme-grenouille, semblait se moquer du monde.

Et puis, un jour d'avril 1956, le petit homme a disparu. Et cette disparition a failli provoquer un incident diplomatique grave entre la Grande-Bretagne et l'U.R.S.S., et de vives polémiques au Parlement de Londres où le Premier ministre Anthony Eden a été mis sérieusement en difficulté.

Le secret demeure sur les conditions de sa disparition. Et certains continuent à penser que, loin d'être mort en 1956, il a été enlevé et détenu quelque part à l'Est. Monsieur X, lui, propose une explication inédite sur la fin de l'homme-grenouille. A-t-il disposé d'informations privilégiées puisées au sein des services secrets britanniques ? Vraisemblablement.

La vraie vie de Lionel Crabb commence en 1941. Je dis « sa vraie vie » parce que, auparavant, le jeune homme – il a alors trente ans – a exercé divers métiers sans véritablement trouver sa voie. En 1939, à la déclaration de guerre, il veut s'engager dans la Marine. Mais le conseil de révision le refoule. Trop petit, trop frêle, santé chétive, myopie extrême. Crabb ne peut être marin de Sa Majesté !

C'est mal connaître le petit homme. À force d'obstination, il parvient quand même à se faire engager dans la réserve. Bientôt le voici gratte-papier dans un bureau de la Marine à Gibraltar.

Un détail ne manque pas de piquant quand on connaît la carrière qu'il va faire : en 1939, Crabb ne savait pas nager !

Le 19 septembre 1941, un pétrolier anglais ancré dans la rade de Gibraltar est soudain la proie des flammes. Peu après, deux autres bâtiments explosent. Que s'est-il passé ? Une attaque de sous-marins ? Impossible : des filets en acier interdisent l'accès de la rade.

Des scaphandriers plongent. Ils découvrent que de larges trous ont été pratiqués dans les filets. Le port de Gibraltar a été victime d'une attaque d'hommes-grenouilles. La technique, les Britanniques ne le savent pas encore, est entièrement nouvelle. Elle a été mise au point par les hommes du prince italien Valerio Borghese. Revêtus de combinaisons étanches, chaussés de palmes et munis d'appareils respiratoires portables, ces combattants chevauchent des torpilles électriques qu'ils guident jusqu'à proximité de l'objectif. Ils détachent alors la pointe qui contient des explosifs et rebroussent chemin tandis que l'avant de la torpille continue à filer vers sa cible.

Il existe donc désormais des combattants du fond des mers. Lionel Crabb, modeste rond-de-cuir de la réserve de la Marine, a l'audace de proposer à l'Amirauté la création d'une équipe capable de contre-attaquer et pourquoi pas d'attaquer à son tour les navires ennemis. Le plus extraordinaire, c'est qu'on écoute cet homme qui n'est rien et ne ressemble en aucun cas à un athlète. Ainsi va naître le corps des hommes-grenouilles britanniques, des hommes qui vont accomplir de véritables exploits pendant la guerre.

Crabb était certainement un type étonnant. Dès qu'il avait ses palmes aux pieds, il devenait un autre homme, alors qu'on le prétendait incapable de faire une longueur de piscine sans sa tenue de plongée. Mais Crabb lui-même a peut-être contribué à enrichir sa propre légende. Plus il apparaissait faible et plus ses exploits semblaient prodigieux.

Ce qui est vrai, c'est qu'il s'est lancé dans l'aventure avec des moyens dérisoires. En créant de toutes pièces cette équipe d'hommes-grenouilles, il a dû improviser. Au début, ses nageurs étaient équipés de simples costumes de bain, de chaussures de tennis lestées de plomb et d'antiques bouteilles d'oxygène attachées tant bien que mal dans leur dos. Ça ne les a pas empêchés d'être redoutablement efficaces ! Tous ont été décorés après-guerre.

La paix revenue, Crabb n'a pas été démobilisé tout de suite. Il a participé avec ses adversaires de la veille, les hommes-grenouilles italiens, au déminage des ports. Puis il a dû se réadapter à la vie civile en créant avec un associé une petite fabrique de meubles. Il n'a quand même pas renoncé à la plongée sous-marine et a continué à travailler comme contractuel pour l'Amirauté et surtout pour les services spéciaux. Ceux-ci ont toujours besoin de spécialistes de ce genre. Nous-mêmes, en France, nous avons des nageurs de combat. Ce sont eux qui constituent l'essentiel de notre service action.

En avril 1956, la Grande-Bretagne attend la visite de Boulganine et Khrouchtchev, « B » et « K », comme on les appelle dans la presse. Le couple exerce une certaine séduction sur l'opinion internationale : Boulganine avec sa petite barbiche paisible de grand-père, et Khrouchtchev, rond, jovial, bonhomme. Enfin apparemment bonhomme, il faut bien faire oublier Staline !

À l'heure où l'U.R.S.S. semble se dégeler, cette visite est importante et attendue.

Les deux dirigeants soviétiques ont choisi un moyen de transport insolite : un splendide croiseur, l'*Ordzhonikidze*. Ce bâtiment appartient à une nouvelle race de bateaux extrêmement rapides qui disposent de systèmes de navigation qui leur permettent par exemple de mouiller dans un port sans l'aide de pilote ou de remorqueur. Je pense qu'ils devaient être équipés d'hélices auxiliaires.

Ces innovations excitaient bien sûr la curiosité des marins

occidentaux qui voulaient percer leur secret. Quelque temps plus tôt, à l'occasion de la visite en Angleterre d'un autre croiseur de ce type, le *Sverdlovsk*, Crabb avait fait une plongée indiscrète sous sa coque, vraisemblablement pour le compte des services secrets.

L'*Ordzhonikidze*, avec à son bord Boulganine et Khrouchtchev, entre dans le port de Portsmouth le matin du 19 avril 1956. Il doit y rester mouillé pendant la durée de la visite des deux Soviétiques. Mais depuis quarante-huit heures déjà, Lionel Crabb se trouve sur place !

L'homme-grenouille est arrivé deux jours plus tôt, en compagnie d'un grand type blond qui se fait appeler Smith ! Un patronyme qui sent l'identité d'emprunt. Crabb, lui, est descendu à l'hôtel sous son vrai nom. Il ne se cache donc pas.

Avant l'arrivée du croiseur de Messieurs B et K, d'après ce qu'on a pu apprendre plus tard, Crabb est allé chez le coiffeur, il a téléphoné à plusieurs reprises à son associé resté à Londres et il a fréquenté des pubs en bon vivant qui apprécie l'alcool et la compagnie des jolies femmes.

Le 19 avril, au petit matin, deux ou trois heures avant l'arrivée de l'*Ordzhonikidze*, Crabb et son ami Smith sortent. En remettant leurs clefs, ils préviennent l'hôtelier qu'ils seront de retour en milieu de journée. Smith revient effectivement dans l'après-midi. Mais il est seul. Il règle sa note, prend ses bagages et s'en va. On n'entendra plus jamais parler de l'homme qui se faisait appeler Smith. Et l'on ne reverra jamais Crabb !

Deux jours plus tard, fait très curieux, un homme se présente à l'hôtel où sont descendus l'homme-grenouille et l'étrange M. Smith. Il montre à l'hôtelier une carte de police et demande à voir le registre des clients. Naturellement, le commerçant s'exécute. Le policier s'enferme dans un salon avec le registre. Puis il ressort avec le livre qu'il tend à l'hôtelier et il dit : « J'agis sur ordre de l'autorité supérieure ! » et disparaît. Quand l'hôtelier ouvre son registre, il constate que des pages ont été arrachées. Les pages où figuraient justement les noms de Crabb et de Smith.

Quelqu'un veut donc effacer toute trace de leur passage à Portsmouth. Et si cet homme est réellement un policier, cela signifie au moins que la présence de Crabb était connue des autorités et qu'en très haut lieu on doit savoir ce qu'il est arrivé à l'homme-grenouille. La preuve en est fournie peu après. Un ami de Crabb, un homme-grenouille lui aussi, se propose de plonger dans les eaux du port avant de faire des recherches. Aussitôt, un officier de marine l'en dissuade : « Inutile, vous ne trouverez rien ! » Et lorsque l'ami de Crabb lui demande des explications, l'officier répond qu'il ne peut rien dire car il est tenu au secret !

La disparition de l'homme-grenouille est vite rendue publique. Ses amis, son ex-femme, sa nouvelle petite amie, donnent l'alerte. La presse, à son tour, s'empare de l'affaire. Elle ne manque pas de faire le rapprochement entre la disparition de Crabb quelque part du côté de Portsmouth et la présence du croiseur soviétique. Les journalistes interrogent donc les autorités. Embarras ! L'Amirauté affirme d'abord qu'elle ne connaît rien de cette affaire. Puis, une dizaine de jours plus tard, elle publie un communiqué selon lequel le commandant Crabb a trouvé la mort au cours d'une plongée à la suite d'une avarie de son appareil respiratoire dans une baie voisine de Portsmouth, à trois miles environ du port où était mouillé l'*Ordzhonikidze* !

Il s'agit d'un premier aveu : Crabb était en mission pour la marine britannique. Bientôt un officier supérieur de la Royal Navy, sous couvert d'anonymat, fait des révélations d'importance. Il affirme que Crabb est mort vers 10 heures du matin alors qu'il se trouvait à une trentaine de mètres du croiseur soviétique. Toutefois, il déclare ne rien savoir sur les circonstances de la mort et ajoute qu'on n'a fait aucun effort pour que le corps soit découvert.

Il est évident qu'on a voulu éviter toute enquête ! D'ailleurs, cet officier conclut très mystérieusement qu'il serait diplomatiquement inopportun de retrouver le corps de Crabb ! La manifestation de la vérité entraînerait donc des difficultés avec les Soviétiques. Il apparaît alors que la disparition de Crabb a certainement un rapport avec la présence du croiseur soviétique à Portsmouth !

La déclaration de l'officier de la Royal Navy peut laisser supposer qu'il s'agit d'une affaire d'espionnage. Crabb aurait très bien pu être surpris par des marins soviétiques en train d'observer la coque du croiseur. Aussitôt l'opposition travailliste interpelle violemment le Premier ministre Anthony Eden : cette tentative d'espionnage opérée par Crabb est scandaleuse et choquante. Elle équivaut à fouiller les bagages de gens qu'on a invités.

Le Premier ministre réagit de façon étrange ! Il reconnaît que le célèbre homme-grenouille britannique a en effet été chargé d'une mission d'espionnage. Mais cette opération a été décidée à l'insu du gouvernement ! Crabb est donc désavoué.

Comme les députés de l'opposition ne se satisfont pas d'une telle réponse, Anthony Eden ajoute qu'il ne serait pas dans l'intérêt public de dévoiler les circonstances de la disparition de Crabb ! Il oppose donc le secret d'État aux questions des députés.

Et les Soviétiques ? Après cette déclaration officielle, ils ne peuvent pas rester sans réagir. Mais leur riposte est étrangement mesurée alors même que l'offense était quand même de taille : c'est le bateau des deux dirigeants les plus importants de l'U.R.S.S. qui a été espionné ! On peut s'attendre à ce que le bouillant Monsieur K pique une de ces colères dont il est coutumier ! Eh bien, non !

Les réponses sibyllines d'Eden n'apaisent guère la curiosité des journalistes. La presse s'intéresse en particulier au curieux M. Smith. Les meilleurs limiers des journaux londoniens se sont lancés sur sa piste. En vain. Mais il n'est pas difficile de comprendre que c'est un homme des services secrets et qu'il a été aussitôt escamoté.

La famille de Crabb, son ex-femme, sa mère, sa petite amie,

ne veulent pas croire à sa mort. Sa mère a reçu un message de son fils avant qu'il ne se rende à Portsmouth. Il partait en mission et lui demandait de ne pas s'inquiéter. Mrs. Crabb savait que son fils avait vécu des aventures autrement plus dangereuses et elle ne peut imaginer qu'il a succombé à un accident. Il y a aussi ce coup de fil que Crabb aurait donné à l'un de ses collaborateurs, à Londres, deux heures après avoir quitté l'hôtel de Portsmouth. Crabb aurait dit en substance : « J'ai plongé ce matin, mais ça n'a pas marché. Je vais recommencer cette nuit. Souhaitez-moi bonne chance ! » Or, selon la version de l'Amirauté, à l'heure où Crabb téléphone, il devait se trouver dans l'eau !

J'avoue que je n'ai jamais cru à la réalité de ce coup de téléphone. Dans toute affaire criminelle, on trouve des gens qui en profitent pour se mettre en valeur.

Les proches de Crabb ont des raisons légitimes de mettre en doute la version officielle. Pourquoi autant de mystère ? Pourquoi autant de questions auxquelles on refuse de leur donner des réponses ! Il est normal qu'ils finissent par penser qu'on veut leur cacher la vérité. Ils refusent de croire à la mort de Crabb telle qu'elle est présentée par les autorités, et l'hypothèse de l'accident de plongée ne leur paraît pas crédible. L'homme-grenouille était extrêmement prudent, son matériel en excellent état et les eaux du port de Portsmouth peu profondes...

C'est ainsi que peu à peu ils en arrivent à émettre leur propre hypothèse : en inspectant la coque de l'*Ordzhonikidze*, Crabb a été surpris, fait prisonnier par les Soviétiques et emmené en U.R.S.S. ! Prises en flagrant délit d'espionnage, les autorités britanniques ont été obligées de se taire et de laisser partir l'homme-grenouille sur un navire qui bénéficiait par ailleurs du privilège d'extraterritorialité. Et qu'ils ne pouvaient donc pas fouiller !

Naturellement, dès que cette thèse a été rendue publique par les proches de Crabb, les Soviétiques ont nié toute responsabilité dans la disparition de l'homme-grenouille. Et on a fini par oublier l'affaire. Mais soudain, en juin 57, donc plus d'un an après les faits, coup de théâtre : des pêcheurs repèrent un corps qui flotte entre deux eaux près du port de Chichester, c'est-à-dire pas très loin de Portsmouth.

En le remorquant jusqu'au port, ils ont la macabre surprise de découvrir que le corps, vêtu d'une combinaison en caoutchouc, n'a ni tête ni bras ! Très vite, on pense à Crabb ! Selon l'autopsie pratiquée sur le cadavre ou ce qu'il en reste, la taille semble correspondre avec celle de Crabb. D'autre part, la tenue de plongée ressemble au matériel qu'utilisait l'homme-grenouille.

Au bout de quelques jours seulement, le coroner du lieu décide qu'il s'agit bien de Lionel Crabb, malgré les réticences de son ex-femme qui hésite à reconnaître son époux ! Un verdict un peu précipité, surtout en tenant compte du mystère de l'absence des bras et de la tête qui prouve, à l'évidence qu'on a voulu rendre toute identification impossible !

Le présumé Crabb est enterré. Aucun représentant de la Marine royale n'assiste à ces obsèques. Ce qui prouve qu'il y a au moins quelques doutes sur la véritable identité du cadavre ! D'autant qu'on apprend dans le même temps qu'à l'époque où on a repêché le corps, des sous-marins soviétiques ont croisé au large de Portsmouth.

Cette présence des bâtiments russes relance aussitôt l'hypothèse de Crabb fait prisonnier par les marins soviétiques alors qu'il espionnait l'*Ordzhonikidze*. On imagine que l'homme-grenouille a été conduit en U.R.S.S., interrogé et finalement retourné. Crabb, contractuel des services spéciaux, a nombre de secrets en sa possession. D'autre part, c'est un as de la plongée sous-marine, un pionnier. Pourquoi ne pas utiliser ses connaissances techniques pour former des hommes-grenouilles russes ?

Le cadavre retrouvé en mer constitue en fait un leurre ! Les Soviétiques se seraient servis de la dépouille d'un homme ayant à peu près les mêmes caractéristiques physiques que Crabb. Après lui avoir coupé les bras et la tête et l'avoir revêtu de la vraie tenue de plongée de l'homme-grenouille, ils l'auraient largué au large de Portsmouth.

Ainsi Crabb, vraiment considéré comme mort, pourrait mener en toute quiétude sa seconde vie en U.R.S.S. !

Trois ou quatre ans après la disparition de Crabb, un journaliste, Bernard Hutton publie un livre où il raconte par le détail comment l'homme-grenouille a été capturé par les Soviétiques et envoyé en U.R.S.S. Il donne des noms, des lieux. Il explique comment Crabb a fini par craquer et accepter de travailler pour les Russes.

Ses sources ? Les services secrets britanniques qui auraient eux-mêmes été informés par un de leurs agents infiltrés en U.R.S.S. Crabb serait désormais capitaine dans la Marine soviétique et s'appellerait Lev Lvovitch Korablev ! Mieux, ce journaliste produit une photo représentant quelques officiers soviétiques. Parmi eux, l'ex-femme de Crabb reconnaît formellement celui qui a été son mari !

Tout cela est fort troublant. Mais la photo est très floue et ne permet pas une identification formelle. Quant au journaliste, on peut légitimement nourrir quelques soupçons : Hutton est un Tchèque réfugié en Angleterre après avoir été militant communiste dans son pays. Ne participe-t-il pas à une opération d'intoxication antisoviétique ?

Autant le dire tout de suite, je n'ai jamais cru à cette hypothèse farfelue. Les Soviétiques, je les connaissais bien, n'auraient jamais monté une opération aussi sophistiquée que celle du largage par sous-marin d'un cadavre ressemblant à Crabb uniquement pour dissimuler la nouvelle vie de l'homme-grenouille. Crabb avait certes des talents mais son éventuel retournement ne méritait pas la mise en œuvre d'une telle manipulation. J'ajoute qu'à l'Est on n'avait nul besoin des connaissances de Lionel Crabb pour former des hommes-grenouilles !

Alors, la vérité ?

L'année 1956 commence très mal pour les Britanniques. En février, en effet, on note la réapparition surprise de deux hommes bien encombrants, les diplomates Burgess et MacLean ! Les amis espions de Kim Philby [1]. La fameuse équipe de Cambridge ! Sans doute prévenus par Philby, ils se sont évanouis dans la nature au début des années 50 alors qu'ils allaient être démasqués comme espions soviétiques. Soudain, au début 56, ils réapparaissent à Moscou où ils donnent une conférence de presse afin de justifier leur défection. Cela provoque un véritable choc dans l'opinion publique britannique et une tempête dans les services spéciaux qui s'estiment non sans raison bafoués.

Au même moment, Philby, soupçonné lui aussi de travailler pour le K.G.B., est blanchi, réintégré et envoyé à Beyrouth sous couverture d'un poste de correspondant de l'*Observer*. Cette tempête dans les services secrets s'accompagne d'une recrudescence de la rivalité traditionnelle entre le MI 6, le service de renseignement, et le MI 5, le contre-espionnage. Or Philby appartient au MI 6. Et c'est le MI 5 qui l'a accusé et même fait traduire devant un tribunal secret ! Une initiative qui n'a pas contribué à améliorer les rapports entre les deux services...

Dans ce climat très tendu, la prochaine visite de Monsieur B et Monsieur K est annoncée. Le contre-espionnage décide donc de redoubler de prudence. En Grande-Bretagne, comme dans d'autres pays, il existe des organisations clandestines antisoviétiques qui peuvent être tentées de saboter le voyage des deux dirigeants communistes en perpétrant un attentat contre le croiseur soviétique, par exemple.

Le MI 5 organise une surveillance particulièrement vigilante du navire. Crabb et le mystérieux M. Smith, tous deux excellents hommes-grenouilles, en sont chargés.

Il ne s'agit donc pas d'une opération d'espionnage. D'ailleurs que peut réellement apprendre Crabb en examinant la coque de ce navire ? ... Il a déjà plongé sous la coque d'un croiseur du même type, et s'il y avait des secrets à surprendre, par exemple la nature des hélices et leur nombre, il a déjà rempli sa mission.

1. Voir chapitre 4, « Le crime de Philby ».

Dans le service rival, le MI 6, un homme, sans doute une taupe qui a des contacts avec le K.G.B., avertit cyniquement les Soviétiques : des hommes-grenouilles vont tenter d'espionner votre croiseur. Les marins russes sont donc aux aguets. Ils surprennent Crabb et le tuent. Smith, lui, parvient à s'enfuir.

Les Soviétiques protestent. Mais les autorités britanniques, embarrassées, expliquent quelle était la véritable mission de Crabb. Les deux parties conviennent de ne pas envenimer l'affaire alors même que des discussions au plus haut niveau sont engagées. Cela explique le ton relativement mesuré de Moscou. Et les explications embrouillées du Premier ministre britannique.

Quant au corps repêché, c'était bien sûr la dépouille de Crabb. Les marins russes, après l'avoir tué, lui ont tranché la tête et les bras pour éviter son éventuelle identification. Ensuite, le corps a dû être volontairement coincé sous un obstacle afin qu'on ne le retrouve pas. Mais il a fini par remonter à la surface. Et dix ans après ces événements, un crâne s'est échoué sur une plage. Celui de Crabb !

En vérité, ce crâne, malgré les examens dentaires effectués, n'a jamais été formellement identifié comme étant celui de l'homme-grenouille.

Ce qui est certain par contre, c'est qu'à l'issue de cette affaire les autorités britanniques ont remis de l'ordre dans leurs services secrets. Le général sir John Sinclair, patron du MI 6, a été admis à faire valoir ses droits à la retraite. Et il a été remplacé Dick White, le directeur du service rival, le MI 5 !

Quant aux silences de sir Anthony Eden, ils ont beaucoup fait parler et suscité une multitude d'interrogations. Voici par exemple ce que l'on peut lire dans le journal Le Monde *du 11 mai 1956 : « Chacun se demande comment les services secrets de l'Amirauté ont pu assumer le risque d'un incident international extrêmement grave à un moment où les chefs politiques du pays étaient engagés dans d'importantes négociations dont dépend – en partie du moins – le sort de la paix. L'attitude de l'Amirauté est encore plus surprenante si l'on tient compte des efforts entrepris pour camoufler la disparition du commandant Crabb. La police elle-même – cette magnifique police dont les Anglais sont si fiers – a joué un rôle très peu reluisant dans l'affaire. Un ancien ministre du Labour, M. Dugdale, a en tout cas posé quelques questions qui jettent une lumière très crue sur la façon dont les services de police et d'espionnage ont coopéré dans cette mésaventure. Un inspecteur ne s'est-il pas rendu à l'hôtel de Portsmouth pour arracher les pages sur lesquelles le commandant Crabb avait inscrit son arrivée. Ne s'agissait-il pas ainsi de faire disparaître le nom de l'autre officier qui accompagnait l'homme-grenouille ? Le personnel de l'hôtel n'a-t-il pas été sommé de garder le silence sous peine de poursuites en vertu de la loi " sur les secrets officiels " ? »*

Plus loin, Jean Wetz, le journaliste, écrit encore : « Le silence officiel empêche également de savoir quel a été le véritable sort de l'homme-grenouille. Il ne serait pas sans intérêt d'apprendre si les Russes ont surpris l'officier britannique au cours de sa mission et ce qu'ils en ont fait ! »

11

Heureux comme un espion en France

Un « illégal », dans le petit monde du renseignement, désigne un agent qui n'appartient pas à la sphère diplomatique. C'est-à-dire un agent qui ne bénéficie pas de la protection attachée à la fonction de diplomate. Pendant longtemps – mais peut-être est-ce toujours le cas ? – les ambassades russes ont été des viviers d'espions. On a même estimé qu'un tiers du personnel diplomatique de certaines ambassades appartenait aux services secrets. Un « illégal » est donc un clandestin, immergé dans un pays hostile et par conséquent particulièrement vulnérable. Avant d'être envoyé en mission dans ce pays, on lui a fabriqué ce qu'on appelle une « légende », c'est-à-dire une histoire, un passé, une identité. Une vie en somme. Le futur agent apprend par cœur cette existence nouvelle que son service lui a construite : parents, études, métier, affinités, amours. Pendant des semaines et des semaines, parfois des mois, il se familiarise avec ce nouveau lui-même. Jusqu'au jour où, enfin, on le juge prêt à plonger dans la clandestinité. Il part alors vers le pays qu'on lui a désigné, non sans faire de nombreux détours pour brouiller les pistes.

D'après Monsieur X, la formation d'un « illégal » est un investissement lourd pour un service de renseignement. Car ces agents, qui ont d'abord reçu une formation classique d'espion, vont vivre pendant longtemps dans leur nouveau pays sans produire de résultats. Il leur faudra progressivement s'intégrer et trouver, sans donner l'éveil, un point de chute où, enfin, ils pourront avoir accès à des informations intéressantes.

Autant dire que ces illégaux sont relativement peu nombreux, même si certains pseudo-spécialistes ont présenté des chiffres ahurissants.

Enfin il y a la délicate question de la transmission des informations recueillies. Puisque, en aucun cas, ces agents ne peuvent avoir de contacts avec leur ambassade.

On devrait se méfier plus souvent des gens sympathiques. Si vous aviez connu Pierre Cardot, vous auriez peut-être pensé comme moi. Lorsqu'on rencontrait cet homme tout simple, on avait vraiment envie de devenir son ami. D'ailleurs, partout où il était passé, Cardot s'était fait des copains. Et c'était bien ça la question !

Malheureusement, lorsque j'ai fait sa connaissance, c'était après son arrestation. Et nos relations n'ont pas eu le caractère foncièrement confiant et chaleureux qu'il aurait sans doute souhaité.

Mais je ne l'ai pas oublié. Je le vois encore : un petit bonhomme, avec un grand front d'intellectuel et une poignée de cheveux roux sur le sommet du crâne. Des traits réguliers, un regard franc. Une tête d'honnête d'homme.

1957. Une lettre émouvante arrive à notre ambassade de Prague. Le jeune homme qui l'a écrite y raconte sa vie. Sa mère, Thérèse Cardot, de nationalité française, est morte en 1939 après avoir été abandonnée par son amant. L'orphelin, qui n'a pas été reconnu par son père, a été élevé dans une famille d'accueil, celle d'un professeur de français. Ce qui explique sa relative bonne connaissance de notre langue. Il écrit encore qu'il a fait de bonnes études et qu'il ne se sent pas chez lui en Tchécoslovaquie. Non seulement parce que le pays est communiste mais parce qu'on l'y considère comme un étranger. Alors le jeune homme rêve d'une autre vie. Une vie libre. Dans le pays de son cœur, celui de sa mère.

Les services de l'ambassade étudient la lettre du jeune homme. Même si elle est émaillée de certaines tournures maladroites ou de quelques fautes d'orthographe, elle indique que son auteur maîtrise à peu près correctement notre langue et c'est l'essentiel.

Pierre Cardot est convoqué. Le fonctionnaire qui le reçoit est frappé par la mine avenante de ce jeune homme timide qui a apporté toutes les pièces dont il dispose. Et d'abord un livret d'apatride qui porte mention de l'origine française de sa mère. Il possède aussi des vieux papiers, en particulier des certificats établis avant-guerre par des curés, dans les Sudètes alors occupées par les nazis. Une région bouleversée par le conflit mondial où les services d'état civil des communes se trouvent dans un grand désordre.

Même si les papiers présentés par Cardot semblent authentiques bien qu'incomplets, il paraît toutefois difficile d'accorder la nationalité française à ce brave jeune homme simplement sur sa bonne mine. Les services de l'ambassade s'adressent donc à Paris. Objectif : retrouver la trace de la grand-mère de Cardot, Marie ! Car Pierre affirme que c'est elle qui a quitté la France à la fin du siècle dernier.

Des recherches sont effectuées. Et on trouve ! Dans les registres d'un village bourguignon, il est fait mention de l'existence d'une Marie Cardot. L'enquête menée sur place permet d'établir qu'un beau jour, la jeune femme a quitté mari et enfants pour aller vivre dans l'ancien Empire austro-hongrois. Une histoire tout à fait romanesque dont Pierre Cardot ne connaît lui-même que des bribes. La grand-mère aventureuse, qui avait peut-être la cuisse légère, a fait une rencontre à l'issue de laquelle est née Thérèse, la mère de Cardot. Celle-ci, reproduisant le schéma maternel, a eu elle-même un fils illégitime, Pierre.

L'histoire est compliquée mais elle semble crédible puisque Marie Cardot, la grand-mère, a vraiment existé ! Au bout de plusieurs longs mois, Paris finit par donner son accord à la demande de naturalisation, et le consulat de France à Prague délivre à Cardot un beau passeport français tout neuf. L'aventure peut commencer !

Le jeune homme rejoint le plus vite possible son pays de prédilection. C'est d'autant plus méritoire que le contingent français est engagé en Algérie et que, selon toute vraisemblance, Cardot devra effectuer son service militaire. Pierre a donc vraiment envie d'être français !

À peine arrivé à Paris, l'une de ses premières démarches consiste à aller s'inscrire à la gendarmerie. Puis il trouve une petite chambre et s'inscrit à la faculté de droit, car il compte bien reprendre ses études. Il dispose en effet de quelques économies qui ont été transférées dans une banque parisienne. Il ne s'agit pas d'une grosse somme, mais il peut vivre quelques mois sans soucis. D'ailleurs, il compte sur ses talents naturels pour se faire sa place tranquillement, discrètement. Non seulement Cardot est intelligent et affable, mais il parle et écrit à la perfection le russe et le tchèque. En cette période de guerre froide, ce sont des connaissances linguistiques forcément très recherchées.

Cardot, comme il s'y attendait, est appelé sous les drapeaux. Coup de chance : il ne part pas pour l'Algérie ! Sa bonne pratique du russe lui vaut d'être affecté à un centre d'écoutes de l'Armée de l'air, basé à Bade. Pierre Cardot doit capter et traduire les communications échangées à l'Est par les pilotes et les contrôleurs du ciel. Le jeune homme fait merveille et donne entière satisfaction. C'est un collaborateur dévoué, à l'esprit agile. On ne tarit pas d'éloges sur la qualité de son travail. C'est tellement vrai qu'à la fin de sa période légale de service militaire, ses supérieurs lui demandent de rempiler ! Mais, à la grande déception de ceux-ci, Cardot refuse : il vise plus haut.

Justement, l'un de ses supérieurs, devenu un ami, lui suggère de tenter sa chance au S.D.E.C.E., notre service de renseignement. Cardot est trilingue, français, russe, tchèque. Au S.D.E.C.E., on a toujours besoin d'experts-analystes de ce calibre. Nul doute que Cardot pourrait poser sa candidature avec de sérieuses chances de succès.

Cardot réside en France depuis à peine quatre ans lorsqu'il présente donc sa candidature au S.D.E.C.E. Toutefois il fait aussi des offres de services à l'O.C.D.E. (Organisation de coopération et de développement économique). Mais il est dit que Cardot doit aller au S.D.E.C.E. : le contre-espionnage, c'est-à-dire la D.S.T., effectue une enquête serrée sur son passé et sa personnalité. Rien ne semble suspect. La candidature de Cardot est acceptée. Il est engagé au S.D.E.C.E. !

Pourtant, trois semaines plus tard, Cardot va être arrêté. À cause d'un adjudant qui se fait un devoir de lire chaque jour attentivement la presse internationale ! Cet agent du S.D.E.C.E. sait en effet que 90 % ou plus des informations recueillies par les services de renseignement se trouvent simplement dans les journaux. C'est fou ce que l'on peut y découvrir. Il suffit de lire, de relever les informations, de faire des rapprochements.

Cet adjudant est le véritable chef du service tchèque du S.D.E.C.E. où a été engagé Cardot, le responsable en titre ne sachant pas un mot de tchèque !

Le sous-officier, ravi d'avoir un nouveau collaborateur si talentueux, sympathise d'emblée avec le charmant Pierre Cardot. Mais, quelques jours après l'engagement du jeune homme, alors que le sous-officier du S.D.E.C.E. est en train de lire *La Gazette de Lausanne*, son œil est immédiatement attiré par un petit article qui raconte l'arrestation d'un espion tchèque par la police helvétique. Il lit que ce personnage a été frauduleusement introduit en Suisse en se faisant passer pour l'enfant illégitime d'une ressortissante suisse morte à Prague pendant la guerre.

Aussitôt, l'adjudant pense à Cardot. En effet, faisant fonction de chef de service, il a pris obligatoirement connaissance du curriculum vitae très détaillé écrit par son jeune collaborateur.

Le sous-officier est troublé : l'histoire de Cardot ressemble vraiment beaucoup à celle de cet espion tchèque arrêté en Suisse. À cet instant, il n'a qu'une intuition, mais pas de preuves. Mais si Cardot est lui aussi un agent de l'Est, comment le démasquer ?

La D.S.T. est à nouveau chargée d'intervenir. Cardot occupe un emploi très sensible au S.D.E.C.E. En tant que professionnel, il ne devrait pas s'émouvoir outre mesure si le contre-espionnage se livre à une petite enquête supplémentaire de sécurité. La routine, en somme. Aussi, lorsque les policiers de la D.S.T. frappent à sa porte, il les accueille avec le sourire. Ce bon sourire du si sympathique Pierre Cardot. Sans aucune difficulté, il les autorise même par écrit à perquisitionner chez lui !

Les hommes de la D.S.T. commencent donc à fouiller. Ils ouvrent l'armoire, soulèvent les piles de linge, examinent les papiers qui jonchent le bureau. Cardot, souriant, les observe. Soudain, un des policiers s'arrête devant un banal poste de radio. « Tiens, vous avez branché des écouteurs... Pourquoi donc ? » Cardot semble un peu moins à l'aise. Le policier insiste. Le jeune homme blêmit. Mais il tient encore le coup. Et s'il lui plaît, après tout, d'écouter la radio de cette façon afin de ne pas gêner ses voisins !

La perquisition continue, les policiers fouillent tout, ramassent cartes postales, feuilles de papier, blocs. Cardot essaie toujours de sourire. Mais c'est de plus en plus difficile. Et brusquement il craque ! Il se tourne vers le lavabo et fond en larmes ! Oui, il pleure comme un gosse !

Et s'il pleure, ce n'est pas tant parce qu'il a compris qu'il va être démasqué, c'est parce qu'il est heureux en France. Et qu'il sait qu'à cet instant son bonheur s'écroule. Ses amis, ses relations, tout ce petit univers chaleureux qu'il a tissé autour de lui en France... Fini !

Cardot, presque immédiatement, a avoué qu'il travaillait pour le S.T.B., le service de renseignement tchèque. Mais, curieusement, jamais, non, jamais, il n'a voulu admettre qu'il n'était pas le petit-fils de Marie Cardot, cette Bourguignonne qui s'était autrefois expatriée pour l'Autriche-Hongrie. Pourquoi ? Parce que je suis persuadé que cet homme désirait rester français, malgré tout ! Même en accréditant la supercherie de ses maîtres tchèques. Pourtant, c'est ce qui risquait de lui coûter le plus cher : reconnu citoyen français, il pouvait être accusé du crime de haute trahison.

En tout cas, même s'il n'avait pas avoué spontanément, Cardot aurait été démasqué rapidement à la suite de cette perquisition de la D.S.T. D'abord, le poste de radio s'est révélé être un appareil récepteur. En débranchant le haut-parleur et en le remplaçant par des écouteurs, il pouvait capter les messages que ses employeurs lui envoyaient sur les ondes courtes. Des émissions codées, bien sûr. Le système était astucieux : même si ces messages codés émis à partir de la Tchécoslovaquie étaient interceptés, il était impossible de découvrir à qui ils étaient destinés. Ce procédé est toujours utilisé. Mais aujourd'hui on condense les messages : ce sont des flashs sonores de quelques dixièmes de seconde très difficiles à détecter.

Ce poste de radio ne lui servait qu'à recevoir des directives. Mais il fallait aussi que Cardot envoie les informations qu'il avait recueillies. À cette fin, il disposait de plusieurs procédés. D'abord, classiquement, il utilisait le système des boîtes aux lettres mortes [1].

Mais Cardot avait d'autres moyens à sa disposition. Chez lui, on a retrouvé par exemple du carbone blanc. C'est une feuille blanche, apparemment tout à fait normale. Mais on peut y écrire sans laisser de traces car elle a été préalablement traitée par un produit chimique. Un autre produit permet au destinataire de lire cette écriture invisible. Cardot utilisait encore des cartes postales spéciales dont la surface était semblable à une pellicule photographique. C'était en réalité un film photographique qu'on pouvait impressionner et qui était révélé par le destinataire. Mais ce qui a été décisif pour le confondre, c'est un simple bloc de papier. L'un des techniciens de la D.S.T. a eu la curiosité de s'intéresser à ce bloc qui était pourtant vierge. Et en examinant attentivement les feuilles, il a trouvé des traces de foulage. En effet, quand vous écrivez sur un bloc ou sur une liasse de papier, vous laissez forcément une trace en creux sur les

1. Voir chapitre 8, « L'impossible aveu ».

feuilles qui se trouvent en dessous. Des traces apparemment invisibles à l'œil nu mais qui peuvent être aisément révélées grâce à un procédé technique assez ingénieux. Nombre de maîtres chanteurs ou de corbeaux ont été ainsi démasqués grâce à ces marques de foulage. Dans le cas Cardot, le technicien de la D.S.T. a mis en évidence un message chiffré écrit en creux sur les feuilles inférieures du bloc de papier ! À partir de là, Cardot était bel et bien ficelé.

L'enquête a démontré comment le service tchèque avait opéré pour « fabriquer » le faux Cardot. Très simplement et très intelligemment, les agents du S.T.B. avaient épluché systématiquement les registres recensant les étrangers. C'était ainsi qu'ils avaient découvert l'existence de cette Marie Cardot dont la vie mystérieuse pouvait donner lieu à n'importe quelle construction romanesque. À partir de cette information, ils avaient fabriqué une histoire. Comme l'aurait fait n'importe quel auteur dramatique. Ensuite, ils avaient eu l'intelligence de confier le rôle principal à Cardot. Cardot, cet agent tellement sympathique !

Au fond, ce qui a peut-être perdu Cardot, c'est d'avoir trop rapidement réussi. Dès cet engagement dans un centre d'écoutes de l'armée en Allemagne, l'agent tchèque est en effet opérationnel et transmet de précieux renseignements à ses patrons du S.T.B. Et puis il y a cette incroyable proposition d'entrer au S.D.E.C.E. Immédiatement informés, les responsables du service de renseignement tchèque prennent peur. C'est trop tôt, trop vite. Bien sûr, le fait de pouvoir infiltrer un agent au sein même du service français représente une chance exceptionnelle. Mais Cardot, fraîchement entré en France, ne risque-t-il pas d'être découvert ? C'est pourquoi Cardot présente aussi sa candidature à l'O.C.D.E. où il pourra faire du bon travail, mais moins dangereux. La suite donnera raison aux chefs du S.T.B.

Cardot a passé quelques mois en prison. Et puis, comme beaucoup d'espions, il a été échangé. Au nom des bonnes relations entre la France et la Tchécoslovaquie, j'imagine. Ensuite, on ne sait pas. Le sympathique Pierre Cardot rêve peut-être toujours de la France en cultivant son jardin, quelque part dans la banlieue de Prague.

Dans un livre d'entretien, Les Visiteurs de l'ombre, *entre Marcel Chalet, un ancien patron de la D.S.T., et le journaliste Thierry Wolton, ce dernier demande à son interlocuteur quelle est la différence entre un agent dormant et un illégal? Marcel Chalet répond : « Parmi les illégaux, certains sont envoyés en mission pour simplement s'implanter dans le pays visé, en prévision d'événements ultérieurs. Ce sont des agents dormants. Inactifs pendant un certain nombre d'années, ils se contenteront de maintenir un contact d'entretien avec leur centrale, à des dates très espacées. » Question du journaliste : « Ils forment une véritable cinquième colonne? » Réponse de l'ancien policier : « Si l'on veut. Ces agents ont une idée assez précise de ce que pourrait être leur futur objectif. Pour cette raison, ils s'implantent dans des zones stratégiquement intéressantes. »*

Plus loin, Marcel Chalet affirme que cette curieuse histoire Cardot a eu des conséquences considérables : « Les services de l'Est ont commis là de lourdes erreurs. Après avoir découvert un illégal ayant utilisé un certain type de légende, il nous a parfois suffi de rechercher si d'autres personnes originaires d'Europe centrale ou orientale avaient raconté, lors de leur arrivée en France, la même histoire pour découvrir d'autres illégaux nantis d'une légende similaire. À partir de Cardot nous avons ainsi découvert plusieurs officiers du service de renseignement tchécoslovaque introduits chez nous en se faisant passer pour des fils naturels de Françaises décédées. L'un d'entre eux était entré sous le nom d'Édouard Molinier à la Préfecture de police de Paris comme gardien de la paix. Il venait de passer un concours d'inspecteur lorsque nous sommes remontés jusqu'à lui. » Et Chalet de citer d'autres exemples tout en reconnaissant que la plupart ont échappé à ses services et ont été rapatriés en urgence.

Dans un autre ouvrage consacré à l'espionnage, La Piscine, *de*

Roger Faligot et Pascal Krop, on découvre une autre conséquence, dramatique celle-là, de l'arrestation de Pierre Cardot. Un responsable de la D.S.T. a l'idée de confronter Cardot avec un transfuge tchèque du nom de Kondek. Mais peu de temps après, comme l'a dit Monsieur X, Pierre Cardot ou l'homme qui se faisait appeler ainsi est échangé et retourne à Prague. Coïncidence : on retrouve quelques jours plus tard le transfuge Kondek malencontreusement asphyxié. La cause apparente, un tuyau de gaz défaillant ! Après tout, Cardot n'était peut-être pas si sympathique que cela.

Enfin, la lettre que Pierre Cardot a envoyée à l'ambassade française à Prague a été publiée par un commissaire de la D.S.T., Jean-Paul Mauriat. En voici quelques extraits qui respectent bien sûr les fautes de style... « Ma mère était française par nationalité et a décédé en 1939. Depuis mon enfance, j'ai été élevé par des gens étrangers. J'ai étudié jusqu'à mes vingt et un ans, c'est-à-dire huit ans d'école (gymnase et trois ans de la faculté de droit de Prague). Après cela, j'ai travaillé dans divers chantiers qui ne me plaisaient pas du tout et qui ne répondaient pas à mon éducation. Depuis mon enfance, je n'ai reçu aucune nationalité. Les bureaux tchécoslovaques me traitent comme étranger, et d'après cela, j'ai beaucoup de difficultés. À présent, je suis devant 2 questions et c'est ou recevoir la nationalité tchèque ou bien demander chez vous la nationalité française. Je suis français d'après ma mère, ma sympathie est plus grande envers la France qu'envers la Tchécoslovaquie, parce qu'ici je ne me sens pas chez moi. Mon désir, c'est de vivre d'une vie libre... C'est pour ça que je viens auprès de vous pour vous prier de m'aider ou de me donner des conseils. »

12

L'espion de Ben Gourion

Un papillon qui bat des ailes : il n'en faudrait pas plus pour déclencher à l'autre bout du monde un ouragan, tant il est vrai qu'en météorologie comme dans la vie de nos sociétés les plus petits effets peuvent avoir les plus grandes conséquences et que toutes choses s'interpénètrent.

Ici, ce gros papillon se nomme Israël Beer et il a fini par se brûler les ailes à force de rôder autour des redoutables lampes à pétrole du Proche-Orient.

Étrange histoire et qui a eu, selon Monsieur X, les conséquences les plus dramatiques en cette terrible année 1956, l'année de Suez et de Budapest.

Le 26 juillet 1956, le colonel Nasser, nouvel homme fort de l'Égypte, annonce la nationalisation du canal de Suez. Le prétexte, c'est le refus des Anglo-Américains de financer la construction du barrage d'Assouan. Le monde occidental s'indigne. Cette nationalisation, c'est un coup de force, une spoliation. En France, dont les intérêts sont lésés au premier chef, les réactions sont très violentes. Le président du Conseil, M. Guy Mollet, compare Nasser à Hitler. Quant à son garde des Sceaux, François Mitterrand, il n'hésite pas à assimiler cette mainmise sur le canal à celle de l'Allemagne nazie sur la Tchécoslovaquie. Il faut dire que Nasser, champion du panarabisme et des luttes de libération nationale, soutient ouvertement les rebelles du F.L.N. algérien.

Dès la nationalisation, les Occidentaux envisagent une action armée afin de sauvegarder la liberté de circulation sur le canal. Les Français et les Anglais sont en première ligne. Les Américains, de leur côté, semblent accepter le coup de force de Nasser. Les semaines, les mois passent. Anglais et Français mettent au point dans le plus grand secret une intervention militaire. Une intervention qui devient toutefois de plus en plus contestable puisque, malgré la nationalisation, les navires continuent à franchir le canal. Ce qui a simplement changé, c'est que désormais les armateurs s'acquittent du péage auprès des autorités égyptiennes.

Mais en octobre, un fait nouveau va bouleverser complètement la donne. Les Israéliens avertissent les Français que les États arabes qui les encerclent sont surarmés et vont inévitablement les attaquer. Le minuscule Israël est décidé à prendre les devants et à attaquer le premier. Pour le gouvernement français, aucune hésitation n'est permise : il faut soutenir les Israéliens. Et en profiter pour se débarrasser de Nasser! Les Anglais sont beaucoup moins convaincus et, en raison de leurs liens traditionnels avec les pays arabes, répugnent à apparaître comme les alliés d'Israël. Ils se rallient pourtant à la décision de la France. Mais comment vont réagir les deux Grands? Guy Mollet est persuadé que les Américains, qui sont en pleine campagne présidentielle, laisseront faire. Et si les États-Unis ne bougent pas, l'U.R.S.S. les imitera. D'autant plus qu'elle a fort à faire en Pologne et en Hongrie où un vent de liberté risque de se transformer en tempête.

C'est sans compter avec l'obscur Israël Beer!

J'ai été mêlé personnellement à tous les événements que je vais évoquer. C'est un secret de polichinelle, mais nos services collaboraient étroitement avec les Israéliens. Cela avait commencé avant même la création de l'État d'Israël, quand nous avions contribué à armer les combattants de la Haganah qui combattaient les Anglais, nos alliés d'hier et de demain. L'Histoire est ainsi faite. Nous savions que, dès la proclamation de l'Indépendance, les Juifs devraient se battre. Nous ne pouvions pas les laisser tomber. Ensuite, nous n'avons jamais cessé de les aider. C'était un État jeune, courageux. Un État d'inspiration socialiste aussi. Pour des gens comme Guy Mollet, cela comptait, incontestablement.

Mais parlons d'Israël Beer, dit « Pipke », qui va jouer un rôle si important dans cette histoire ! C'est une grande gueule, un type très populaire en Israël.

Juif d'origine autrichienne, ancien des Brigades internationales, il arrive en Palestine juste avant la Seconde Guerre mondiale. Il s'engage aussitôt dans les rangs de la Haganah et prouve son courage pendant les combats qui précèdent et suivent la création de l'État hébreu. Il fait ensuite carrière dans les rangs de l'armée israélienne. Une très belle carrière même, puisqu'il accède au poste d'adjoint au chef d'état-major, avant de quitter l'armée au début des années 50 et de se lancer dans la politique. D'abord à l'extrême gauche, puis au côté de Ben Gourion au sein du parti travailliste. L'important, c'est que le « Professeur », comme on l'appelle désormais, est devenu un brillant spécialiste de stratégie militaire. Cette compétence lui vaut de prononcer des conférences un peu partout et d'être reçu dans les pays européens par les plus hautes autorités en matière de défense. Et, surtout, en Israël même, il est convié à participer aux réunions les plus secrètes.

Ben Gourion, le vieux lion, a beaucoup d'amitié pour Israël Beer. Non seulement parce que c'est un compagnon d'armes, mais parce qu'il aime l'homme. « Pipke » est devenu son confident. Ben Gourion lui a même confié la mission d'écrire l'histoire officielle de la guerre d'Indépendance.

Cette relation privilégiée qu'il entretient avec le Premier ministre ne lui vaut pas que des amis. Certains, et pas des moindres, se méfient de cet homme d'influence. Moshe Dayan, le grand vainqueur de la campagne éclair du Sinaï de 56, par exemple. Le général borgne s'est même étrangement élevé contre la réintégration de Beer dans l'armée. Ben Gourion, qui cultive la fidélité, doit ruser pour venir en aide à Israël Beer : il en fait le conseiller officiel auprès du ministre de la Défense...

Plus surprenant encore, nous avons appris dans les services que le chef du Mossad, le Mémouné, comme on dit en Israël, c'est-à-dire le coordonnateur de tous les services de renseignement, le célèbre et mystérieux Isser Harel, s'est opposé lui aussi à la réintégration de Beer dans l'armée.

Soupçonne-t-on alors Beer d'activités louches ? Nous-mêmes, nous cherchons car rien de ce qui se passe en Israël ne nous laisse indifférents. Mais nous finissons par conclure que c'est son passé qui rend Beer suspect : son passé, c'est-à-dire son appartenance aux Brigades internationales et aussi le fait qu'Israël Beer a été proche de l'extrême gauche israélienne avant de tourner brutalement casaque et d'épouser les thèses pro-occidentales de son ami Ben Gourion. Celui-ci, en effet, a compris que c'est du côté des démocraties de l'Ouest que viendra éventuellement le secours. Les Soviétiques, eux, après avoir aidé les Israéliens au moment de la guerre d'Indépendance, ont maintenant nettement pris le parti des Arabes.

Nous imaginons que c'est ce brusque changement d'opinion qui inquiète le Mossad. Les girouettes ne sont jamais fiables. À moins de penser comme feu Edgar Faure que ce ne sont pas les girouettes qui tournent mais le vent qui change de direction. Dans le cas d'Israël Beer, personne à l'époque ne peut deviner qui il est en réalité et quel vent mystérieux le fait tourner...

Arrive la crise de Suez. Je vais y revenir. Mais faisons d'abord un saut de quelques années dans le futur.

Au début des années 60, le chef du Mossad, Isser Harel, a toujours Israël Beer dans le collimateur. Il le fait surveiller discrètement. Pipke est toujours l'ami intime du « vieux », Ben Gourion. Et même dans cet État aux mœurs non conformistes, les relations de pouvoir existent. D'autant que Ben Gourion, fondateur de l'État d'Israël, est une légende vivante. Et donc un personnage intouchable !

Harel marche au flair. Il n'a rien de tangible sous la main. Mais le comportement de l'ami de Ben Gourion ne manque pas de l'étonner. Israël Beer semble vivre au-dessus de ses moyens. Il dépense sans compter. Boîtes de nuit, restaurants, vêtements coûteux, Beer jette l'argent par les fenêtres. Il y a surtout ses incessants voyages. À Paris, il a l'habitude de rencontrer des représentants du ministère de la Défense mais aussi des délégués de l'OTAN. En Allemagne, il est reçu par le célèbre Gehlen, le chef des services de renseignement allemand. Cet ancien officier de renseignement sous Hitler a opéré un spectaculaire retournement. Il a réussi à passer avec armes et bagages du côté des Alliés jusqu'à devenir le patron du contre-espionnage allemand. Gehlen déroule le tapis rouge pour Beer. On ne refuse rien à l'ami de Ben Gourion. Après l'Allemagne fédérale, Beer passe souvent à l'Est. La R.D.A., la Pologne.

Un beau jour, Harel se décide à frapper un grand coup : il invite Israël Beer à se présenter au quartier général du Mossad. La manœuvre est risquée. Si Beer a quelque chose à se reprocher, il va dorénavant se méfier. Mais Harel aime bien provoquer les événements, les dramatiser. C'est dans sa nature.

Israël Beer le prend de haut : « Que signifie cette convocation ? Sais-tu à qui tu t'adresses ? » Bref, tout ce qu'un personnage qui se sait protégé par le chef du gouvernement peut dire dans un moment pareil. Harel ne se démonte pas. En des termes très vifs, il reproche à Beer ses voyages à l'Est. Ce dernier répond sur le même ton : il lui dit en gros de se mêler de ses affaires ! Et, à son tour, il menace : il va informer Ben Gourion. Et s'il le faut, il traduira Harel devant les instances supérieures du parti travailliste !

Dans l'esprit de Harel, cette petite phrase sonne bizarrement. Elle a des relents vaguement staliniens. On croirait entendre un homme qui a eu d'autres pratiques politiques. En tout cas, l'entretien en reste là et Israël Beer claque la porte du bureau du patron du Mossad.

C'est incontestablement un échec pour Harel. En aucune

façon, il n'a réussi à déstabiliser son interlocuteur. Et puis ne faut-il pas mettre les soupçons de Harel sur le compte de cette paranoïa propre à tous les chasseurs d'espions ? Une paranoïa qui les rend susceptibles de voir des espions partout. Mais, d'un autre côté, si Harel a vu juste, c'est Israël qui est en danger : Beer connaît les secrets les plus importants du jeune État. Si c'est un espion, il est capable de provoquer des dégâts considérables ! Alors, aussitôt, Isser Harel, affolé, se précipite chez Ben Gourion !

Le « vieux lion » écoute patiemment son chef des services secrets. D'accord, Beer mène une vie dissipée. D'accord, il voyage beaucoup et se rend souvent dans les pays de l'Est. Mais le dossier du chef du Mossad est vide. À un petit détail près. Un tout petit détail.

Harel, qui ne néglige jamais rien, raconte à Ben Gourion que Beer a eu récemment une altercation avec le mari d'une femme qu'il a séduite. Le mari jaloux lui a cassé plusieurs dents. Ben Gourion fronce les sourcils : il sait que son ami a eu des problèmes de dents. Mais Beer lui a dit que c'était à la suite d'un accident de voiture !

Toutefois, cette révélation n'entame apparemment en rien la confiance que Ben Gourion a en Pipke. Et, jusqu'à preuve du contraire, il préfère s'en tenir à sa version des faits. Il répond donc en substance à Harel : « Ton métier, c'est de soupçonner tout le monde ! Alors fais ton métier ! Mais, moi, je considère que Beer est toujours mon ami. Donc j'ai confiance en lui ! »

Ben Gourion continue à fréquenter Israël Beer et lui confie même son journal intime, puisque le professeur Beer est en quelque sorte devenu l'historien officiel du régime.

Harel n'est pas homme à renoncer ! Au fond de lui, il est persuadé qu'il a raison. Et il mesure bien la dimension de l'affaire. Beer espion soviétique, ça signifie que tous les secrets militaires d'Israël ont été communiqués à l'Est. Et donc peut-être aussi aux Arabes. Sans compter que la crédibilité internationale d'Israël risque d'être mise à mal puisque Beer est reçu dans le monde entier en arguant de sa qualité d'homme de confiance de Ben Gourion.

Harel continue donc à surveiller l'ami de Ben Gourion. Il ne le lâche pas d'une semelle. Beer, après l'interrogatoire qu'il a subi, sait que des soupçons pèsent sur lui. Mais il doit se sentir très fort. Et un tel sentiment de supériorité peut amener à commettre des fautes.

D'autre part, Harel, qui, décidément, est un homme têtu, s'intéresse au passé d'Israël Beer et il lance ses limiers du Mossad sur ses traces, tout en continuant à surveiller les activités de Beer en Israël... C'est là que j'interviens !

Le hasard fait qu'à l'époque je m'intéresse beaucoup à l'arrestation en Angleterre d'un espion soviétique. J'ai déjà évoqué ce personnage à propos de Rudolf Abel [1]. Il se faisait appeler Lonsdale. Mais en réalité c'est un Soviétique dont le vrai nom est Molody. Nos amis anglais m'ont permis de le rencontrer. Une pratique fréquente entre services occidentaux. Nous voulons savoir si le réseau Molody n'a pas également sévi en France.

Le Soviétique est assez décontracté. Il sait qu'un jour ou l'autre il sera échangé contre un espion anglais ou américain (ce qui se passera effectivement). Au cours de cette longue conversation, Molody me révèle, comme par jeu, que le K.G.B. connaît la plupart de nos secrets militaires. « Mais, me dit-il, les fuites ne viennent pas forcément de chez vous... Vous avez parfois des alliés un peu trop bavards. » Et d'ajouter, assez mystérieusement, qu'en 1956 ces fuites ont rendu un sacré service à Khrouchtchev !

Molody ne veut pas m'en dire plus. Mais je réfléchis. Qui étaient nos alliés en 56 ? Les Anglais et les Israéliens. Il faut donc chercher de ce côté-là... Et c'est ainsi, peu à peu, que la vérité apparaît. Incroyable !

Londres et Tel-Aviv sont prévenus par nos soins. Pour Isser Harel, le chef du Mossad, c'est soudain la confirmation de ce

1. Voir chapitre 8, « L'impossible aveu ».

qu'il pressent depuis si longtemps : la taupe, c'est bien sûr Israël Beer ! L'homme qui, grâce à son ami Ben Gourion, peut avoir accès aux secrets les mieux gardés de l'État d'Israël. Une confirmation car le travail de ses agents qui piochent dans le passé de Beer commence à porter ses fruits.

En effet, les investigations du Mossad montrent à l'évidence que Beer est un menteur. Aucune trace de ses parents et de sa famille en Autriche, aucune certitude quant à son engagement dans les Brigades internationales. Ce passé ressemble à une « légende », comme on dit dans le jargon des services de renseignement. C'est-à-dire la fabrication de toutes pièces d'une fausse identité, d'une fausse vie.

Toutefois, Harel ne dispose toujours pas de preuve. Beer est un menteur. Et c'est certainement un espion. Mais encore faut-il le prendre la main dans le sac !

Heureusement, Israël Beer va faire une faute. Une faute grossière, même. Un jour, les gens du Mossad le surprennent en train d'échanger une serviette avec un diplomate soviétique. Aussitôt, Harel téléphone à Ben Gourion : « Je vais arrêter Beer et perquisitionner chez lui. » Le « vieux lion » réagit comme un homme d'État responsable. Il répond au chef des services secrets : « Fais ton devoir ! »

Beer est donc appréhendé. Dans la serviette échangée avec le Soviétique, on découvre des documents très sensibles pour la sécurité d'Israël. Il est démasqué !

Comme beaucoup d'espions, il essaie de se justifier. Il prétend qu'il a agi par idéal, pour empêcher Israël de basculer complètement dans le camp occidental. Pour lui, le salut de l'État juif se trouve au contraire à l'Est, dans le camp communiste. Une défense pas très sérieuse. Israël Beer est lourdement condamné : quinze ans de réclusion. Et il meurt en prison peu de temps après.

Il reste maintenant à comprendre ce qu'a été le travail de taupe de Beer. Et quelles en ont été les conséquences. Pour cela, il faut revenir, comme me l'a suggéré Molody, aux événements de l'année 56.

Après la nationalisation du canal de Suez, les Anglais et les Français – surtout les Français, à cause de la guerre d'Algérie – veulent en découdre avec Nasser. Mais le temps passe. Il est évident que les Anglais traînent les pieds. Essentiellement parce que les États-Unis ne veulent pas d'une intervention armée franco-anglaise. C'est alors que Ben Gourion s'envole secrètement pour la France. Il rencontre Guy Mollet, le président du Conseil, sur l'aérodrome de Villacoublay. Le Premier ministre israélien lui déclare que les armées égyptienne, jordanienne et syrienne, s'apprêtent à fondre sur Israël. Étant donné la disproportion des forces en présence, ce sera un nouvel Holocauste !

Ben Gourion implore donc l'aide de la France. Et il réussit à toucher Mollet lorsqu'il lui dit sur un ton dramatique : « Ne laissez pas massacrer les rescapés des camps nazis ! » Mais derrière ce discours très émouvant, il y a aussi une information essentielle : Ben Gourion laisse entendre qu'Israël ne se laissera pas égorger comme un mouton. S'il le faut, l'armée israélienne prendra les devants. Le Premier ministre de l'État hébreu annonce clairement l'opération éclair qui va conduire Moshe Dayan jusqu'aux rives du canal de Suez.

Guy Mollet assure Ben Gourion que la France n'abandonnera jamais Israël. Et il promet de persuader les Britanniques d'intervenir. La suite est connue : c'est l'opération de Suez, les succès militaires israéliens, l'écrasement de l'aviation égyptienne par les avions français et anglais, les parachutages sur Port-Saïd. Et finalement le cessez-le-feu, quand Eisenhower, en plein accord avec les Soviétiques, donne de la voix.

Mais c'est la chronologie qui est intéressante. Le 29 octobre, les Israéliens attaquent. Le 4 novembre, les paras français sautent sur Port-Saïd. À Washington, où on va réélire Eisenhower, on ne bronche pas. À Moscou, non plus. Et cela, c'est proprement étonnant ! Car Nasser est quand même l'allié des Soviétiques.

L'explication est simple. Au même moment, les Soviétiques doivent faire face à la contestation hongroise, qui a d'ailleurs pris le relais de la contestation polonaise. C'est tout le bloc de l'Est qui se fissure. En Hongrie, cela va finir par un véritable soulèvement. Il faut intervenir.

Imaginons maintenant que Khrouchtchev soit parfaitement au courant des plans israélo-franco-anglais ! Que va-t-il faire ? Il attend que la campagne de Suez commence. Pendant ce temps, à l'abri de ce rideau de fumée qui mobilise l'opinion internationale, il envoie ses chars à Budapest afin de réprimer les insurgés avec la brutalité qu'on sait. Et lorsque Khrouchtchev est assuré que les Hongrois vont être matés, il peut enfin hausser le ton et sommer Français et Anglais d'arrêter leur offensive ! C'est ce qui se passe effectivement le 6 novembre.

Khrouchtchev s'est donc servi de la campagne de Suez pour en finir avec les contestataires hongrois. Et pourquoi cela a-t-il été possible ? Parce qu'un certain Israël Beer, l'ami de Ben Gourion, a transmis à Moscou la date et le plan détaillé de la campagne de Suez !

Il est vrai qu'un examen détaillé de la chronologie de ces événements est troublant. Très troublant même.

L'historien allemand Gurt Buchheit, dans un livre consacré aux services secrets, évoque le cas d'Israël Beer : « Il avait visité d'innombrables installations militaires occidentales et même fait des conférences à la Bundeswehr. En réalité, c'était un agent soviétique. Lorsqu'il avait rallié, en 1939, le mouvement sioniste, c'était sur ordre de Moscou. Il fallut vingt ans pour détecter Beer et cela ne fut possible que grâce à la destruction par les Anglais du réseau d'espionnage russe de l'agent du K.G.B. Lonsdale. Beaucoup d'informations livrées aux Soviétiques par Beer étaient, sans aucun doute possible, destinées à Nasser. » Une thèse qui rejoint celle de Monsieur X.

Quant à l'homme qui a démasqué Beer, Isser Harel, le patron du Mossad, son portrait figure dans un livre intitulé L'Œil de Tel-Aviv, *écrit par Steve Eytan. « Petit, mince, très large d'épaules, des bras très courts. Des yeux gris-bleu, et des sourcils très épais. Toujours chaussé de sandales. Toujours en mouvement. On le dirait monté sur ressort. Ses phrases sont brèves, hachées. Tel est Isser Halperin, dit Isser Harel, dit Isser le Petit, dit aussi Isser le Terrible. »*

Un livre consacré au Mossad, édité chez Stanké et écrit par trois auteurs israéliens, Eisenberg, Dan et Landau, donne une relation de l'entretien entre Ben Gourion et Isser Harel, le chef du Mossad, après le premier interrogatoire du prétendu espion. Un entretien qui corrobore dans une large mesure les informations données par Monsieur X. Harel se trouve donc chez le Premier ministre israélien. Il lui affirme que son ami Beer se rend dans les pays communistes à l'occasion de ses voyages en Europe. Il entretient des relations par trop amicales avec les diplomates russes en Israël et les rencontre souvent. Ben Gourion ne réagit pas. Alors le chef du Mossad enfonce le clou : « Beer dépense beaucoup trop d'argent dans les boîtes de nuit. À Munich, il y a peu de temps, il a payé sans sourciller une note de restaurant de 200 dollars. Il a dépensé de grosses sommes d'argent en coûteux vêtements pour lui et les femmes qui l'accompagnaient. Il est en de très mauvais termes avec son épouse et passe ses soirées à boire plus que de raison dans les bars... » La condamnation morale est évidente. En ces années-là en Israël, l'heure est au rigorisme et à un certain puritanisme : c'est encore l'esprit des pionniers, des kibboutzim, qui flotte sur Israël... Et Isser Harel ajoute, après avoir mis en évidence la vie débauchée de l'ami du Premier ministre : « Il me semble évident que c'est un homme soumis à une forte tension, du genre de celle qu'éprouvent les agents qui mènent une double vie... »

Mais le plus surprenant dans toute cette affaire, c'est que l'ami de Ben Gourion, Israël Beer ou l'homme qui se dissimulait sous cette identité, n'était peut-être pas juif... C'est en tout cas ce que prétendent Eisenberg, Dan et Landau. Ils affirment même que ce faux juif n'était pas circoncis. Une erreur grave de ses maîtres soviétiques si cette information est exacte !

13

Le grand bluff

La semaine où la guerre atomique a failli éclater !

Le 22 octobre 1962, le président Kennedy apparaît sur les écrans de télévision américains. Il est inhabituellement grave. Il annonce à ses compatriotes que les États-Unis ont la preuve que des bases de lancement de fusées balistiques soviétiques sont en cours d'installation à Cuba. Des fusées équipées de têtes nucléaires qui menaceront directement le territoire américain lorsqu'elles seront opérationnelles. Pour Kennedy, c'est inacceptable. L'Amérique, dit-il, fera face ! Et il annonce la mise en place immédiate d'un blocus autour de Cuba afin d'interdire toute nouvelle livraison d'armes offensives. Ce blocus existera tant que les missiles n'auront pas été retirés. Le président annonce enfin qu'il tient l'U.R.S.S. pour responsable et qu'en cas d'incidents des fusées américaines tomberont sur le territoire soviétique.

Pour l'opinion publique internationale, c'est la stupeur. Si les dirigeants soviétiques n'obtempèrent pas, la guerre atomique sera inévitable. Et tandis que Kennedy reçoit l'appui quasi unanime du camp occidental – le général de Gaulle étant le premier à se ranger derrière lui –, on note qu'un peu partout dans le monde les forces américaines sont placées en état d'alerte maximum. Dans le même temps, on signale que des bâtiments soviétiques font route vers Cuba. Or, à Moscou, Khrouchtchev, qui dénonce « la piraterie américaine et la folie de l'impérialisme dégénéré », ne semble pas décidé à céder. D'autant moins qu'il nie l'existence des fusées de Cuba. Que va-t-il se passer si la marine des États-Unis arraisonne un navire soviétique ? Le monde retient son souffle. La crise va durer une semaine, la semaine la plus longue de cet après-guerre...

D'après Monsieur X, cette affaire qui a tenu la planète en haleine dissimule aussi une extraordinaire histoire d'espionnage : les cartes étaient biseautées depuis le début.

Nos fidèles amis américains et anglais nous ont tenus à l'écart au cours de cette crise de Cuba. Et, dans les services, nous avons reconstitué cette histoire après coup. C'est d'autant plus rageant que certains épisodes se sont déroulés sur notre sol à notre insu. Et pourtant, dès le début, nous aurions dû avoir la puce à l'oreille !

Tout de suite après le dramatique message de Kennedy à la télévision, le Pentagone rend public un certain nombre de documents. Des photos aériennes prises au-dessus de Cuba par un avion-espion U2, semblable à celui de Francis Gary Power, abattu peu de temps avant au-dessus de l'U.R.S.S. Ce sont ces photos qui permettent aux Américains d'affirmer que les Russes sont en train d'installer des bases de fusées. On y voit des bâtiments de stockage, des rampes de lancement et même deux longs tubes qui, à l'évidence, doivent être des missiles.

Curieux ! Les Soviétiques veulent installer des fusées braquées sur les États-Unis à quelque trois cents kilomètres des côtes américaines. L'endroit choisi pour la base est situé en pleine jungle. Rien de plus facile que de camoufler ces installations. D'autant que les Soviétiques connaissent parfaitement les capacités d'observation des avions-espions U2. Or ils ne prennent aucune précaution.

Pourquoi cette absence de camouflage ? On ne peut s'empêcher de se poser la question. Et celle-ci aussitôt : et si le Kremlin voulait en réalité que les Américains découvrent ces installations et apprennent ainsi que des fusées équipées de têtes nucléaires allaient être braquées sur leur territoire ?

Pour répondre à ces deux questions, il faut d'abord s'intéresser à un homme qui a sans doute été l'un des espions les plus importants de ce dernier demi-siècle, Oleg Vladimirovitch Penkovsky, colonel dans le service de renseignement de l'armée soviétique, le G.R.U.

Penkovsky est un parfait produit du système soviétique. Brillant officier pendant la Seconde Guerre mondiale, il est décoré à plusieurs reprises. Intelligent, très introduit dans les cercles du pouvoir, il devient spécialiste des missiles tout en accédant aux plus hauts échelons des services secrets. Le G.R.U. le charge de la recherche dans le monde anglo-saxon, c'est-à-dire de l'espionnage scientifique. Sous prétexte de missions diplomatiques et commerciales diverses, le colonel noue de nombreux contacts en Occident. Et lorsque des délégations anglo-saxonnes se rendent à Moscou, Penkovsky ne manque jamais de les rencontrer.

Au reste, le colonel est un bon vivant qui ne crache pas sur la vodka. On boit beaucoup dans les soirées de la Nomenklatura soviétique. Penkovsky fait comme les autres. Ses compagnons de beuverie s'appellent Serov, chef du G.R.U., ou encore Varentsov, maréchal et commandant en chef des missiles et de l'artillerie. Mais, en dépit de ses amitiés dans les cercles supérieurs et des hautes fonctions qu'il occupe, il vit assez modestement dans un deux-pièces, rue Gorki, en compagnie de sa femme, sa fille et sa mère.

Très tôt, le colonel Penkovsky observe avec beaucoup de lucidité la société soviétique. Au poste où il se trouve, il ne peut rien ignorer de la corruption des dirigeants, du népotisme généralisé, du cynisme des maîtres du Kremlin. En outre, il a voyagé et sait que le niveau de vie des habitants de l'Ouest n'a rien à voir avec celui des Russes, contrairement à ce qu'on prétend en U.R.S.S. !

Mais, même s'il est sans illusion, Penkovsky profite du système et des avantages réservés aux privilégiés du régime. Jusqu'au jour où le ciel lui tombe sur la tête. Un fonctionnaire zélé du K.G.B. découvre que son père a été un officier blanc qui a donc combattu contre l'Armée rouge après la révolution. Dans le monde soviétique, c'est une tache indélébile et une menace sérieuse pour sa carrière.

Cette découverte est-elle fortuite? Étant donné le système policier en place en U.R.S.S., le K.G.B. ne peut ignorer que le père de Penkovsky a été officier dans l'Armée blanche. Le colonel doit donc faire de l'ombre à quelqu'un. À moins que le K.G.B. ne tienne à rappeler à ce brillant officier d'un service rival qu'il ne peut se croire tout permis.

Quoi qu'il en soit, cette soudaine révélation est un véritable choc pour Penkovsky. La haine qu'il ressent depuis si longtemps pour le régime, sans jamais avoir osé l'exprimer, se cristallise d'un seul coup. Il faut qu'il se venge! C'est ainsi que tout commence.

Grâce à ses fonctions, Penkovsky peut entrer aisément en contact avec des Occidentaux, sans attirer l'attention. Il est bien placé pour savoir que les missions commerciales russes à l'étranger sont truffées d'agents. Il imagine qu'il en va de même pour les missions occidentales. Et un beau jour de 1960, à Moscou, il prend langue avec un homme d'affaires britannique, un certain Greville Wynne.

Hasard ou coup de chance, Wynne est réellement un homme des services secrets de son pays, correspondant occasionnel du MI 6, l'Intelligence Service!

Lors de cette première rencontre, Penkovsky laisse entendre qu'il est déçu par son pays et qu'il exècre le système soviétique. Wynne craint d'avoir affaire à un provocateur, mais il ne peut s'empêcher d'écouter son interlocuteur car il sait parfaitement qui est Penkovsky. C'est un gros poisson, un très gros poisson! Et quand le colonel lui propose d'informer les autorités occidentales sur la véritable situation de l'U.R.S.S., il tend encore plus attentivement l'oreille!

Les deux hommes mettent au point un rendez-vous à Londres à l'occasion de la visite d'une mission commerciale soviétique au printemps 61.

Pendant la quinzaine de jours qu'il passe dans la capitale britannique, Penkovsky subit un véritable debriefing opéré par des spécialistes du MI 6 mais aussi de la C.I.A. En effet, les Anglais, considérant que l'affaire est d'importance, ont demandé la collaboration du grand frère d'outre-Atlantique !

Dans la journée, le colonel Penkovsky remplit strictement sa mission d'espion soviétique : il recueille des informations commerciales et scientifiques pour son service. Mais chaque soir, à l'hôtel, il change discrètement de chambre et bavarde longuement avec ses interlocuteurs anglais et américains.

Ceux-ci analysent immédiatement les informations que leur donne le colonel. Ils les recoupent avec leur propre documentation et se rendent compte assez rapidement que Penkovsky dit vrai. Des perspectives fantastiques s'ouvrent aux agents américains et anglais. S'ils arrivent à maintenir le contact avec Penkovsky lorsqu'il sera de retour à Moscou, ils auront pour la première fois une taupe au sein même des services soviétiques !

D'autres agents soviétiques ont trahi, ont fait défection. Des transfuges qui sont partis à l'Ouest avec leur petit paquet de secrets mais qui, une fois leurs révélations faites aux Occidentaux, ne sont plus d'aucune utilité. Avec Penkovsky, c'est complètement différent : Anglais et Américains peuvent espérer disposer d'une source permanente d'informations ! Un Philby à l'envers !

Encore faut-il pouvoir recueillir ces informations, c'est-à-dire maintenir le contact avec Penkovsky. Bien sûr, Greville Wynne peut rencontrer le colonel soviétique sans éveiller les soupçons du K.G.B. Mais l'homme d'affaires britannique ne peut quand même se rendre à Moscou tous les quatre jours. Il faut donc mettre au point des procédures compliquées et forcément risquées pour récupérer les documents que Penkovsky aura photographiés.

Le système des boîtes aux lettres mortes [1] est utilisé, mais les Anglais privilégient les contacts par balayage : il s'agit de fur-

1. Voir chapitre 8, « L'impossible aveu ».

tives rencontres dans la rue, minutieusement préparées. Deux personnes se croisent. Elles se frôlent sans s'arrêter, et à cette occasion une enveloppe change discrètement de main. Mais l'espion peut faire l'objet d'une surveillance ou d'une filature. Pour prévenir tout risque, cette procédure ne peut être durablement expérimentée que si la personne chargée de recueillir les documents change souvent. Ce qui implique un personnel nombreux. Or, à Moscou, les services occidentaux se trouvent singulièrement démunis.

En tout cas, pendant de longs mois, Penkovsky effectue un travail considérable. On a estimé plus tard qu'il a transmis au moins 5 000 documents à l'Ouest.

En septembre 61, Penkovsky se rend à Paris, toujours en mission officielle. Naturellement, son ami Greville Wynne l'y attend. Le colonel lui remet de nombreux microfilms et lui confie qu'il a l'impression de faire l'objet d'une surveillance à Moscou. Prudemment Wynne lui suggère de rester à l'Ouest.

Mais le colonel pense à sa famille. S'il fait défection, le K.G.B. risque de s'en prendre à sa femme ou à sa mère. Alors, malgré le danger, il décide de retourner en U.R.S.S. !

En fait, depuis quelque temps, grâce à leurs propres taupes infiltrées dans les services anglais, les hommes du K.G.B. savent que l'Intelligence Service dispose d'un informateur haut placé au sein de leurs propres services secrets. Ils ne l'ont pas encore identifié. Aussi ont-ils mis sous surveillance tous les officiers supérieurs du renseignement susceptibles d'avoir des contacts avec des Occidentaux. Ils n'en sont pas restés là : un contrôle renforcé du personnel diplomatique anglo-saxon est effectué. Les Soviétiques sont en effet persuadés que le traître a forcément un officier traitant opérant sous couverture diplomatique.

Penkovsky n'est donc pas plus soupçonné qu'un autre. Mais cette extraordinaire opération de surveillance doit bien finir un jour ou l'autre par porter des fruits.

Dans le courant de l'année 1962, les agents du K.G.B. observent que Penkovsky croise un peu trop souvent dans la rue la femme d'un diplomate anglais, Janet Chisholm.

Le colonel du G.R.U. est désormais épié en permanence. Rue Gorki, l'appartement qui se trouve au-dessus du sien est promptement libéré par ses occupants. Des agents du K.G.B. s'y installent, creusent un trou dans le plafond et y installent une petite caméra. Mieux, afin de perquisitionner en toute tranquillité l'appartement de Penkovsky et y placer à l'occasion des micros, des spécialistes du K.G.B. se débrouillent pour lui administrer une dose de poison. Penkovsky, malade comme un chien, est hospitalisé. Pendant son absence, son domicile est minutieusement fouillé et les hommes du K.G.B. découvrent l'appareil de microphotographie qui lui a été donné par l'Intelligence Service. Penkovsky est démasqué.

Ce traître que l'on s'efforce d'identifier depuis des mois n'est pourtant pas arrêté. Le K.G.B. veut d'abord découvrir qui sont les contacts de Penkovsky et ensuite savoir quel genre d'informations il a transmises à l'Ouest. Enfin, et surtout, les dirigeants du K.G.B. imaginent pouvoir intoxiquer les Anglo-Saxons grâce au colonel !

Penkovsky est un spécialiste des missiles. Il y a donc tout lieu de croire que le colonel a divulgué quelques-uns des secrets soviétiques en cette matière. Or le plus grand de ces secrets repose sur un formidable bluff : les Russes ont réussi à faire croire aux Américains qu'ils disposent d'un équipement en fusées intercontinentales équivalent au leur. Or c'est faux, complètement faux. En fait, à cette époque, leur arsenal est quatre fois inférieur à l'arsenal américain ! La différence est de taille ! L'U.R.S.S. ne possède en tout et pour tout que soixante-quinze missiles intercontinentaux !

Penkovsky a dû transmettre cette information capitale à l'Ouest ! Il convient donc de réagir rapidement. Voilà l'origine de l'affaire de la crise des fusées de Cuba.

Il faut savoir que la coexistence pacifique prônée par Khrouchtchev, et apparemment acceptée par Kennedy, n'a de sens que si les deux partenaires sont à égalité, c'est-à-dire si leurs forces sont équivalentes. En cette année 1962, les dirigeants soviétiques ne manquent pas une occasion de mettre en valeur la puissance de leurs armes. La révélation de Penkovsky est pour eux catastrophique. L'équilibre de la terreur risque d'être remis en cause.

À cause du colonel du G.R.U., les États-Unis risquent de douter de la toute-puissance des fusées soviétiques. Le Kremlin imagine alors de leur montrer de très près que ces missiles existent bel et bien et qu'ils sont redoutables !

Le K.G.B. va se servir de Penkovsky à son insu. Il lui est permis d'avoir accès à un document sur l'installation des rampes de lancement de missiles intercontinentaux. Consciencieusement, comme il le fait maintenant depuis presque dix-huit mois, le colonel photographie le document et le fait passer aux Anglo-Saxons. Au même moment, des spécialistes soviétiques commencent à construire des rampes dans la jungle cubaine. Sans aucune espèce de camouflage puisque ces installations sont faites pour être vues ! Et c'est ce qui va se passer.

Un avion U2 qui vole régulièrement au-dessus du territoire cubain photographie le site. Les Américains comparent avec le document fourni par Penkovsky : les similitudes sont évidentes ! Si les Soviétiques installent des rampes de lancement de missiles intercontinentaux à proximité de leurs côtes, cela signifie que leur arsenal est bien plus considérable qu'on ne le pense !

Il s'agit donc avant tout d'une démonstration. Et, celle-ci étant faite, Khrouchtchev fait bien gentiment machine arrière après une semaine de crise, une toute petite semaine. Les bâtiments soviétiques censés livrer des fusées à Cuba rebroussent chemin en plein Atlantique avant même de rencontrer la flotte américaine. Mieux, sur ordre du Kremlin, certains bateaux peuvent être inspectés par les Américains. Et les rampes cubaines sont rapidement démantelées ! La comédie est terminée.

Khrouchtchev, il faut le reconnaître, a aussi des raisons politiques impérieuses d'agir ainsi. Sur le plan intérieur, il est en difficulté et ne se maintient au pouvoir qu'en jouant sur le mythe de la déstalinisation. Mais, en réalité, il ne se passe pas grand-chose en U.R.S.S. La situation économique ne s'améliore pas et personne ne croit aux perspectives brillantes que ne cesse de prédire Khrouchtchev. Les rivaux du numéro un soviétique commencent à s'agiter. Il lui faut donc agir.

On pense généralement que la crise des fusées de Cuba ne s'est pas terminée glorieusement pour Khrouchtchev puisqu'il a dû reculer devant la menace américaine. C'est faux ! La propagande communiste l'a au contraire présenté comme le champion de la paix. Et grâce à cette affaire – même si Fidel Castro a fait grise mine devant l'apparente reculade de son allié et protecteur –, les États-Unis ont été contraints de renoncer à toute nouvelle attaque contre Cuba.

Si vous aviez encore des doutes sur la relation entre les révélations de Penkovsky et la crise des fusées, il vous suffirait de vous pencher sur le calendrier des événements.

À la mi-octobre, les Américains découvrent que les Russes installent des rampes de lancement à Cuba. Pendant une semaine, Kennedy et ses conseillers réfléchissent. Comment réagir ? Le 22 octobre, la crise des fusées devient publique, avec le célèbre discours télévisé du président américain où il met fermement en garde l'U.R.S.S. Or, ce même jour, le colonel Penkovsky est arrêté. Étrange coïncidence !

En fait, Penkovsky a cessé d'être utile. Il a joué son rôle, c'est terminé pour lui.

Six mois plus tard, alors que d'habitude les Soviétiques donnent peu de publicité à ce genre d'affaires, on annonce à Moscou que le colonel Penkovsky a été jugé pour trahison, condamné à mort et immédiatement exécuté. Ils adressent ainsi un clin d'œil cynique aux Anglo-Saxons ! Une façon de leur dire qu'ils n'ont jamais été dupes et qu'ils ont eux aussi joué un rôle capital dans cette formidable partie de poker menteur.

Le contact de Penkovsky, Greville Wynne, est également tombé dans les pattes du K.G.B. À l'occasion d'un séjour un peu imprudent dans un pays de l'Est, il a été kidnappé, envoyé à

Moscou et jugé lui aussi. Peu de temps après, il a été échangé contre un espion soviétique que j'ai déjà évoqué, un homme qui se faisait appeler Lonsdale et qui avait appartenu au réseau de Rudolf Abel [1].

La malheureuse histoire de Penkovsky ne s'est pas arrêtée avec son exécution. En 1965, deux ans après la mort du colonel, un éditeur américain publie ses carnets.

Il s'agit des réflexions écrites jour après jour par Penkovsky. Une charge violemment anticommuniste et pro-occidentale. Penkovsky y décrit notamment la corruption généralisée qui règne en U.R.S.S. dans les milieux du pouvoir. Et il livre son état d'esprit alors qu'il a décidé de trahir : « Au début de ma vie, j'ai cru dur comme fer au système soviétique. Pendant la dernière guerre, j'ai commencé à comprendre que ce n'était pas le Parti communiste qui nous poussait et nous inspirait sur la route glorieuse de Stalingrad à Berlin ; qu'il y avait autre chose dernière nous, la Russie tout court ! Mais plus que la guerre, c'est mon travail de ces dernières années qui m'a ouvert les yeux. Car j'ai vécu au milieu des autorités supérieures et des officiers généraux de l'Armée rouge. Le destin a voulu que j'épouse une fille de général. Je me suis trouvé mêlé aux classes supérieures des Soviets, je suis devenu un privilégié. Là, j'ai compris que l'attachement de ces gens au Parti et au communisme n'est que pure façade. Entre eux, dans leur vie privée, ils mentent, ils trompent, ils conspirent, ils intriguent, ils dénoncent, ils se poignardent dans le dos les uns les autres. Cherchant de l'avancement et de l'argent, ils deviennent les informateurs de la police secrète et dénoncent leurs amis et leurs collaborateurs. Leurs enfants détestent tout ce qui est soviétique, ne s'intéressent qu'aux films étrangers et méprisent leurs concitoyens ordinaires. »

Dans un autre passage, il accuse le bellicisme des dirigeants soviétiques et justifie ainsi sa propre trahison : « Je vis au milieu des dirigeants de l'Union soviétique et, au fond de mon cœur, je

1. Voir chapitre 8, « L'impossible aveu ».

leur souhaite la mort. Le gouvernement de Khrouchtchev est un gouvernement d'aventuriers qui se drape dans la bannière de la paix. Khrouchtchev n'a pas renoncé à la guerre. Il est parfaitement disposé à déclencher une guerre si les circonstances lui paraissent favorables. On ne doit pas le lui permettre. À Moscou, je vis dans un cauchemar nucléaire. Je connais le poison de la nouvelle doctrine militaire, telle qu'elle est décrite dans les documents secrets et qui consiste à frapper le premier à tout prix. »

Bref, Penkovsky se présente comme un soldat de la paix.

Sur des pages et des pages, le colonel soviétique déverse ainsi son amertume. Mais est-ce vraiment lui qui a écrit ces lignes ?

Non, et nous, Français, nous en avons eu la preuve. Penkovsky, ou celui qui a tenu sa plume, affirme que les services soviétiques travaillaient en étroite collaboration avec les communistes français afin de percer les secrets militaires de l'OTAN. Or les Russes avaient renoncé depuis longtemps à se servir des militants communistes. Et cette allégation n'avait pour but que de jeter la suspicion sur la France à l'heure où le général de Gaulle avait décidé de prendre ses distances avec l'Alliance atlantique. Ces carnets étaient des faux !

Il était évident que c'était la C.I.A. qui avait forgé de toutes pièces cette pseudo-confession. Il s'agissait d'une opération de propagande. Autre preuve que nous nous trouvions en face d'un document forgé : Penkovsky y écrit qu'il a tapé lui-même le texte à la machine, le soir, en cachette de sa famille. Comment aurait-il pu le faire dans ce minuscule deux-pièces où il habitait avec sa femme, sa fille et sa mère ? Et puis il est absurde d'imaginer qu'un espion, qui doit être en permanence sur ses gardes, puisse écrire ses Mémoires au risque de voir son texte saisi par la police !

L'origine de la publication de ce texte qui, selon Monsieur X, aurait été forgé par les Américains, s'explique aisément. Quelque temps plus tôt, les Russes avaient donné le ton en autorisant la publication d'un livre de Konon Molody, alias Gordon Lonsdale, cet espion échangé contre Greville Wynne. Un livre qui était bien entendu à la gloire des services soviétiques. Les carnets de Penkovsky n'auraient donc été qu'une réponse du berger à la bergère.

Dans le livre de Christopher Andrew et Oleg Gordievski consacré à l'histoire du K.G.B., on lit que Penkovsky, qui était surveillé depuis longtemps, a été arrêté le 22 octobre 1962, parce que la caméra installée dans le plafond de son appartement a indiqué qu'il travaillait à la fabrication d'un faux passeport. Craignant qu'il ne s'échappe à l'étranger, les hommes du K.G.B. auraient alors décidé de l'arrêter.

Mais, sur le rapport entre les révélations de Penkovsky et la crise de Cuba, aucun document n'existe. Sauf la confirmation que Penkovsky a bien transmis aux Occidentaux un document sur l'édification des sites de missiles. Document qui a permis aux hommes de la C.I.A. de faire un rapprochement avec les travaux effectués dans la jungle cubaine.

14

La vraie affaire Mattei

C'était un visionnaire, un homme d'affaires atypique qui a doté son pays d'une impressionnante industrie pétrolière, négocié en tête à tête avec les grands de ce monde, défié les multinationales et pesé d'un poids conséquent sur la politique italienne.

Enrico Mattei est mort en octobre 1962 dans un accident d'avion. Très vite, en raison de la personnalité de Mattei, des intérêts qu'il représentait et des haines qu'il avait suscitées, on a évoqué la possibilité d'un attentat. Mais personne ne pourra jamais en apporter la preuve, même si de nombreux doutes subsistent. Et, bien sûr, comme toujours en Italie, la Mafia a été soupçonnée...

Le 27 octobre 1962, à 18 heures 50 très précises, un biréacteur Morane-Saulnier 760 entre en contact radio avec la tour de contrôle de l'aéroport de Milan-Linate. À bord de l'avion qui appartient à l'ENI, c'est-à-dire l'Ente Nazionale Idrocarburi, se trouve Enrico Mattei. Le célèbre homme d'affaires revient d'une tournée d'inspection en Sicile. Un journaliste du *Time Magazine* l'accompagne.

Le pilote du Morane, le major Bertuzzi, donne son altitude, 16 000 pieds. Le contrôleur aérien lui répond et précise que la visibilité au sol est de 1 400 mètres. Puis il demande : « Comptez-vous atterrir directement ? » La réponse de Bertuzzi est étrange. « Éventuellement. » Pourquoi cet « éventuellement » ? Le pilote pensait-il retarder son atterrissage ou avait-il l'intention de gagner un autre aéroport en raison de la mauvaise visibilité ?

Cinq minutes plus tard, le major Bertuzzi rappelle la tour de contrôle de Milan. Il annonce qu'il vole maintenant à 2 000 pieds et qu'il va se présenter sur la piste dans une minute et demie. Le contrôle aérien lui donne le feu vert. Puis c'est le silence.

Deux heures plus tard, des paysans alertent les carabiniers de Landriano. Un avion s'est abattu dans un champ à une dizaine de kilomètres de l'aéroport aux environs de 19 heures. L'avion aurait fait plusieurs virages avant de s'écraser. Des témoins affirment qu'il était en feu. Mais on sait que dans ce genre de situation les témoins confondent l'avion en flammes avec la boule de feu qui monte dans le ciel au moment du crash.

Il s'agit bien entendu du Morane-Saulnier d'Enrico Mattei. Et il n'y a aucun survivant dans la carcasse de l'appareil.

Les constatations officielles de l'enquête effectuée après l'accident ont établi que le Morane-Saulnier avait entamé les manœuvres d'atterrissage au moment de sa chute. En outre, la visibilité était insuffisante et en certains points pratiquement nulle. Enfin, le lieu de la chute, effectivement situé à une dizaine de kilomètres de Milan-Linate, se trouvait dans la zone d'approche de l'aéroport.

Le rapport affirme encore que le vol s'était déroulé sans incident depuis la Sicile. L'appareil avait été minutieusement révisé après chaque vol et le pilote, le major Bertuzzi, était l'un des meilleurs aviateurs d'Italie. Ancien pilote de chasse, plusieurs fois cité et décoré, il avait travaillé à Alitalia avant d'être engagé par Mattei qui lui avait confié la responsabilité du parc aéronautique de l'ENI.

Toutefois cette commission d'enquête n'a pu établir la cause de l'accident. Un accident très bizarre.

On a dit n'importe quoi après la mort de Mattei. « L'ingénieur », comme on l'appelait, aurait eu pour habitude de demander à son pilote de ne prendre que la quantité de carburant nécessaire. Et on a prétendu qu'à cause de cette manie il aurait frôlé la mort à trois reprises, son avion arrivant à terme à la limite de la panne de carburant. Ça me semble particulièrement ridicule.

Alors revenons sur les circonstances exactes de l'accident. D'après tous les documents que j'ai pu lire et les informations que j'ai recueillies ici ou là, il semble que le pilote a hésité avant d'entreprendre les manœuvres d'atterrissage. Il est vrai que le temps était exécrable. Mais le pilote avait vu bien pire.

D'autre part, s'il avait rencontré une difficulté mécanique, par exemple l'impossibilité de sortir son train d'atterrissage, le premier réflexe de ce pilote très expérimenté aurait été d'avertir le contrôleur aérien qu'il avait déjà eu en ligne, afin que les services de sécurité de l'aéroport se mettent en état d'alerte.

Non, je crois que l'explication de cette hésitation est plus simple. La météo est mauvaise. Bertuzzi est prudent. Il décide donc de tourner un peu avant de juger par lui-même de la situation météorologique aux abords de la piste.

Cinq minutes plus tard, Bertuzzi rappelle la tour de contrôle : il annonce qu'il est à quatre-vingt-dix secondes de la piste. Quatre-vingt-dix secondes, ça fait à peu près deux milles nautiques, c'est-à-dire trois kilomètres. Or on retrouvera l'avion crashé à dix kilomètres de la piste.

Il n'y a donc qu'une explication possible, c'est que la balise au sol, la balise d'approche, a été sabotée !

Le pilote aurait-il pu s'en apercevoir ? Non. Pas plus que les contrôleurs aériens. Parce que le sabotage a dû être bref. Et voilà comment cela s'est passé.

Le pilote a bien sûr déposé un plan de vol. Les auteurs de l'attentat savent donc à peu près l'heure d'arrivée du Morane-Saulnier. Mais ce n'est pas suffisant parce que la balise ne peut pas être brouillée durablement sans se faire repérer et surtout sans risquer de provoquer d'autres catastrophes aériennes. Ces hommes disposent donc d'un complice à l'intérieur de la tour de contrôle. Celui-ci avertit ses compères par radio ou talkie-walkie dès que le pilote entre en contact avec les contrôleurs aériens, quelques minutes avant l'atterrissage prévu à Milan-Linate. Aussitôt, une forte source de rayonnement magnétique est placée près de la balise au sol. À partir de cet instant, celle-ci envoie à l'avion des données fausses. Entre parenthèses, avec les systèmes modernes ILS, un tel sabotage n'est plus possible.

Lorsque, trompé par la balise brouillée, Bertuzzi annonce qu'il se trouve à une minute et demie de la piste, il est en réalité beaucoup plus loin. Le crash est donc inévitable ! Parce que ce que le pilote prend pour la piste, c'est un champ entouré d'arbres.

Cette explication permet de répondre à toutes les questions que pose ce mystérieux accident. Sauf à celle de l'identité des auteurs de l'attentat !

Pour être tout à fait franc, lorsque j'ai compris qu'il s'agissait d'un attentat, j'ai d'abord cru que le coup venait de chez nous ! C'est-à-dire des services français. J'étais bien placé pour savoir que nous avions depuis longtemps Mattei en ligne de mire.

Dans les services, nous apprenons très tôt qu'Enrico Mattei a des sympathies pour le F.L.N. algérien. Et même un peu plus que des sympathies. Nous le soupçonnons d'aider les rebelles algériens à se procurer des armes.

Je crois que Mattei était sincèrement favorable à l'émancipation de l'Algérie. Il a d'ailleurs constamment manifesté son attachement aux luttes de libération nationale dans le monde entier. Mais Mattei poursuit aussi un autre but en aidant le F.L.N. C'est le pétrole saharien qui l'intéresse, bien sûr. Dans la perspective inéluctable de la victoire des Algériens, il veut pouvoir participer à la prospection pétrolière.

Mattei nous gêne donc doublement. N'oublions pas que le général de Gaulle exigera au moment de la négociation des accords d'Évian que les sociétés françaises bénéficient d'un droit de préférence. Droit de préférence dans la distribution des permis de recherche et d'exploitation pendant au moins six ans.

Ce pactole pétrolier que nous n'entendons pas abandonner et qu'un homme comme Mattei menace indubitablement.

C'est une raison suffisante pour vouloir l'éliminer. Quand on commence à compter en milliards de francs, on ne peut guère se permettre d'avoir des scrupules ! Alors, en attendant le feu vert du pouvoir politique, toutes les hypothèses sont étudiées. La tentation est grande de se servir des excités de l'O.A.S.

Pour l'organisation terroriste, Enrico Mattei, ami des rebelles du F.L.N., est en effet une sorte d'ennemi naturel. Pourquoi ne pas utiliser cette inimitié ? En informant indirectement les tueurs de l'O.A.S. Et en leur faisant porter le chapeau ! J'ajoute qu'il y a alors des gens au S.D.E.C.E. qui n'auraient pas été fâchés de donner un petit coup de main à l'O.A.S. Des gens pour qui l'idée d'une Algérie algérienne, comme dit le Général, ne passe absolument pas !

Le S.D.E.C.E., je suis formel, n'a pas participé en tant que tel à l'élimination de Mattei. Mais je crois qu'il y a eu un commencement d'exécution. Des types appartenant aux services ont transmis des informations à l'O.A.S. C'est d'autant plus facile que nous tenons Mattei à l'œil de façon permanente. L'organisation extrémiste peut aisément être renseignée sur les allées et venues de Mattei. D'ailleurs, l'O.A.S. publie un curieux communiqué après la mort de l'industriel : tout en se félicitant de la disparition de Mattei, elle dit ignorer si l'un de ses commandos est ou non à l'origine de sa mort. Puis c'est le silence.

Alors était-ce réellement l'O.A.S. ? ... Non. Les tueurs de l'O.A.S. n'étaient pas capables de mettre sur pied une opération aussi sophistiquée que celle que j'ai décrite. Ces types-là étaient capables de manier le plastic ou le fusil mitrailleur. Mais ça n'allait pas plus loin.

Pour découvrir l'identité des hommes qui ont mis au point l'attentat qui a coûté la vie à Mattei, il faut s'intéresser plus précisément aux activités de l'industriel. Car le président de l'ENI, tout au long de sa prodigieuse carrière, s'est fait beaucoup d'ennemis !

L'ascension de Mattei commence avec la libération de l'Italie. Résistant courageux et incontestable, il occupe des fonctions officielles dès 1945. Son travail consiste à représenter le gouvernement au sein de la société AGIP, une société nationale de prospection pétrolière créée par Mussolini. Mais une société malade qui a accumulé les dettes depuis sa création. Aussi, quand Mattei arrive à l'AGIP, sa mission est claire : il faut liquider la société !

Seulement Mattei comprend très vite qu'il est essentiel pour un pays moderne d'être indépendant en matière d'énergie. Et loin de liquider l'AGIP, il va au contraire la développer. Contre l'avis du gouvernement, donc.

Politiquement, Mattei appartient à la Démocratie chrétienne. Mais ce n'est pas un démocrate chrétien orthodoxe : « l'ingénieur », sans doute à cause des amitiés nouées pendant la résistance, est partisan de la constitution d'un pacte de centre-gauche. Bref, il prône avant l'heure le « compromis historique » de Moro et Berlinguer, c'est-à-dire l'alliance entre la démocratie chrétienne et les communistes.

Pour autant, Mattei n'est pas favorable aux communistes. Même si plus tard, en raison d'un accord conclu avec Moscou, en raison aussi de ses liens avec les pays du tiers-monde, on fera courir le bruit qu'il est procommuniste.

À l'AGIP, Mattei constitue autour de lui une petite équipe très efficace afin de chercher des hydrocarbures sur le sol italien. Toujours contre la volonté du pouvoir italien. Mattei n'en a cure ! Ce travail de prospection est quasi clandestin.

Il faut savoir qu'au sortir de la guerre le gouvernement est tout entier dans les mains de l'Amérique. Et l'Amérique, c'est aussi le cartel du pétrole ! L'Italie accorde tant et plus de permis de prospection pétrolière aux sociétés étrangères, surtout américaines, alors même qu'elle les refuse à Mattei qui dirige pourtant une compagnie nationale. « L'ingénieur », en s'entêtant à trouver du pétrole en Italie, s'attaque de plein fouet au cartel des Sept Sœurs, comme on les appelle. Des sociétés qui n'ont pas l'habitude de faire du sentiment. Il suffit de se rappeler ce qui est arrivé au Dr Mossadegh, l'homme qui voulait que son pays, l'Iran, puisse avoir la maîtrise de son pétrole [1].

Mattei, dans le fond, est un autre Mossadegh. Comme lui, il finira par être éliminé !

En fait, l'affrontement entre les grandes sociétés pétrolières et Mattei ne fait que commencer. La lutte va devenir encore beaucoup plus féroce. Grâce à ses amis politiques – il en a quand même quelques-uns –, Mattei obtient des permis de recherches dans la vallée du Pô. Il découvre aussi d'importants gisements de méthane. Mais dans le même temps ses adversaires américains lui dament le pion en Sicile où ils obtiennent une importante concession.

Mattei n'est pas homme à se laisser faire. Il déterre une loi datant de l'état fasciste, une loi qui proclame que le sous-sol appartient à la nation. Et il se démène tant et si bien qu'il réussit à obliger les autorités à taxer lourdement les grandes compagnies pétrolières !

Mattei n'en reste pas là. Au fur et à mesure qu'il devient un personnage de plus en plus important dans son pays, il multiplie ses contacts à l'étranger. Là encore, la cible, c'est le cartel du pétrole ! L'industriel veut en finir avec le monopole imposé de fait par le cartel des Sept Sœurs dans le monde entier, à l'exception des pays socialistes. Il se mue en pèlerin et visite les pays du tiers-monde qui disposent de ressources pétrolières. À leurs dirigeants, il dit : « Débarrassez-vous de la tutelle américaine, soyez les maîtres chez vous, cessez de vous faire exploiter... » Et il ajoute naturellement : « Faites affaire avec moi ! » Mattei n'est quand même pas tout à fait un philanthrope, il pense aussi à son empire industriel...

Il commence par l'Iran. Après Mossadegh, donc. Et alors que le shah a été replacé sur le trône par la C.I.A., ce qui ne manque pas de piment.

Plus généreux que les Anglo-Américains, il laisse 75 % de

1. Voir chapitre 6, « L'homme au pyjama ».

royalties aux Iraniens. Ce n'est qu'un début ! Après l'Iran, Mattei se rend chez Nasser puis au Maroc, en Turquie, en Yougoslavie, au Koweït, mais aussi en Amérique du Sud. Partout, il réussit à conclure des accords.

Et bientôt, au début des années 60, Mattei va faire affaire avec les Soviétiques. Un énorme contrat ! Cette fois, la coupe est pleine. Il faut se débarrasser de Mattei. Mais les dirigeants du cartel, et derrière eux les gens de la C.I.A., ne vont pas se salir directement les mains. Ils vont exploiter très habilement un conflit qui oppose Mattei à la Mafia !

L'homme d'affaires s'intéresse en effet beaucoup à la Sicile où une compagnie américaine, la Gulf Oil, vient d'obtenir une importante concession. Pour opérer dans l'île, il faut nécessairement composer avec les puissances locales, c'est-à-dire la Mafia.

L'homme clef s'appelle Vito Guarrasi. C'est un avocat et politicien sicilien. Un proche du parrain local, Don Calogero Vizzini et de son successeur, Russo. C'est lui qui tire les ficelles de la vie politique sicilienne. Mattei est donc obligé d'en passer par lui. Mais il ne sait pas que Guarrasi entretient depuis longtemps des liens très étroits avec des représentants de la C.I.A. !

Grâce à l'avocat mafieux, l'ENI se voit accorder un permis de recherches sur un demi-million d'hectares. Pour le remercier, Mattei en fait l'un de ses conseillers.

La Mafia vient de réaliser une excellente opération. Guarrasi a été le premier à connaître le site du futur complexe pétrolier que Mattei veut établir en Sicile. Il lui a suffi d'informer ses amis de la Mafia. Ceux-ci ont aussitôt acheté les terrains et les ont revendus à l'ENI en faisant un énorme bénéfice.

Mais les choses se gâtent. La Cosa Nostra, la Mafia nord-américaine, désireuse de placer son argent et de le blanchir, lorgne aussi sur le pétrole sicilien. Des émissaires se rendent dans leur île natale. Ils réclament leur part du gâteau.

Comme Mattei, ils rencontrent Guarrasi. Mais l'avocat, même s'il est très lié à la Mafia, est aussi le conseiller de Mattei. Embarras. Car « l'ingénieur » n'entend pas céder un seul pouce de terrain à un concurrent éventuel.

Guarrasi, qui est très malin, essaie de biaiser. Il propose à ses amis mafiosi de la Cosa Nostra d'entrer dans l'ENI, plutôt que de se poser en concurrents. Selon lui, il est possible d'infiltrer l'entreprise en y faisant embaucher des hommes d'influence et en prenant des participations dans ses filiales. C'est intelligent. Mais c'est sans compter avec Mattei qui comprend assez vite ce que mijote son conseiller Guarrasi.

L'industriel réagit avec vigueur et licencie l'avocat. Quelque temps plus tard, comme par hasard, on découvre un explosif dissimulé dans un des réacteurs de l'avion de Mattei, ce Morane-Saulnier dans lequel il trouvera bientôt la mort.

Cette première tentative a fait long feu. Mais les mafieux vont adapter leurs méthodes à la cible. Pour les règlements de comptes, le fusil à canon scié ou la mitraillette. Pour des objectifs plus difficiles, ils savent utiliser des moyens modernes. L'argent ne manque pas pour se payer au besoin les services d'excellents spécialistes. Des hommes de la C.I.A., par exemple, qui n'ont rien à refuser au cartel du pétrole.

Ce sont eux qui vont techniquement mettre au point l'attentat qui coûtera la vie à Mattei. Avec la participation active des tueurs de la Mafia. Quant à l'avocat Guarrasi, après la mort de « l'ingénieur », il retrouvera sa place à l'ENI et deviendra l'intermédiaire obligé de la société avec les grandes compagnies pétrolières américaines.

Plus tard, un journaliste, Mauro di Mauro, enquêtera en Sicile sur la mort de Mattei. Il disparaîtra et on ne le retrouvera jamais !

Quelques jours plus tôt, Mauro di Mauro a confié à des amis qu'il détient une information exceptionnelle sur la disparition de Mattei. Avoir percé le secret de la conspiration a probablement signé son arrêt de mort !

Pourtant, c'est la thèse de la responsabilité du S.D.E.C.E. qui sera développée en 1971 par le cinéaste Francesco Rosi dans le film qu'il a consacré à l'affaire Mattei, film qui a obtenu la Palme d'or à Cannes.

Dans leur livre intitulé La Piscine, *Roger Faligot et Pascal Krop indiquent que le S.D.E.C.E. s'intéressait depuis longtemps à Mattei. Ordre avait été donné par le général Grossin de le surveiller. Mais pas de le tuer. Ce que confirme un ancien du S.D.E.C.E. qui a rapporté à ces auteurs qu'aucun ordre d'exécution n'a été donné. « Enrico Mattei était de toute manière bien protégé et nous n'avons rien tenté. » Un responsable du service Action a confié également à ces deux auteurs : « Ce n'est pas le S.D.E.C.E., je suis formel. En octobre 62, la guerre d'Algérie était d'ailleurs finie, et les gens de l'O.A.S. qui s'étaient effectivement juré de le tuer se trouvaient en prison ou en fuite. Quant à Thyraud de Vosjoli et aux autres qui racontent que, recourant notamment à l'informatique, le S.D.E.C.E. aurait décidé d'abattre Mattei, ils ont tout inventé. Ils ne savent rien de cette histoire, à cause du compartimentage qui règne dans nos services. »*

Toujours dans le même ouvrage, les auteurs écrivent que cet informateur du service action du S.D.E.C.E. accuse sans hésitation les Américains d'avoir été à l'origine de la disparition de Mattei. « C'est une thèse qui a été reprise par les services secrets soviétiques qui accusent la C.I.A. d'avoir commandité, via la Mafia, l'assassinat. La disparition subite du journaliste italien Mauro di Mauro, le 16 septembre 1970, confirme en tout cas le rôle de la Mafia dans cette affaire. Pour les besoins de son film L'Affaire Mattei, *le cinéaste Francesco Rosi avait demandé à Mauro de reconstituer heure par heure l'emploi du temps du patron italien lors de son ultime voyage en Sicile. À quelques intimes, le journaliste confiait peu de jours avant sa mort qu'il avait réuni des informations sur la Mafia, « propres à faire exploser le monde politique italien. Une " mort blanche ", c'est-à-dire une disparition sans trace, le récompensera de ses efforts ».*

C'est une confirmation partielle des propos de Monsieur X.

Toutefois, l'implication du cartel du pétrole n'est pas mise en évidence. Et aucun auteur ne donne une explication suffisamment convaincante à propos de l'attentat qui aurait coûté la vie à Enrico Mattei. Seul Monsieur X semble donc capable de dissiper ce mystère.

15

Le ministre, l'espion et la call-girl

Un ministre de la Guerre occidental peut-il partager sa maîtresse avec un espion soviétique ? Telle pourrait être résumée la question posée par l'affaire Profumo ! Une affaire qui a provoqué un énorme scandale dans l'Angleterre du début des années 60... L'Angleterre des Beatles.

Le scandale était de taille et la maîtresse resplendissante. Christine Keeler. Une rousse flamboyante. Un modèle de rêve pour les journaux populaires britanniques, ces tabloïds qui, lorsqu'ils ne s'intéressent pas à la vie intime de la famille royale, ne dédaignent jamais de publier des photos de pin-up plus ou moins déshabillées.

La version de l'affaire Profumo proposée par Monsieur X n'a rien à voir avec ce que l'on en connaît. C'est une parfaite illustration de sa thèse favorite : il existe deux vérités. La vérité officielle, celle que l'on trouve dans les livres d'histoire ou les journaux. Et une autre vérité, plus subtile, plus machiavélique, où s'agitent ces hommes de l'ombre que Monsieur X connaît si bien.

Brossons d'abord les grandes lignes de l'affaire telle qu'elle a été racontée dans les journaux. En mars 1963, à la faveur d'un banal fait divers, la presse murmure que Christine Keeler, un très joli mannequin – en fait il s'agit d'une call-girl – est la maîtresse du ministre de la Guerre, John Profumo. Celui-ci dément solennellement à la Chambre des communes. Il fait même condamner des journaux qui se sont faits l'écho de sa supposée liaison.

Mais la presse ne désarme pas. Elle tient son sujet et son héroïne, la belle Christine. Celle-ci, contre monnaie sonnante et trébuchante, parle. Elle évoque son ami Stephen Ward, médecin mondain et proxénète distingué. Elle parle de la vie débridée de certaines personnalités de l'aristocratie britannique. Elle déclare surtout que pendant de longs mois elle a partagé son lit et ses charmes entre John Profumo, cinquième baron du nom, et un certain Eugène Ivanov, attaché naval à l'ambassade soviétique de Londres et probablement agent des services secrets.

Cette fois, le scandale ne peut pas ne pas éclater. John Profumo revient en juin devant la Chambre des communes. Et il avoue : « J'ai menti ! » Il démissionne aussitôt après. Mais le scandale ne s'arrête pas là. Les députés, l'opinion, la presse, posent la question : y a-t-il eu trahison ? Christine Keeler n'a-t-elle pas profité de sa double liaison pour extorquer des secrets militaires à Profumo afin de les transmettre à Ivanov ? Une version inédite de *Confidences sur l'oreiller* !

Un magistrat est désigné pour élucider ce grave problème. Il rend son rapport en septembre : Profumo n'a pas trahi son pays. Mais le gouvernement de Macmillan, secoué par cette affaire, ne s'en relèvera pas. Telles sont les conséquences de l'affaire Profumo !

Entre-temps, le Dr Ward, menacé d'un procès pour proxénétisme, s'est suicidé. Ivanov, lui, a été rappelé en U.R.S.S. Quant à Christine Keeler, elle fera encore quelques beaux titres dans la presse populaire. Puis on finira par l'oublier.

John Profumo, la véritable victime de cette affaire, ne refera jamais de politique. Dès sa démission, cet homme richissime s'est engagé dans une œuvre de bienfaisance où il s'occupe des plus pauvres. Sa réhabilitation, si l'on peut dire, arrivera plusieurs années plus tard, lorsqu'en visitant une institution dont l'ancien ministre s'occupe, Élisabeth II lui serrera la main.

Voilà résumée à grands traits la ténébreuse affaire Profumo. La vérité est tout autre : cette affaire est un modèle de manipulation.

Les services de renseignement passent leur temps à jouer à « Je te tiens, tu me tiens par la barbichette... ». Quand l'un marque un point, l'autre n'a de cesse de prendre sa revanche. Et ainsi de suite... Quand on examine l'affaire Profumo sous cet angle, tout devient excessivement clair. Enfin, presque.

Tout commence assez classiquement par une information transmise par une taupe. Oleg Penkovsky, l'officier du K.G.B. qui travaillait aussi pour les Anglais et les Américains. Un agent double qui a joué un rôle de première importance dans la crise des fusées de Cuba où le monde est passé très près de la guerre nucléaire [1].

En 1961, Penkovsky avertit nos bons amis anglais : intéressez-vous à Eugène Ivanov, l'attaché naval de l'ambassade soviétique : c'est un homme du K.G.B. ! *A priori* rien de bien étonnant : il est notoire que beaucoup de membres du personnel diplomatique russe sont des agents. Mais si Penkovsky se donne la peine de signaler cet attaché naval, c'est qu'il doit occuper une place éminente au sein de la centrale soviétique.

Nantis de cette précieuse information, les Anglais ne vont pas se contenter de surveiller Ivanov, ils vont essayer de le retourner. Des agents du MI 5, le contre-espionnage britannique, se rendent chez un certain Dr Ward. Celui-là, c'est un drôle de fusil ! Fils de pasteur, il a une solide réputation d'homme à femmes. Des femmes qui, curieusement, ne demeurent jamais longtemps auprès de lui. Ostéopathe très en vue, il a une clientèle fortunée et célèbre. Il a par exemple soigné Churchill et fréquente assidûment la gentry. Il connaît donc beaucoup de monde. Mais cela, c'est la devanture. Dans l'arrière-boutique du Dr Ward, il se passe des choses pas très claires. Élégant, cultivé, cynique, Ward est un libertin et un esthète qui jouit de sa propre perversité. Peu à peu, il est devenu le pourvoyeur des

1. Voir chapitre 13, « Le grand bluff ».

plaisirs de la bonne société britannique : drogue et femmes, de très jolies et très jeunes femmes !

Le Dr Ward est donc un proxénète mondain ! Une sorte de « Mme Claude » de la bonne société à qui son petit commerce permet d'arrondir ses fins de mois tout en assouvissant ses désirs. Ward est essentiellement un entremetteur et un voyeur. Peut-être même un impuissant. Chez lui, il a installé une chambre avec un miroir sans tain qui lui permet de suivre les ébats de ses créatures.

J'ajoute que le Dr Ward ne refuse jamais de collaborer avec le MI 5. Il donne bien volontiers au contre-espionnage des tuyaux sur les turpitudes qui se passent chez lui. Pour un service secret, il n'est jamais inutile de connaître les faiblesses des grands de ce monde. Et, à l'occasion, lorsque les agents anglais ont besoin des talents d'une ravissante jeune femme, ils savent la trouver dans l'écurie du bon Dr Ward.

Les gens du MI 5 viennent donc le voir et lui demandent de les aider à piéger Ivanov ! Le choix se porte sur une ravissante rousse, Christine Keeler, une fille qui a atterri à Londres en 1960. Elle n'avait que 18 ans mais elle était décidée à tout faire pour s'en sortir et gagner de l'argent. Or Christine ne possède qu'un bien : son corps ! Il faut reconnaître que le capital est diablement joli.

À Londres, elle se débrouille comme elle le peut. Elle trouve un petit boulot de serveuse tout en se prostituant. Puis, comme elle est quand même au-dessus du lot, elle réussit à dénicher un engagement de danseuse dans un cabaret à la mode. C'est la chance de sa vie : un soir, le Dr Ward la découvre. L'ostéopathe est immédiatement séduit ! Il la trouve si appétissante qu'il l'emmène chez lui. Et qu'il l'y installe.

Ils vivent conjugalement. À la façon de Ward. C'est-à-dire qu'il prête Christine à qui la veut ! Mais c'est peut-être sa manière à lui de l'aimer, allez savoir...

Presque naturellement, Ward pense donc à Christine Keeler pour séduire Ivanov. Le praticien se débrouille pour faire inviter l'attaché naval soviétique dans la propriété de l'un de ses amis, lord Astor, le cousin du propriétaire du *Times*. Astor et Ward sont des intimes. Si intimes que l'aristocrate a même mis à la disposition de son ami un cottage dans sa propriété. C'est là que se passe la rencontre entre la belle Christine et le Soviétique.

Ivanov est conquis. Seulement, il est prudent, très prudent. Pourquoi? Parce qu'il a été averti du piège qu'on veut lui tendre. Et l'homme qui l'a informé n'est autre que Ward lui-même!

Ward joue un double jeu. Collaborateur occasionnel du contre-espionnage anglais, il est aussi indirectement lié au K.G.B. La relation passe par l'un de ses amis, un drôle de type lui aussi, un certain Peter Rachman, un Polonais arrivé en Angleterre après la guerre sans un sou en poche et qui, quelques années plus tard, est immensément riche. L'origine de sa fortune? L'immobilier! Et le gangstérisme! Ou les deux à la fois...

Rachman a mis au point un système très simple : vous achetez un immeuble où vivent des gens modestes qui paient un petit loyer. Vous les mettez à la porte. Et s'ils résistent, vous leur coupez l'eau, vous cassez les portes ou vous leur envoyez des gros bras. Puis, la place étant nette, vous rénovez les appartements et vous les relouez très cher. Ce n'est pas très ragoûtant mais c'est très efficace.

Mais Rachman n'est pas un simple requin de l'immobilier. C'est aussi un agent communiste. Curieusement, il disparaît en 1962, donc avant que le scandale Profumo n'éclate. Apparemment, il meurt d'une crise cardiaque. Son corps est incinéré avec une précipitation suspecte. En fait, Rachman, j'en suis certain, a simulé la mort. Il y a des drogues pour cela. Puis il s'est évanoui dans la nature. Quant au corps qui se trouvait dans le cercueil, j'imagine que c'était celui d'un vagabond trouvé sur les bords de la Tamise.

Avant de disparaître, Rachman était un consommateur régulier des jolies filles de Ward. C'est ainsi que les deux hommes se sont connus et que l'ostéopathe a été amené à collaborer également avec le K.G.B.

Averti indirectement par Ward, Ivanov apprend donc que le contre-espionnage britannique veut le piéger. Et c'est en toute connaissance de cause qu'il ébauche une liaison avec Christine Keeler. Parce que les Soviétiques s'apprêtent à leur tour à retourner la situation. Non seulement ils vont se venger, mais leur plan est beaucoup plus machiavélique que celui imaginé par les Anglais !

Un jour torride de juillet 1961, Christine Keeler se rend avec son ami Ward à Cliveden, la propriété de lord Astor où l'ostéopathe mondain a l'usage d'un charmant cottage. Il y a une piscine. Christine décide de se baigner. Elle passe un maillot de bain dans le cottage de Ward et se dirige vers la piscine. Avant de plonger, elle ôte son maillot. Et c'est donc toute nue qu'elle entre dans l'eau.

La belle naïade folâtre dans l'eau. Soudain, un petit groupe d'hommes apparaît. Christine feint de ne pas les voir et sort de l'eau, superbement vêtue de sa seule nudité. Tout naturellement, elle cherche son maillot de bain. Horreur, il a disparu ! Elle relève la tête, découvre les importuns et dissimule ses charmes comme vous pouvez l'imaginer.

Devant elle, il y a le propriétaire des lieux, lord Astor. Mais aussi le président pakistanais de l'époque. Et un troisième homme très distingué, très « british ». C'est le ministre de la Guerre du gouvernement Macmillan, John Profumo. Devant un aussi charmant spectacle, tous sont admiratifs et émus, le moins troublé n'étant pas sir John !

Bien entendu, Ward a tout organisé : la disparition du maillot de bain, l'arrivée impromptue de Profumo et la délicieuse confusion de Christine Keeler. Une mise en scène parfaite et efficace.

Le distingué ministre de la Guerre de Sa Gracieuse Majesté n'a de cesse de revoir la beauté entrevue au sortir de son bain. Ward, naturellement, va favoriser son entreprise.

Lointain descendant d'un aristocrate italien, John Profumo a été élu député conservateur en 1940. Il avait alors vingt-cinq ans. Et c'était l'un des espoirs du parti tory. Il s'engage dans l'aviation pendant la guerre, qu'il termine avec le grade de général. Ingénieux, doué d'un sens aigu de la publicité, il retourne à la politique et se marie avec la belle Valérie Hobson, la vedette du film *Noblesse oblige*. Sa carrière ministérielle commence en 1952 dans un gouvernement présidé par Winston Churchill. En 1960, il est nommé secrétaire d'État au War Office. C'est dire combien sa carrière politique est rapide et prometteuse. Dans son nouveau poste, Profumo fait merveille. Par exemple, pour remédier à la crise du recrutement dans l'armée, il n'hésite pas à recourir à la publicité pour inciter les jeunes Anglais à s'engager. C'est un succès. Le journal *Times* note alors que John Profumo est plus « habile et spirituel que jamais ». Plus dure sera la chute...

Profumo et Christine deviennent très rapidement amants, mais la call-girl continue à fréquenter Ivanov. Le Soviétique a à peine quitté le lit de la belle que le ministre y entre.

L'attaché naval soviétique sait forcément que Christine couche avec Profumo. Mais ce dernier ? Au début, en tout cas, il ignore qu'il partage sa maîtresse avec Ivanov. Il va l'apprendre d'une façon tout à fait inattendue.

Bien évidemment, le contre-espionnage anglais n'a pas cessé de s'intéresser à Ivanov. Le MI 5 espère toujours que le diplomate-espion soviétique livrera quelques confidences à Christine Keeler. Ou mieux encore, qu'il acceptera de faire défection ou de devenir un agent double pour ses beaux yeux... C'est ainsi, en surveillant Christine, que les agents anglais découvrent que la call-girl a une liaison avec Profumo.

Le réflexe normal des agents du MI 5 aurait été de mettre en garde le ministre : « Attention, votre maîtresse fréquente un espion soviétique, rompez au plus vite ! » Mais pas du tout ! Les agents du MI 5, obsédés par leur volonté de piéger Ivanov, se rendent chez Profumo et lui demandent son aide. Lui apprenant la vérité, ils lui disent qu'il est de son devoir de pousser Christine Keeler à obtenir des renseignements de son autre amant. Bref, ils lui demandent de faire de l'espionnage !

Indigné, le ministre refuse tout net la proposition du MI 5. Ce refus aura des conséquences dramatiques pour Profumo. On le lui fera payer très cher. D'autant plus cher que les agents du MI 5 ont commis eux-mêmes une faute très grave : ils ont agi sans consulter le gouvernement ! À aucun moment le cabinet ne sera informé. Et Macmillan sera donc dans l'impossibilité de réagir efficacement lorsque le scandale éclatera.

John Profumo a beau rompre avec Christine Keeler, il est trop tard : le piège est en place. Les Soviétiques disposent même de photos prises par Ward où l'on voit le ministre de la Guerre se baigner dans la piscine de lord Astor en compagnie d'Ivanov. Mieux, le K.G.B. a en sa possession une lettre écrite par Profumo à sa maîtresse !

Les Soviétiques ont les moyens d'agir lorsqu'ils le voudront bien. Ou lorsqu'ils en auront besoin.

Au début de l'année 1963, il se passe un fait très curieux. Un Jamaïquain un peu excité tire trois balles de revolver dans la porte de la maison du Dr Ward. Ce type est un ancien amant de Christine et il est jaloux. Un fait divers tout à fait banal. Ce qui est beaucoup moins banal, c'est que des journalistes assistent à la scène ! Évidemment, ils ont été prévenus. L'objectif, c'est de faire sortir le loup du bois. Le loup Profumo !

L'attention des journalistes est donc attirée sur le personnage de Christine Keeler et accessoirement sur celui du Dr Ward. C'est la première étape. Lors du procès du Jamaïquain, quelques semaines plus tard, Christine, témoin principal, ne se présente pas devant le tribunal. Elle a disparu. Où est-elle ? Pourquoi se cache-t-elle ? La presse est de plus en plus appâtée. Soudain, Christine reparaît. C'est un véritable feu d'artifice ! Le mannequin provisoirement disparu – mannequin, c'est la profession que Christine prétend exercer – fait la une des journaux. Les photos sont superbes. La grande opération peut commencer !

Christine donne des interviews (payantes) et elle commence à distiller son venin. Elle évoque sa liaison avec Profumo et livre quelques ragots croustillants sur ce qui se passe chez son protecteur, le Dr Ward. La presse se régale : les journaux populaires britanniques ne répugnent jamais à égratigner la gentry.

Ce qui importe en tout cas, c'est que Profumo, attaqué par les députés travaillistes, dément avoir jamais eu une liaison avec Christine Keeler. À partir de ce moment, ses jours politiques sont comptés. Il a menti et le K.G.B. détient les preuves qui établissent qu'il a bien été l'amant de Christine.

L'offensive continue. C'est maintenant une feuille confidentielle qui évoque l'affaire et, pour la première fois, parle de l'espion Ivanov. Ivanov, l'autre amant de Christine Keeler. Le journaliste qui écrit l'article, ou plutôt celui qui le lui a dicté, met les pieds dans le plat : qui, se demande-t-il, se servait de la call-girl pour obtenir des informations? Était-ce le ministre ou bien plutôt l'attaché naval soviétique? Cette fois-ci, Profumo est pieds et poings liés.

À noter qu'au moment où cet article est publié, Ivanov a déjà quitté l'Angleterre sur ordre. Il a joué son rôle, il doit quitter le plateau. À son retour à Moscou, on l'a mis au placard... On a appris sa mort assez récemment. Il s'était, paraît-il, reconverti dans le journalisme. Pour le K.G.B., il n'est jamais très bon d'avoir fait parler de soi, surtout dans la colonne des faits divers. Il n'avait fait qu'obéir mais il était néanmoins brûlé!

Alors le fin fond de l'affaire? Je résume : le MI 5 essaie de retourner un Soviétique, Ivanov. Le K.G.B. l'apprend et se venge à sa façon. Le résultat, c'est la démission du ministre de la Guerre puis, quelques mois plus tard, la démission du cabinet tout entier. Les Soviétiques ont donc, grâce à cette subtile manœuvre, fichu une sacrée pagaille en Grande-Bretagne! Mais là n'est pas l'essentiel.

À l'époque, les Soviétiques savent qu'un de leurs réseaux les plus importants est sur le point d'être démantelé. Il s'agit des « Magnificent Five [1] », comme on les a appelés. Philby et les autres. Des hommes qui travaillent depuis l'avant-guerre pour le K.G.B. et qui occupent tous des fonctions éminentes au sein

1. Voir chapitre 4, « Le crime de Philby ».

de la diplomatie et des services secrets anglais. Ce qui leur a permis, d'ailleurs, d'agir impunément puisqu'ils étaient parfaitement informés des mesures prises pour démasquer les espions soviétiques.

Un transfuge, Dolnitsyn, apprend aux Américains et aux Anglais l'existence du réseau Philby. Toutefois, il ne connaît pas l'identité de ces hommes. Les « Magnificent Five » sont aux abois. Les Soviétiques se doutent bien que les spécialistes de la C.I.A. vont arriver un jour ou l'autre à dévider la pelote et donc à identifier Philby et les autres. Il faut tout faire pour préparer leur exfiltration lorsque le moment sera venu. Tout faire aussi pour sauver ce que l'on peut. Car tous les agents du réseau Philby ne seront pas identifiés. C'est ainsi qu'à Moscou on conçoit cette opération rideau de fumée. La manœuvre monopolisera les efforts des services secrets anglais et permettra à Philby de s'échapper discrètement.

Si vous n'êtes pas convaincu, encore une fois intéressez-vous à la chronologie. 1961, tandis que Christine Keeler apparaît toute nue aux yeux de Profumo, Philby, dont on commence à se méfier à l'Intelligence Service, se trouve à Beyrouth. Mis provisoirement à l'écart, il a repris son premier métier de journaliste. 1962, le transfuge Dolnitsyn passe à l'Ouest. 1962 aussi, la manipulation Profumo est mise en place. Début 63, Ivanov est rappelé à Moscou. Le scandale Profumo va pouvoir être déclenché. Début 63 toujours, Philby s'évanouit dans la nature. On ne le reverra que bien plus tard à Moscou. L'opération rideau de fumée a réussi !

Ward était-il un collaborateur du K.G.B. ? Alfred Fabre-Luce a consacré un livre à l'ostéopathe proxénète, La Dernière Nuit du Dr Ward. *Il raconte en particulier ceci qui résonne d'une façon étrange : « Churchill, chassé du pouvoir par les électeurs britanniques, a vu brusquement s'abattre sur lui le fardeau des années. Maintenant, il sent ses rhumatismes et propose son cou à Ward.*

Dans son lit, plus bouledogue que jamais, le cigare en bataille, il grommelle : " Encore un qui va vouloir me faire renoncer à fumer ! " À cette première entrevue, d'autres succèdent et les deux hommes commencent à plaisanter. Churchill demande : " Et si je mourais pendant que vous me tordez le cou ? " Le praticien répond : " Je m'enfuirais à Moscou où je serais bien accueilli ! " » Et Fabre-Luce d'ajouter : « Il y a d'étranges arrière-plans à cette remarque. »

Des arrière-plans, écrit donc Fabre-Luce. Or, Monsieur X prétend que l'attaché naval soviétique a été averti du piège qu'on voulait lui tendre par Ward lui-même.

Le Dr Ward, on le sait, s'est suicidé. Menacé d'un procès pour proxénétisme, l'élégant médecin mondain a craqué et il a avalé des médicaments... Mais il a laissé un curieux document, une lettre d'adieu écrite à un ami alors qu'il venait d'avaler les médicaments qui allaient le tuer. En voici un extrait : « J'espère tout de même que je n'ai pas trop déçu les gens. J'ai essayé de faire mon boulot... » De quel boulot veut-il parler ? Est-ce de sa collaboration avec les Soviétiques ?

Autre confirmation : dans un document des Cahiers du Centre d'études d'histoire de la Défense, *document consacré à l'affaire Profumo, l'auteur, Jérôme Marchand, confirme la tentative de retournement d'Ivanov par le MI 5. Tentative qui s'est faite par l'intermédiaire du Dr Ward.*

Enfin, toujours d'après ce document, le patron du MI 5, Roger Mollis, a affirmé au Premier ministre Macmillan que la liaison Profumo-Keeler ne constituait pas une atteinte potentielle à la sécurité de la Grande-Bretagne. Ce qui est faux : après son mensonge, le K.G.B. aurait très bien pu faire chanter Profumo. Mais le directeur du MI 5 pouvait-il dire autre chose puisque son service, selon Monsieur X, avait commis de graves fautes en ne tenant pas informé le cabinet britannique de la double liaison Keeler-Ivanov et Keeler-Profumo.

Toutefois, nulle part dans cette étude très documentée il n'est fait allusion au « rideau de fumée » destiné à dissimuler la disparition de Kim Philby.

16

Un héros à abattre

Comment naissent les héros? Et pourquoi celui-là plutôt qu'un autre?

On ne peut pas s'empêcher de se poser la question en s'intéressant à la vie d'Ernesto Guevara, dit le Che. Pourquoi est-il devenu une légende? Parce que, révolutionnaire, il a échappé à la corruption du pouvoir? Parce que sa vie militante fut exemplaire et courageuse? Parce qu'il a réellement représenté un espoir pour la jeunesse du monde entier, à l'opposé des miasmes du stalinisme et des perversions du socialisme à la soviétique? Ou encore parce que son combat était celui des pauvres du tiers-monde contre les riches de l'Occident? Ou bien enfin parce que sa mort, son assassinat en Bolivie, fut à l'image même de sa vie : symbolique et mystérieuse?...

Il y a sans doute un peu de tout cela. Ce qui explique qu'aujourd'hui encore, trente ans après sa mort, on trouve son portrait dans nombre de chambres d'adolescents...

Le monde de Monsieur X, ce monde souterrain des services secrets, des officines occultes, semble bien loin de celui de Guevara. Et pourtant, s'il faut l'en croire, c'est dans ce milieu de coups bas, de manipulations et de mystifications, qu'il faut chercher l'explication de l'assassinat du révolutionnaire.

En 1965, le Che quitte Cuba. Lui qui a exercé les plus hautes fonctions ministérielles dès la victoire de la révolution cubaine, désire soudain retourner à la base, sur le terrain. Au cœur de ces mouvements de libération qui luttent contre l'impérialisme. C'est le moment où il lance son célèbre slogan : « Créer deux, trois, de nombreux Vietnam, voilà le mot d'ordre ! » L'instrument de cette nouvelle politique, c'est une mystérieuse organisation, la Tricontinentale, qui regroupe les leaders de ces mouvements de libération. Et parmi eux Ben Barka, qui disparaîtra en France dans d'étranges circonstances.

En fait, les choses sont plus compliquées que ça. Et le « divorce » entre Castro et le Che a été beaucoup plus houleux que le régime cubain ne le prétend encore aujourd'hui. Plus tard, certains accuseront même Castro d'avoir laissé tomber son ancien compagnon. Et donc d'être quelque peu responsable de sa mort... Bref, il est séduisant pour ceux-là de penser que Castro s'est débarrassé d'un compagnon un peu trop encombrant.

Déjà à l'époque, Guevara est le plus populaire des dirigeants de La Havane. Un homme infatigable, qu'on voit sur tous les fronts, qui s'implique personnellement, qui se moque du protocole comme de sa première chemise et qui ne mâche pas ses mots ! Enfin, n'oublions pas que le Che est beau. Et ça compte aussi dans ce pays latin.

Castro pourrait voir en lui un rival. Oui, si Guevara n'était pas Guevara ! Car le Che se fiche du pouvoir. Et Castro est bien placé pour le savoir.

Toutefois, le « Lider maximo » n'a quand même pas dû être fâché d'apprendre que le Che veut quitter Cuba pour exporter la révolution. Car Guevara lui rend la vie de plus en plus difficile.

Au début de l'année 1965, le Che se trouve à Alger à l'occasion d'une conférence des pays du tiers-monde. Il y prononce un discours violemment antisoviétique. Une vraie volée de bois vert pour les dirigeants de l'U.R.S.S. qu'il accuse de ne pas vraiment soutenir les révolutionnaires des pays pauvres ! Pour Guevara, le comportement de l'U.R.S.S. est égoïste et tout à fait semblable à celui des puissances impérialistes. Évidemment, les Soviétiques n'apprécient pas la plaisanterie. Ils le font savoir haut et fort à Fidel Castro. Or Cuba a besoin de l'U.R.S.S. ! Un besoin vital ! À cause du blocus américain.

Et puis qui soutiendra les castristes dans l'hypothèse toujours envisageable d'une nouvelle agression américaine ? Alors Castro doit faire beaucoup d'efforts (et sans doute de concessions) pour se rabibocher avec Moscou. Aussi, lorsque le Che revient à Cuba, il y a une sérieuse explication entre les deux hommes. On prétend qu'ils sont restés enfermés quarante-huit heures. Peu après, le Che prend la décision de quitter Cuba.

Ça ressemble à une rupture ! Et pourtant, ce n'en est pas vraiment une. Les deux révolutionnaires ont en quelque sorte décidé de se partager le travail. À Fidel Castro le soin de poursuivre la construction du socialisme à Cuba. Au Che la tâche d'exalter dans le monde entier la lutte révolutionnaire.

De la part de Castro, c'est une façon assez astucieuse d'éloigner le Che tout en donnant des gages aux Soviétiques. Mais Fidel ne laisse pas Guevara partir les mains vides. Il lui promet de l'aider. En hommes, en matériel. L'accord reste naturellement secret. Globalement, Castro va tenir sa parole. Les deux hommes resteront d'ailleurs toujours en contact par radio.

J'exclus donc que Castro ait pu être à l'origine de la mort de Guevara.

En 1965, Ernesto Guevara quitte Cuba. Il s'évanouit dans la nature. En Occident, on s'interroge. Où Guevara va-t-il allumer un nouveau brasier. Sur quelles flammes va-t-il souffler ? Dans ces années-là, les services, tous les services, s'intéressent à Guevara. On le voit partout ! Enfin, on croit le voir. C'est à qui réussira à le « loger », comme disent les policiers.

Aujourd'hui, on le sait : le Che, accompagné de quelques Cubains, se rend d'abord au Congo. Là-bas, c'est la guerre. Le dirigeant progressiste Patrice Lumumba a été assassiné. Le sécessionniste Moïse Tschombé [1], soutenu par les Belges, essaie

1. Voir tome 1 des *Mémoires secrets*, p. 153.

de régner sur le Katanga, la province la plus riche du Zaïre. Mais déjà Mobutu, armé et porté à bout de bras par les Américains, entreprend la conquête du pays.

Que peuvent les révolutionnaires, les anciens compagnons de Lumumba ? Ils sont divisés, peu motivés et bien plus intéressés par les pillages, l'alcool ou les femmes que par la révolution. Parmi eux, il y a le maître actuel du Zaïre, Kabila.

Le Che se rend vite compte que ces hommes sont incapables de lutter efficacement contre Mobutu. C'est certainement une grande déception pour Guevara. Malade, désabusé, il part. On retrouve sa trace à Prague où il se soigne. Et à nouveau il disparaît. Jusqu'au jour où des guérilleros boliviens déserteurs, capturés par l'armée locale, annoncent sa présence en Bolivie. Une présence qui sera spectaculairement confirmée par le Français Régis Debray lorsque l'écrivain tombera entre les mains de l'armée bolivienne.

Pourquoi la Bolivie ? Ce choix ne doit rien au hasard et a été fait en plein accord avec Castro. L'Amérique latine est un objectif essentiel pour les révolutionnaires cubains. Qu'un pays ou deux ou trois basculent dans le camp progressiste, comme on dit à l'époque, et c'est l'étau des États-Unis qui se desserre. D'ailleurs, depuis la révolution castriste, la plupart des États de la région sont secoués par des mouvements de guérilla.

Alors, la Bolivie ? Il suffit de regarder une carte : ce pays est une sorte de carrefour qui permet de gagner facilement les autres États de la région, et donc d'y provoquer aisément par contagion une guérilla, mais aussi de regrouper les guérilleros des territoires voisins. En outre, le choix de la Bolivie est symbolique puisque le pays porte le nom du grand libérateur de l'Amérique latine, Bolivar ! C'est par ailleurs le pays qui compte le plus d'Indiens. Pour le Che, cela a dû compter.

À l'époque, une dictature militaire règne sur la Bolivie. À sa tête, le général Barrientos. Comme tous les régimes autoritaires de la région, il est soutenu par les États-Unis qui considèrent que l'Amérique du Sud est leur pré carré.

En fait, d'après ce que nous savons, Guevara entre en Bolivie à la fin de l'année 1966. Complètement métamorphosé : il est alors chauve et porte des lunettes. Il se présente à l'aéroport de La Paz comme étant un fonctionnaire argentin de l'Organisation des États américains. Muni de parfaits faux papiers, il passe les contrôles de police sans aucune difficulté. Avant de rejoindre le maquis, il garde d'ailleurs quelque temps son identité d'emprunt.

À ce propos, je peux raconter une anecdote assez curieuse. Vers la fin de cette année 1966, l'ambassadeur de France en Bolivie, Dominique Ponchardier, l'auteur des *Gorille* et lui-même ancien des services secrets, reçoit la visite d'un Argentin chauve, portant de grosses lunettes. Le type dit qu'il est chargé par le gouvernement bolivien de chercher un domaine agricole pour de pauvres paysans des Altiplanos. Il a entendu parler d'une région prospère du côté du Santa Cruz... S'il vient voir Ponchardier, c'est que là-bas, paraît-il, se sont installés des Français d'origine corse. Il veut acheter une propriété à ces Corses. Et il pense qu'avec l'appui de l'ambassadeur il pourra arriver à ses fins. Ponchardier lui répond que c'est impossible : les Corses sont trop attachés à cette terre qu'ils ont mise en valeur. Ils n'accepteront jamais de s'en défaire. Sur cette réponse négative, l'homme prend congé.

Cet Argentin, bien sûr, c'était le Che. Ponchardier, c'est lui-même qui me l'a raconté, ne s'en est rendu compte que bien plus tard, après la mort de Guevara. Toutefois, cette visite l'avait frappé. Parce que le bonhomme n'était pas ordinaire ! Mais alors pas du tout !

À ce moment, Guevara cherche à installer un Q.G. pour ses guérilleros. Un Q.G. acquis le plus légalement du monde. Et là, nous dépassons l'anecdote. Le Che, empêché de s'installer là où il le veut, est obligé de trouver un autre point de chute. Cela lui sera fatal et c'est l'un des mystères de l'aventure bolivienne du Che.

Au départ, Guevara avait choisi comme base une région où la

population paysanne était dense et pas très éloignée des grandes villes. Pour y vivre comme un poisson dans l'eau, selon la célèbre expression maoïste. Mais au dernier moment le Che change d'avis et il s'installe plus au sud dans une région semi-désertique, d'accès très difficile et où la jungle est pratiquement impénétrable. Un vrai piège, sans échappatoire possible. Bizarre, non ?

Certains ont prétendu que ce choix est celui d'un homme qui ne tient plus à la vie. Ou qui veut faire de sa mort un exemple !

Je pense plutôt que quelqu'un a pesé sur le choix de Guevara. Une personne qui veut l'envoyer à la mort... Et si on prend l'affaire par ce bout-là, on commence à entrevoir la solution.

Il faut aussi avoir à l'esprit qu'Ernesto Guevara est un homme malade, qui souffre d'un asthme chronique. Et que ses pérégrinations dans un milieu aussi hostile que la montagne et la jungle vont être physiquement très pénibles.

Qui a intérêt à faire disparaître Ernesto Guevara ? D'abord le gouvernement militaire bolivien, bien sûr. Mais aussi les Américains. C'est-à-dire la C.I.A., cette C.I.A. qui intervient dans tous les mauvais coups en Amérique du Sud et qui, quelques années plus tard au Chili, fera tomber Allende et hissera au pouvoir le détestable Pinochet. La C.I.A. est aux aguets depuis que Guevara s'est évanoui. Où va-t-il réapparaître ? Quelle opération prépare-t-il contre les États-Unis et leurs alliés ? Mystère. Le Che demeure introuvable. Mais la lumière va venir de l'Est !

C'est Moscou qui va alerter la C.I.A. et donc trahir le Che !

Pour les Soviétiques, Guevara est un gêneur, un trublion. Un gauchiste ! De quoi se mêle ce révolutionnaire ? À une époque où les vieux messieurs en pardessus sombre de Moscou ne rêvent que de *statu quo* et de coexistence pacifique avec les États-Unis ! Ces gérontes n'ont surtout pas oublié que le Che les a accusés de se comporter comme des impérialistes. Pire, lui qui a circulé dans tous les pays socialistes, il a compris les tares de ces régimes corrompus, ossifiés, sans vie, sans âme. Et il ne s'est pas privé de les dénoncer. Alors, il faut s'en débarrasser, comme autrefois on s'est débarrassé d'un Trotski. En l'éliminant physiquement!

Guevara, qui est incontestablement un homme intelligent, a pourtant commis dès le départ de son aventure bolivienne une erreur colossale : il a décidé de faire confiance au Parti communiste bolivien. Mieux, il a même envisagé de faire de ce parti le fer de lance de son mouvement de guérilla. Mais ce parti est entièrement inféodé à Moscou. En outre, son leader, Mario Monje, ne voit pas d'un très bon œil l'arrivée chez lui d'un révolutionnaire aussi prestigieux que le Che.

Leur première rencontre se passe mal. Les deux hommes ne se comprennent pas. Guevara ne sent pas chez le secrétaire général de ce parti communiste orthodoxe une vraie volonté de se battre. Or Monje prétend prendre la direction politico-militaire de la guérilla. Ce que ne peut accepter le Che. Les deux hommes ne se séparent pas sur un constat de rupture. Mais la méfiance est installée.

La méfiance et la trahison. C'est Monje qui expédie Guevara dans cette région de Bolivie qui se révélera être un vrai piège. Sur ordre des Russes, naturellement. D'ailleurs, tout de suite après avoir rencontré le Che, Monje s'envole pour l'U.R.S.S. Pour rendre compte et aussi pour demander de nouvelles instructions. Moscou a déjà décidé d'éliminer le Che, mais encore faut-il trouver des hommes de main pour accomplir la basse besogne!

À ce sujet, on s'est interrogé pendant longtemps sur le rôle d'une très belle et très mystérieuse jeune femme, Tamara Bunke, que ses amis appellent plus simplement Tania. Elle est née en Argentine, mais son père est allemand et sa mère soviétique. Le plus important, c'est qu'elle a fait ses études en Allemagne de l'Est et y a été formée par les services de renseignement : Tania est un agent de Moscou!

Elle connaît le Che depuis longtemps. Ils se sont sans doute rencontrés à Berlin. Peut-être même s'est-il passé quelque chose entre eux. En 1966-67, Tania est en Bolivie, dans les rangs de la guérilla où elle sert d'agent de liaison.

En mars 67, une trentaine de soldats boliviens tombent dans une embuscade tendue par les guérilleros. C'est un succès pour les hommes du Che. Mais un succès à double tranchant. Parce que les Boliviens font un prisonnier. Son interrogatoire donne des indications précises sur la localisation de la guérilla. La meilleure preuve, c'est qu'aussitôt après l'embuscade, l'aviation bombarde la base du Che.

Des rumeurs ont attribué à Tania l'initiative de cette embuscade. Tania qui aurait contrevenu aux ordres de Guevara dans le but de le faire repérer. C'est du roman. Tania n'a pas trahi le Che. Par contre, ce qui est vrai, c'est que Guevara a désapprouvé cette action militaire et qu'il s'est mis dans une violente colère en l'apprenant ! Ce qui est également exact, c'est qu'après cet événement les guérilleros vont subir la pression de plus en plus forte de l'armée bolivienne et que, malgré quelques petits succès militaires, ils devront fuir, toujours fuir et tomberont les uns après les autres.

Tania, elle, n'est pas retournée en U.R.S.S. après avoir trahi le Che et simulé sa mort, comme on l'a prétendu. Elle est morte au cours d'un engagement avec les soldats boliviens. Et Ponchardier, toujours lui, m'a affirmé avoir vu des photos de son corps repêché dans une rivière.

Si la guérilla éprouve de plus en plus de difficultés, c'est parce que, en face, l'ennemi n'est plus tout à fait le même. Car Moscou a trouvé ses hommes de main : des agents de la C.I.A. !

L'opération est subtile. Premièrement, on s'arrange pour piéger Guevara dans une région hostile. Deuxièmement, on fait savoir discrètement et indirectement à Washington que le Che se trouve en Bolivie ! Le tour est joué : aussitôt, la C.I.A. se déchaîne. Elle envoie en Bolivie des hommes, des Bérets verts. Et elle met au service de l'armée bolivienne ses moyens d'espionnage les plus sophistiqués, dont les fameux avions U2. La traque commence, impitoyable !

La capture de Régis Debray par les Boliviens et la campagne de solidarité internationale qui suit font beaucoup pour populariser la guérilla et l'action du Che. Mais, paradoxalement, cela renforce la conviction des Américains : il faut le capturer au plus vite. Et non seulement le capturer mais l'éliminer, le liquider physiquement !

Pourtant, le tuer, c'est aussi prendre le risque d'en faire un martyr. C'est contribuer à perpétuer le mythe... Les Américains le savent très bien. Mais le capturer sain et sauf, ce serait pire. Imaginez le procès de Guevara ! Des centaines de journalistes qui se déplacent. Le Che, avec le talent qu'on lui connaît, qui profite de cette formidable tribune pour en faire une machine de guerre contre les États-Unis et l'impérialisme. Et peut-être aussi contre l'U.R.S.S... Non, c'est impossible ! La mort de Guevara est programmée, inévitable.

Ce ne sont pas des Américains qui ont assassiné Guevara. Mais des soldats formés par les gens de la C.I.A. ! Quelle différence ?

Blessé, à bout de forces, le Che est fait prisonnier. Curieusement, les Boliviens annoncent aussitôt qu'il est probablement mort. En fait, la décision est déjà prise à Washington : il faut le tuer ! Et c'est ce qui se passe le lendemain. Alors que Guevara gît sur un brancard de fortune, au milieu d'une salle de classe, un sergent s'approche. Le Che comprend tout de suite. Il regarde le sergent qui tremble, mitraillette à la main. « Vas-y, tire, n'aie pas peur, tire ! » L'autre hésite. Il n'ose pas. Il boit pour se donner du courage. Et enfin il lâche une rafale de mitraillette. Mais le Che vit toujours. Il faudra une dernière balle tirée dans le cœur pour l'achever. Guevara est mort. La légende commence.

Avant de revenir sur l'hypothèse de Monsieur X, voyons la préface de François Maspero au Journal de Bolivie *écrit par le Che, un livre réédité en 1995 aux éditions de La Découverte. Maspero écrit en évoquant ce journal : « Nul ne peut dire avec certitude en le refermant que le Che est venu se suicider en Bolivie. Mais nul ne peut affirmer non plus qu'il n'a pas vu venir la mort. " À quel moment le Che a-t-il décidé d'en finir ? " s'est interrogé Régis Debray. La réponse est peut-être dans la dernière phrase du message à la Tricontinentale : " Qu'importe où nous surprendra la mort ! Qu'elle soit la bienvenue pourvu que notre cri de guerre soit entendu ! " »*

Il est aussi intéressant de se pencher de plus près sur le discours prononcé par le Che à Alger lors du deuxième séminaire afro-asiatique, le 24 février 1965 : « Les Soviétiques marchandent leur soutien aux révolutions populaires au profit d'une politique étrangère égoïste, éloignée des grands objectifs internationaux de la classe ouvrière. Il ne peut exister de socialisme, si dans les consciences ne s'opère pas un changement qui suscite une nouvelle attitude fraternelle... » Et plus loin encore : « Comment peut-on parler de bénéfice mutuel quand on vend au prix du marché mondial les matières premières produites par la sueur et la souffrance sans limite des pays pauvres, et qu'on achète au prix du marché mondial les machines fabriquées par les grandes usines automatisées modernes. Si un tel type de relation s'instaure entre les différents groupes de nations, il faut en conclure que les pays socialistes sont, d'une certaine manière, les complices de l'exploitation impérialiste ! »

On comprend effectivement que de tels propos aient pu jeter un froid sur les relations entre Moscou et La Havane.

Alors les Soviétiques, comme l'affirme Monsieur X, ont-ils téléguidé les Américains afin de se débarrasser du Che ? Il faut quand même noter que la disparition de Guevara a eu comme conséquence un durable refroidissement entre Cuba et l'U.R.S.S... Pour s'en rendre compte, il suffit de se reporter au discours que Castro a prononcé le 12 janvier 1968, trois mois après la mort de son compagnon d'armes. Le leader cubain, qui affirme ne pas craindre l'excommunication, met violemment en cause la pensée pétrifiée des dirigeants communistes, ces pseudo-révolutionnaires, comme il dit. Et il encourage les gauchistes, les minoritaires à affronter partout les caciques des appareils...

Mais Castro, on le sait bien, reviendra bientôt à un comportement beaucoup plus orthodoxe, purement stalinien.

Enfin, si l'on veut mieux comprendre la réalité de la légende, il faut citer un émouvant témoignage d'Ahmed Ben Bella, qui figure dans un livre de la collection Découvertes chez Gallimard : « Le Che a donné une dimension nouvelle à la révolution. Un souffle plus fort, plus frais. Il y avait quelque chose d'autre chez lui, d'une simplicité totale. Il irradiait avec une conscience et une foi dans l'homme admirables. C'est l'être humain le plus accompli que j'aie approché. Tout au long de mon temps en prison, 15 ans, une petite photo du Che mort, nu, maigre, percé de balles, le visage illuminé par sa lumière intérieure, photo que j'avais découpée dans un magazine, m'a donné de l'espoir quand dans ma vie il faisait froid. »

17

Le piège de l'agent double

Carlos ! Le plus mythique des terroristes contemporains. Un homme que les polices du monde entier ont pourchassé durant si longtemps. Pendant deux décennies, on a soupçonné sa présence derrière chaque nouvel acte de terrorisme. À lui seul, il symbolisait cette nouvelle forme d'action sanglante et impitoyable au service de la révolution. Il était le trait d'union entre les divers mouvements terroristes, Bande à Baader, Brigades rouges, Front populaire pour la libération de la Palestine, Armée rouge japonaise, Action directe, etc. Une internationale de la terreur dont il aurait été le chef d'orchestre et parfois le bras armé. Comme le furet de la chanson, on croyait le voir partout. Dans les hôtels internationaux, dans les aéroports, toujours très élégant, un cigare au bec et inévitablement entouré de jeunes et jolies femmes...

Et puis il y a eu son arrestation à Khartoum, qui reste encore à bien des égards mystérieuse. Pourquoi les Soudanais, réputés soutenir le terrorisme international, l'ont-ils soudain lâché ? Comment ont-ils pu laisser faire les agents français qui ont profité de la banale opération chirurgicale d'une varice pour se saisir d'un Carlos amoindri et sans doute drogué ? ... Les médecins soudanais étaient-ils complices ? Quel prix la France a-t-elle payé ?

Le résultat, en tout cas, c'est, en décembre 1997, l'apparition dans le box des accusés d'un quadragénaire empâté, vociférant et souvent confus... Soudain, la légende en prenait un coup. L'insai-

sissable Carlos était un homme comme les autres. Et on finissait par se demander pourquoi ce personnage ordinaire était devenu un mythe, n'était la traînée sanglante qu'il avait laissée derrière lui.

Monsieur X se penche sur l'étrange épisode qui le fit connaître.

Je voudrais revenir à l'époque où Illich Ramirez-Sanchez est vraiment devenu Carlos. C'est-à-dire au moment où il a été identifié après le carnage de la rue Toullier, en plein Paris. Une affaire qui, malgré le procès qui vient d'avoir lieu, pose encore beaucoup de questions auxquelles personne n'a jamais répondu.

Rappelons les faits, bien qu'ils aient été largement exposés lors du procès de Carlos. Ce simple exposé va montrer à l'évidence que les dés étaient pipés...

Un soir de juin 1975, Illich Ramirez-Sanchez se prépare à faire la fête. Carlos, séducteur impénitent, a toujours aimé la bonne vie. Mais, attention, il s'est aussi habilement servi de son image de play-boy... Comment imaginer qu'un type qui buvait, draguait, dépensait sans compter, était en réalité un dangereux terroriste ? Il ne faut pas oublier que toutes ces filles qu'il draguait lui rendaient aussi beaucoup de services. Leurs appartements étaient autant de planques ! Elles trouvaient bien qu'il avait une vie bizarre, mouvementée, et qu'il voyageait beaucoup. Mais elles ne se posaient pas autrement de questions lorsque Carlos leur confiait un sac ou une valise à garder quelque temps.

Étaient-elles naïves ? Ou amoureuses... En tout cas, elles ne cherchaient pas à en savoir plus. Pour elles, Carlos était un étudiant en sciences économiques issu d'une famille fortunée. Et même s'il les intriguait, elles se contentaient de croire ce qu'il leur disait.

Donc, ce soir-là, Carlos, une bouteille de whisky à la main, se rend rue Toullier, près de la Sorbonne, dans un studio loué par deux de ses amies, Maria Lara et Nancy. Il y a là quelques étudiants des deux sexes, tous sud-américains. Il s'agit d'un pot d'adieu : Nancy retourne chez elle, au Venezuela.

L'un des étudiants joue de la guitare. On boit, on danse, dans une ambiance typiquement sud-américaine. Soudain, on frappe à la porte. L'une des jeunes filles va ouvrir. Derrière la porte, se tiennent deux hommes. Deux policiers. Ils montrent leurs cartes de la D.S.T. L'un est commissaire principal et s'appelle Jean Herranz. L'autre est inspecteur, Raymond Dous.

À cet instant, étrangement, l'une des filles présentes se jette sur le commissaire Herranz et tente de lui arracher sa carte de police. Sans doute la réaction instinctive d'une fille qui navigue comme tous les autres dans les milieux d'extrême gauche et déteste d'instinct les flics.

Après ce bref incident, tout le monde présente gentiment ses papiers d'identité. Même Carlos, qui sort de sa poche des papiers d'identité vénézuéliens parfaitement faux mais fabriqués de façon irréprochable. Peu importe le patronyme qui figurait sur ce passeport, mais impossible de ne pas se rappeler le prénom : Carlos ! C'est désormais sous ce nom que le jeune homme sera connu.

La tension commence à monter lorsque les deux policiers entreprennent de poser des questions à Carlos sur ses activités, ses amis. Le Vénézuélien est de plus en plus hostile. Alors, l'un de ses amis prend sa guitare tandis qu'une fille offre un verre de whisky aux deux policiers, histoire de détendre l'atmosphère.

Après coup, tout cela paraît assez irréel.

En effet, malgré cette accalmie, l'interrogatoire se poursuit. Visiblement, c'est Carlos, et lui seul, qui intéresse les policiers. Brusquement, l'un d'eux, le commissaire Herranz, sort des photos de sa poche et les présente au Vénézuélien. On y voit Carlos marcher dans la rue en compagnie d'un homme dont on va beaucoup reparler, Michel Moukharbal, un Libanais que la D.S.T. soupçonne d'être un terroriste palestinien.

Contre toute évidence, Carlos nie de la façon la plus formelle connaître l'homme qui marche à ses côtés. Mieux, il prétend que ce n'est pas lui qui a été photographié. Le ton monte à nouveau. Carlos menace d'en appeler à son ambassadeur. Il dit que son père est un homme influent. Le commissaire Herranz sourit, il en a vu et entendu d'autres ! Et il ne se laisse pas impressionner. Il palpe le Vénézuélien afin de vérifier qu'il n'est pas armé et demande à son inspecteur d'aller chercher Moukharbal qui attend dans la rue en compagnie d'un autre policier.

Cinq minutes plus tard, le nommé Moukharbal apparaît, suivi de l'inspecteur Dous et d'un autre inspecteur, Donatini ! Dès que le Libanais pénètre dans la pièce, le commissaire l'apostrophe : « Connaissez-vous quelqu'un dans cette pièce ? » Aussitôt, le Libanais désigne du doigt Carlos. Soudain l'enfer se déchaîne ! Carlos a dégainé un pistolet Tokarev et il tire droit devant lui. Comme à l'exercice !

Je pense que Carlos, qui se tenait toujours sur ses gardes, avait dû dissimuler l'arme quelque part dans la pièce et qu'il s'en est emparé à l'insu du commissaire qui avait pourtant pris la précaution de le fouiller.

Quatre balles sont tirées. D'abord sur Moukharbal puis sur les trois policiers de la D.S.T. Tranquillement, Carlos ramasse ses douilles et disparaît. Bilan : trois morts, les deux inspecteurs et Moukharbal. Et un blessé, le commissaire Herranz.

On apprendra un peu plus tard que si les policiers n'ont pas essayé de riposter, c'est qu'ils n'étaient pas armés ! Je me souviens même qu'à l'époque l'ancien directeur et créateur de la D.S.T., Roger Wybot, a parlé d'une erreur professionnelle grave. Or Wybot connaissait personnellement l'un des inspecteurs qu'il avait eu sous ses ordres. Et il affirmait que jamais ce policier n'aurait accompli une telle mission sans prendre son arme de service.

Une première hypothèse vient à l'esprit : quelqu'un s'est débrouillé pour qu'ils soient sans armes. Ces trois flics ont été envoyés à l'abattoir ! Il fallait qu'ils meurent ou qu'ils soient blessés ! Tel était le but de la manipulation.

Comment a-t-on pu persuader ces trois policiers de la D.S.T.

de venir sans armes ? J'y ai longuement réfléchi et j'ai aussi bénéficié d'informations inédites. Voilà comment je vois les choses : le manipulateur leur donne un tuyau, la possibilité d'infiltrer un important réseau de terrorisme lié aux Palestiniens. L'affaire qu'on ne voit qu'une fois dans sa vie quand on est policier du contre-espionnage. On leur explique : un contact va être organisé. Mais, attention, pour inspirer confiance, il faut y aller sans armes.

Les policiers de la D.S.T. se rendent donc rue Toullier, lieu du prétendu contact. Mais quand ils arrivent dans le studio de la rue Toullier, ils tombent au beau milieu d'une surprise-partie. Drôle de façon d'amorcer un contact. Ils sont effarés, un peu débordés. Mais l'important est que celui ou ceux qui ont envoyé les policiers savent que Carlos se trouve dans ce studio. Et qu'inévitablement, s'il se sent menacé, il ouvrira le feu !

Continuons : toutes les pièces du puzzle vont peu à peu se mettre en place.

Pour la police, le triple meurtre de la rue Toullier est un vrai coup de bambou ! Pourquoi ? Parce que, entre les terroristes palestiniens et les autorités françaises, il existe une sorte de marché : ne commettez pas d'actions violentes sur notre territoire et nous fermerons les yeux sur vos activités. Et si, malgré tout, il y a quand même eu quelques inévitables arrestations de Palestiniens, ces affaires se sont toujours conclues par de légères peines de prison ou des expulsions. Rien de bien méchant. D'un seul coup, ce double meurtre de policiers français sonne comme une déclaration de guerre. La police est décidée à mettre les bouchées doubles.

Très vite, Carlos est identifié ! On a retrouvé dans le studio de la rue Toullier des empreintes digitales sur des verres. Les autorités vénézuéliennes sont alertées. Elles compulsent leur « sommier » et trouvent la fiche d'un révolutionnaire communiste, un certain Illich Ramirez-Sanchez. Les empreintes dactyloscopiques concordent.

Dans le même temps, les enquêteurs interrogent toutes les

relations de Carlos à Paris et à Londres. Et surtout ils s'intéressent aux documents qu'ils trouvent chez le nommé Moukharbal, le Libanais tué en même temps que les deux policiers de la D.S.T. À partir de là, tout va aller très vite.

Deux ou trois jours après l'affaire de la rue Toullier, les policiers perquisitionnent l'appartement d'une amie de Carlos, une Sud-Américaine, elle aussi. Là, ils découvrent un fantastique arsenal : grenades, armes diverses, explosifs ! Les armes « parlent ». Les grenades, en particulier. Elles proviennent d'un lot volé en Allemagne dans un dépôt de l'armée américaine. Des grenades de ce type ont été utilisées lors de plusieurs actions terroristes récentes. Par exemple, lors d'un attentat suivi d'une prise d'otages commis à Orly. Des grenades du même lot ont aussi servi lors de la prise d'otages à l'ambassade française de La Haye et lors de l'attentat au drugstore Saint-Germain.

Les enquêteurs savent maintenant qu'ils ont affaire à un redoutable terroriste international ! Un homme qui est manifestement très dangereux, parfaitement organisé et qui bénéficie de l'aide d'une véritable nébuleuse terroriste peut-être commanditée par le K.G.B. Dans la planque de la rue Amélie, on saisit également une quantité de faux papiers, de faux billets d'avion, de faux permis de conduire. Et tout un matériel de faussaire. Il y a aussi une liste de personnalités françaises, juives ou pro-israéliennes, vraisemblablement les prochaines cibles du terroriste.

Au même moment, à Londres, au domicile d'une autre amie de Carlos, Scotland Yard découvre un nouvel arsenal tout aussi impressionnant !

Le plus étonnant, c'est qu'on trouve tous ces détails dans la presse. L'enquête est pourtant menée par des services spéciaux, la D.S.T. en l'occurrence, services qui n'ont pas l'habitude de divulguer leurs petits secrets. Alors pourquoi tant de publicité ?

J'avoue que je suis d'abord choqué par cette enquête qu'on peut suivre à journal ouvert. Ensuite, j'ai essayé de comprendre. Cette publicité donnée à l'enquête peut s'expliquer par le fait que la D.S.T. veut faire oublier son échec de la rue Toullier et qu'elle essaie de prouver à l'opinion publique qu'en dépit de cet échec elle reste performante. Mais c'est une maison que je connais bien ! Je suis certain qu'en aucun cas la D.S.T. n'aurait rendue publique son enquête, au risque de compromettre ses futures investigations.

L'origine des fuites se trouve donc ailleurs. Des gens savent et ils veulent que ce qu'ils savent soit connu du plus grand nombre. Au risque, par exemple, d'enjoliver la vérité. Ou de transformer cette vérité en désinformation !

Je m'explique : les découvertes de caches d'armes, les faux passeports, les belles amies de Carlos, tout ça, c'est vrai ! Mais l'existence d'une internationale terroriste manipulée, dirigée depuis Moscou, c'est déjà moins évident. Et pour tout dire, ça me paraît hautement suspect. Dans ce genre d'affaires, il faut se garder de simplifier. Les Soviétiques, ponctuellement, soutiennent les mouvements terroristes et les utilisent à leur profit. Mais la source de tous les maux de l'Occident ne se trouve pas forcément à l'Est. J'irai même plus loin : les Soviétiques se méfient terriblement des terroristes ! Les gens du K.G.B. savent bien que ces types sont incontrôlables et peuvent un jour se retourner contre eux ! D'ailleurs, à Moscou même, il y a eu des actes terroristes. Mais, bien sûr, on n'en a jamais parlé à l'Ouest.

Quant à Carlos, j'ai appris plus tard qu'il a parfois travaillé pour le K.G.B. Mais toujours indirectement. Ce n'était pas un agent de la centrale soviétique au sens où on l'entend d'habitude. C'était plutôt une sorte de contractuel. Je peux même révéler que Moscou était si suspicieux à l'égard de ces mouvements terroristes qu'il préférait en laisser le traitement aux pays satellites, l'Allemagne de l'Est et la Roumanie, essentiellement.

Un dernier exemple de désinformation : les grenades. La presse, trop bien informée, les prétend volées dans un dépôt de l'armée américaine en Allemagne par des membres de la bande à Baader. Or ce n'est pas établi. Mais pourtant l'information a été publiée à seule fin de faire croire que tous les mouvements terroristes sont liés les uns aux autres et qu'une véritable internationale de la terreur inspirée par Moscou menace l'Occident ! Mais, voilà, c'est faux, même si ces mouvements ont à l'occasion des relations entre eux comme on l'a vu en d'autres occasions.

J'affirme que ceux qui sont à l'origine de cette opération de désinformation sont les mêmes qui ont envoyé les policiers de la D.S.T. rue Toullier. Mais avant de donner la clef de l'énigme, intéressons-nous d'un peu plus près à Michel Moukharbal, ce Libanais tué par Carlos. Voici son histoire telle que j'ai pu la reconstituer après coup.

Engagé depuis assez longtemps aux côtés des Palestiniens, membre du F.P.L.P., il était très proche de Habache et Haddad. Après la mort à Paris de Mohamed Boudia, victime d'un attentat perpétré par le Mossad, il devient le responsable du F.P.L.P. pour la France.

En 1972, Moukharbal rencontre Carlos. Le jeune Illich Ramirez-Sanchez est envoyé par le patron de Moukharbal, Waddi Haddad, celui qu'on appelait le « Vieux » et qui a sans doute été l'un des chefs clandestins palestiniens les plus redoutables.

À l'époque, Carlos n'est pas encore un terroriste, mais il est en passe de le devenir. Il a déjà subi un entraînement sérieux. Pour les Palestiniens, ce jeune Vénézuélien est une recrue incontestablement prometteuse. Il le prouve d'ailleurs assez rapidement en perpétrant tout seul un attentat contre un richissime homme d'affaires anglais d'origine juive.

Entre Carlos et Moukharbal ce n'est pas la passion. Le Vénézuélien est un homme d'action, le Libanais, lui, est plutôt un homme de cabinet, un fonctionnaire du terrorisme, un agent de liaison. Ils n'ont donc rien de commun. Mais après la mort de Boudia ils sont bien obligés de collaborer et de préparer ensemble des attentats, en particulier le double attentat d'Orly au début 1975. En mai, Moukharbal s'envole pour Beyrouth.

Puis il revient en France à la mi-juin, donc quelques jours avant la fusillade de la rue Toullier.

Dès son retour, Carlos prend contact avec lui. Le rendez-vous a lieu dans un bistrot. Moukharbal est nerveux, agité. Carlos lui demande ce qu'il lui arrive. Le Libanais ne répond pas. Mais il veut lui confier une valise contenant des archives du mouvement. Car Moukharbal note tout. Un vrai comptable ! Quand on est un clandestin, ce n'est pas très prudent.

Les deux hommes sortent du bistrot, font quelques pas dans Paris. Carlos réceptionne la valise. Moukharbal, toujours aussi mal à l'aise, finit par confier au Vénézuélien qu'il a été intercepté à Beyrouth par la Sûreté libanaise. Les policiers l'ont longuement interrogé puis ils l'ont relâché et l'ont même autorisé à prendre un avion pour Paris. Carlos trouve ça bizarre. Pourtant il n'insiste pas.

Je n'ai pas de certitude mais je pense que Moukharbal, en racontant cette histoire à propos de la Sûreté libanaise, a voulu avertir Carlos et lui signifier qu'il représentait un danger. « Écarte-toi, cesse de me fréquenter ! » Une sorte de remords un peu tardif. Car, en réalité, Moukharbal est un agent double !

Depuis un certain temps déjà, il est retourné et tenu par le Mossad israélien. Cependant, il doit vivre très mal cette trahison : ces demi-aveux à Carlos sont peut-être sa première et sa dernière tentative pour échapper à son destin.

Aussitôt après cette confidence, Moukharbal disparaît. Il est appréhendé par des agents du contre-espionnage français. Officiellement, c'est la Sûreté libanaise qui a prévenu la D.S.T. La D.S.T. qui a pisté Moukharbal dès son arrivée à Orly et qui a pu prendre des photos du Libanais en compagnie de Carlos. En réalité, je crois plutôt que c'est le Mossad qui a mis la police française sur les traces de Moukharbal.

Il est évident que ce sont les Israéliens qui ont écrit le scénario ! Et celui-ci prévoit que Moukharbal sera arrêté par le contre-espionnage français, qu'il refusera d'abord de dire quoi que ce soit sur ses activités, puis qu'il finira par parler et proposer aux policiers de rencontrer un terroriste d'envergure, un certain Carlos ! Une offre particulièrement alléchante.

C'est à ce moment-là, j'en suis certain, qu'il suggère aux policiers de venir sans armes au rendez-vous.

Moukharbal, en conduisant les types de la D.S.T. jusqu'au studio de la rue Toullier, sait-il que Carlos tirera et le tuera, lui aussi ? Je le crois. Carlos, le découvrant avec des policiers français, réalisera aussitôt qu'il est trahi ! Moukharbal connaît assez bien Carlos pour savoir comment il réagira. Cela aussi, c'est prévu par le scénario du Mossad.

Mais, après tout, peut-être que Moukharbal, dégoûté de lui-même, estime que c'est pour lui la meilleure façon d'en finir.

Quant à l'objectif poursuivi par les hommes du Mossad, il est clair. Les Israéliens ne supportent plus que la France soit une terre d'asile pour les Palestiniens ! En faisant tuer des policiers français par Carlos, en révélant ensuite les développements de l'enquête, en orchestrant enfin une véritable campagne de publicité sur les réseaux terroristes, ils sont sûrs de contraindre la France à agir ! Et donc de s'attaquer directement, et pour la première fois, aux réseaux palestiniens en France !

Un livre très documenté sur Carlos est paru en 1997 aux éditions Jean Picollec. Intitulé Carlos, le dossier secret *et écrit par Roland Jacquard et Dominique Nasplèzes, il retrace l'étonnant parcours du terroriste le plus connu au monde : « Illich Ramirez-Sanchez est né le 12 octobre 1949 à Caracas dans une famille aisée aux idées marxistes. Ses frères cadets, Lénine et Vladimir, sont nés en 1951 et 1958 et vivent toujours au Venezuela. » Les deux auteurs remarquent qu'en prénommant ainsi ses trois enfants, le père a voulu ainsi clairement afficher ses opinions. Ils ajoutent : « En échange de ces trois prénoms révolutionnaires, la mère, Dona Alba, une catholique fervente, a obtenu le baptême de ses enfants. » Jacquard et Nasplèzes évoquent ensuite la vie dans la famille : « La " casa Ramirez " est en ébullition permanente ; la politique fait partie de la vie de famille. Le marxisme est la religion domestique. José Ramirez aura une influence considérable sur son fils. Toute sa vie, Illich verra en lui le modèle de l'engagement au service d'une idée supérieure, un engagement qu'il qualifiera plus tard de religieux. » Plus loin, les deux auteurs parlent de ce père qui a eu une influence si grande sur Carlos. Ils écrivent que « Ramirez est une personnalité hors du commun qui aime la révolution mais aussi le luxe et le pouvoir de l'argent. Un intellectuel brillant qui jouait avec le feu en flirtant avec un communisme interdit ou encore en envoyant ses enfants à l'université Patrice-Lumumba de Moscou, alors que lui-même usait et abusait des mécanismes subtils du capitalisme pour s'enrichir ».*

Monsieur X a fait allusion à une déclaration de l'ancien directeur de la D.S.T., Roger Wybot. Dans France-Soir, *Wybot donne en effet son sentiment sur la fusillade de la rue Toullier. Après s'être étonné de constater que les policiers n'aient pas été armés, il déclare : « Il y a peut-être des raisons spéciales très supérieures et très compliquées. Mais tout de même, les méthodes employées me paraissent très inhabituelles... » Une conclusion qui abonde dans le sens de la thèse de Monsieur X.*

D'autre part, à propos de la publicité accordée à l'enquête de la police, il est intéressant de consulter le Monde *paru le 12 juillet 1975. Le quotidien du boulevard des Italiens, comme on disait à l'époque, s'interroge : « Jamais les recherches de la D.S.T. n'ont reçu autant de publicité que celles sur la fusillade de la rue Toullier. Jamais dans l'histoire d'un service aussi secret, autant d'éléments d'une enquête n'ont été pareillement révélés, officiellement et officieusement. Les informations ont été fournies en abondance, au risque de les voir considérablement déformées ou exagérées... »*

D'après le livre déjà cité, Carlos, le dossier secret, *Carlos aurait pour la première fois révélé une partie de la vérité sur l'affaire de la rue Toullier au cours d'une audition chez le juge Bruguière : « Carlos acceptera de lever un coin de voile sur la thèse de la manipulation le 24 février 1997. Pour lui, Moukharbal a été éliminé dans un guet-apens organisé par le Mossad avec la complicité de la police française. L'objectif de cette confrontation rue Toullier était de rompre l'accord de non-agression entre la Résistance palestinienne et l'État français, accord similaire à ceux conclus avec la plupart des pays européens. »*

Une thèse qui n'est pas très éloignée de celle de Monsieur X.

18

L'opération Kadhafi

Trublion international, soupçonné de fabriquer massivement des armes chimiques, d'abriter et téléguider les terroristes du monde entier, Kadhafi a été l'objet de l'attention toute particulière du monde occidental.

Il y a trente ans, le 1er septembre 1969, un groupe de jeunes officiers – ils s'appellent eux-mêmes les « officiers libres » – déposent le roi Idris. Un putsch tranquille, sans effusion de sang. Très vite un homme s'impose parmi ces militaires : Muammar Kadhafi, dont le patronyme signifie « l'envoyé du désert ». Beau, mystique, généreux, le jeune colonel, qui se réclame de son voisin Nasser, prône une politique socialiste tout en brandissant le Coran. Rompant avec la corruption qui était de mise sous le vieux roi Idris, partisan d'une démocratie directe, Kadhafi s'attire les sympathies du camp socialiste mais aussi du monde arabe. Un monde qu'il veut unir. L'union, une véritable obsession pour Kadhafi qui tentera successivement de fédérer son pays avec le Soudan, l'Égypte, la Syrie, la Tunisie et, enfin, le Tchad. Des projets de mariage qui échoueront tous.

Peu importe. Le bouillant Kadhafi, fort de la manne pétrolière, finance un peu partout dans le monde arabe la construction de mosquées, encourage la création d'écoles coraniques, distribue des bourses d'études. Mais surtout il semble l'inspirateur, sinon le principal soutien, des mouvements terroristes qui frappent au Proche-Orient et dans les pays européens. Ce qui lui vaut à plu-

sieurs reprises d'être mis à l'index par les pays occidentaux et même d'être directement frappé par les États-Unis qui considèrent encore aujourd'hui que la Libye est un État terroriste.

D'après Monsieur X, la France aurait joué un rôle important dans les manœuvres visant à déstabiliser ou tuer le leader libyen. Un rôle important mais pas toujours brillant !

Il est temps de reconnaître que le colonel Kadhafi a toujours été une cible pour les gouvernements français. Et donc pour les services.

Lorsqu'il est arrivé au pouvoir, nous avons attendu pour voir. Quelle politique allait mener ce jeune colonel inconnu ? Très vite, les dirigeants de notre pays se sont posé des questions. Kadhafi semblait imprévisible. Il agissait par foucades, s'entichait d'un jour à l'autre de tel ou tel. Puis c'était la rupture, brutale. Un drôle de type, apparemment. D'ailleurs, son voisin de l'ouest, Habib Bourguiba, l'appelait « le fou » ! C'est dire.

Il faut se méfier des apparences. Kadhafi adore amuser la galerie. Il aime se mettre en valeur, provoquer. Mais il ne serait pas resté au pouvoir aussi longtemps s'il n'était qu'un bouffon imprévisible. Surtout quand on pense à la puissance de ses ennemis de l'extérieur !

Pour ma part, je suis persuadé que Kadhafi cache son jeu. Il gesticule. Mais, au fond, c'est un calculateur.

Dès le début des années 70, on retrouve Kadhafi sur plusieurs fronts. Il conspire contre ses voisins immédiats, l'Égypte et la Tunisie. Mais il suscite aussi des émeutes religieuses au Nigeria, favorise un complot au Ghana, se mêle des affaires libanaises et menace le Tchad dont il va bientôt envahir une partie du territoire. Enfin il soutient le sanglant dictateur ougandais, Idi Amin Dada.

Comme la Libye est très riche – Kadhafi a pris le contrôle des ressources pétrolières peu après son accession au pouvoir au détriment des grandes compagnies étrangères –, le jeune chef d'État achète des armes, beaucoup d'armes. Il nous a par exemple commandé (et payé) des dizaines de Mirage à l'époque de la crise des vedettes de Cherbourg [1]. Mais, c'est surtout à l'Est que Kadhafi fait son marché. Pour des milliards de dollars, il achète des tanks, des avions. Des armes qu'il n'utilise pas. Mais qui sont là, chez lui. Elles font peur et c'est le principal. Au fond, ce sont surtout des armes psychologiques !

En vérité, Kadhafi se servira quand même de ce formidable arsenal une seule fois, au Tchad. Et on le soupçonnera plus tard de produire et d'accumuler d'énormes stocks d'armes chimiques. Tout comme Saddam Hussein.

Assez rapidement, dans les services français, on acquiert la conviction que Kadhafi distribue ses dollars pour financer des réseaux terroristes. Ce qui irrite surtout le pouvoir au plus haut point, c'est que le leader libyen semble trouver un malin plaisir à marcher sur nos plates-bandes. Lorsqu'il encourage la subversion en Afrique ou en Tunisie il nous provoque directement. Le colonialisme, c'est fini. Mais pas le néo-colonialisme. Les intérêts français demeurent et des réseaux sont en place à seule fin de les sauvegarder.

Au milieu des années 70, Kadhafi, malgré les Mirage qu'on lui a vendus, apparaît soudain comme l'ennemi. Il devient urgent de l'abattre ou de s'en débarrasser. Au S.D.E.C.E., chargé d'étudier toutes les éventualités, le premier réflexe est d'aller demander la coopération de la C.I.A. Depuis l'élection de Valéry Giscard d'Estaing en 1974 et la nomination d'Alexandre de Marenches à la tête de nos services secrets, les relations se sont considérablement réchauffées entre la France et les États-Unis. Et donc entre leurs organismes de renseignement respectifs. Pourtant, la C.I.A. fait la moue. Nous avons beau dire que les Libyens représentent un danger croissant et que Kadhafi est l'un des principaux financiers et instigateurs du terrorisme international, il n'y a rien à faire. Les Américains n'ont pas envie de se lancer dans l'aventure.

1. Voir tome 1 des *Mémoires secrets*, p. 179.

Les services français montent donc une opération avec leurs propres moyens. En 1975, nous réussissons à persuader un compagnon de Kadhafi, un certain Meheishi, de déposer le leader libyen à la faveur d'un putsch. Mais ce capitaine est lui-même trahi par l'un des conspirateurs. L'opération est un échec. L'officier félon parvient à s'enfuir. Toutefois, il ne fait pas bon être un opposant à Kadhafi. À l'intérieur de la Libye comme à l'extérieur. Je suis persuadé que ce Meheishi a fini par être liquidé par les tueurs de Kadhafi.

Le S.D.E.C.E. ne renonce pas pour autant. Avec le feu vert des services gouvernementaux naturellement ! En 1977, les agents français recommencent. Il s'agit alors de susciter depuis l'Égypte la création d'un mouvement d'opposition à Kadhafi. Le président Sadate nous appuie. Lui aussi veut se débarrasser de son encombrant voisin. Ça ne lui portera pas chance, nous le verrons plus tard.

Dans le même temps, le S.D.E.C.E. encourage des actions de commando contre la Libye. Cette nouvelle initiative se traduit par un nouvel et cuisant échec !

Pour autant et moins que jamais, il n'est pas question d'abandonner. Au Tchad, les Libyens sont maintenant directement impliqués dans les conflits qui déchirent le pays. Toucher au Tchad, c'est toucher à la France ! Pour abattre Kadhafi, on va désormais employer les grands moyens.

1980 est l'année cruciale. Elle commence par une tentative de déstabilisation opérée par Kadhafi contre la Tunisie du président Bourguiba. Le leader libyen considère que ce dernier est un modéré, inféodé à l'Occident. Ce en quoi il n'a pas tout à fait tort. En outre, offense suprême, Bourguiba, comme les autres chefs d'État arabes, a refusé le mariage que lui proposait Kadhafi.

Avec l'aide des services secrets libyens, des opposants tunisiens pénètrent à Gafsa, dans le Sud tunisien. Ils se font passer pour des membres d'une équipe de football palestinienne. L'opération prévoit l'intervention des hommes de Kadhafi dès que l'insurrection aura éclaté.

À peine arrivés, les faux joueurs de football investissent par surprise une caserne. Ils s'emparent des armes et commencent à les distribuer. Très vite, Tunis alerte Paris. Aussitôt, le S.D.E.C.E. envoie une équipe du service Action. Des armes sont livrées par avion, des bâtiments de notre flotte se dirigent vers les côtes libyennes. Bien sûr, l'affaire fait long feu. Les insurgés résistent un peu. Mais ils finissent par tomber sous les balles des soldats tunisiens et de nos hommes. Il y a des dizaines de morts.

Les Libyens, prudemment, ne bougent pas. Ils se contentent de se venger à leur façon en mettant à sac l'ambassade de France à Tripoli !

L'insurrection fomentée par Kadhafi se traduit par un échec. Mais à Paris on enrage. Non seulement les Libyens nous provoquent au Tchad où ils encouragent notoirement les rebelles, mais ils ont récemment fait les yeux doux à Bokassa, Bokassa devenu l'ennemi personnel du président français [1]. Et maintenant ils osent s'attaquer à un pays ami, la Tunisie. En France, on est furieux : il faut vraiment en finir avec Kadhafi !

Au S.D.E.C.E., le colonel Alain de M. est chargé de coordonner l'opération. Ça lui coûtera assez cher. Parce que lorsqu'il s'avérera que le S.D.E.C.E. a essuyé un nouvel échec, il faudra bien trouver un coupable. Sa hiérarchie reprochera au colonel de l'avoir court-circuitée en recevant ses ordres en ligne directe des services gouvernementaux. Et il sera écarté. Mais s'il avait réussi...

Alain de M. met au point une fusée à plusieurs étages. Premier étage : l'intoxication. Il s'agit de persuader l'opinion publique que Kadhafi n'est pas intouchable et que son pouvoir est menacé. On répand la rumeur d'un attentat auquel le leader libyen aurait échappé de justesse.

L'opération est subtile. Elle est montée avec la complicité d'un dirigeant oppositionnel tchadien qui n'a rien à nous refuser. Celui-ci déclare qu'il a été récemment reçu par Kadhafi. Le

1. Voir chapitre 21, « Un empereur embarrassant ».

Libyen avait l'épaule bandée. L'un des officiers de sa propre garde lui aurait tiré dessus.

L'information, parfaitement fausse, est bien sûr largement reprise dans la presse internationale. Le colonel de M. peut alors penser à allumer le deuxième étage de sa fusée.

Cette phase est encore mystérieuse et je ne suis pas sûr de connaître toute la vérité. Fin juin 1980, un DC 9 d'une compagnie aérienne italienne s'écrase en mer, quelque part au nord de la Sicile. À bord, il y a près de quatre-vingts personnes. Et aucun survivant.

Le DC 9 est loin d'être seul en vol ce jour-là au nord de la Sicile. Le ciel est même excessivement fréquenté. D'abord, il y a deux Mig libyens. Mais aussi d'autres appareils. En tout cas, au moins un. Un avion de chasse occidental. Quand les deux pilotes des Mig libyens l'aperçoivent, craignant d'être attaqués, ils se rapprochent du DC 9 afin de confondre leur trace avec celle de l'avion de ligne. La masse de cet appareil est beaucoup plus importante que celle d'un avion de chasse. Dans le cas d'un tir de missile téléguidé, c'est l'avion de ligne qui jouera le rôle de leurre.

C'est effectivement ce qui se passe : le chasseur occidental poursuivant tire en direction des avions libyens. Mais c'est le DC 9 qui est touché et explose.

La chasse ne se termine pas avec la destruction du DC 9. Les Mig libyens sont toujours dans la ligne de mire de l'agresseur. L'un des pilotes libyens fait une fausse manœuvre en voulant échapper à son assaillant. Il s'écrase sur une montagne calabraise. Ce qui a permis à certains de prétendre plus tard que c'est l'un des Mig libyens qui a tiré sur le DC 9 italien et donc provoqué la catastrophe. Mais c'est faux !

Ai-je des preuves de ce que j'avance ? Au moins une. On a réussi à remonter quelques débris du DC 9. Parmi ceux-ci, on a retrouvé des fragments de missile. Un missile qui équipe généralement les avions de l'OTAN mais absolument pas les appareils libyens. Autre chose, quand les enquêteurs ont voulu vérifier les enregistrements radar effectués par les tours de contrôle, ils se sont aperçus que tous les documents avaient été falsifiés. On avait voulu effacer la trace de la terrible bavure.

À mon avis l'explication est la suivante : chez nous, les hommes chargés de l'opération Kadhafi apprennent que le leader libyen doit se rendre dans un pays de l'Est, sans doute la Pologne. Ils décident d'abattre son avion au-dessus de la Méditerranée, peu de temps après son départ de Libye. Les deux Mig, c'est l'escorte de Kadhafi, sa garde rapprochée. Lui voyage à bord d'un troisième appareil. Un avion qui a pu s'échapper à la faveur d'une manœuvre de diversion opérée par les deux Mig.

Pour autant, je ne sais pas quelles étaient les couleurs de l'avion de chasse qui a abattu le DC 9. En effet, en 1980, la C.I.A. et le S.D.E.C.E. ont enfin décidé de faire cause commune pour éliminer Kadhafi ! Alors chasseur américain ou français ? Mystère !

Si la C.I.A. et le S.D.E.C.E. ont décidé de collaborer, c'est que Ronald Reagan vient d'arriver au pouvoir. Pour lui, Kadhafi est une créature de Moscou. Un terroriste, un personnage dont il faut absolument débarrasser la planète !

Il reste quand même que cette attaque aérienne ratée constitue un nouvel échec. Un échec dramatique ! Le troisième étage va donc être mis à feu tout de suite après l'affaire du DC 9.

Le S.D.E.C.E. est parvenu à ferrer un gros poisson, l'ancien chef de la Sécurité militaire de Kadhafi, un certain Driss Chehaibi. Le colonel de M. a persuadé cet important personnage de se révolter et de tenter un putsch. Il l'a assuré du soutien d'opposants libyens réfugiés au Caire. Des opposants prêts à créer immédiatement un gouvernement provisoire en exil. Cette fois, l'opération est d'envergure, d'autant que Sadate est encore dans le coup. Et pourtant, comme les autres, elle échoue. Au début du mois d'août 1980, la garnison libyenne de Tobrouk se soulève. Mais la mutinerie est rapidement jugulée. Chehaibi, lui, est capturé et exécuté.

Kadhafi est sans doute mieux protégé que le colonel de M. et les conjurés ne le pensent. En effet, les services secrets libyens, sans doute avec l'assistance des Allemands de l'Est, ont pu « sonoriser » un local où les comploteurs se réunissaient. Ils connaissaient donc tous les détails du complot et ils l'ont étouffé dans l'œuf !

En tout cas, ce troisième échec sonne le glas des tentatives du colonel de M. Quelques jours après la débâcle de Tobrouk, il est limogé.

Mais à Paris et à Washington, on s'obstine. Les Israéliens sont enrôlés. Ils vont collaborer avec les Égyptiens puisque les accords de Camp David ont scellé leur réconciliation.

Une véritable action de guerre est mise au point. Le plan est simple : un petit matin, une escadrille de Mirage arborant des cocardes égyptiennes franchit la frontière et envahit l'espace aérien libyen. Destination : Tripoli ! Objectifs : les principaux centres du pouvoir, quelques bases militaires soigneusement repérées, mais aussi la villa de Kadhafi située près de la capitale.

Pilotes et appareils sont tous israéliens. Dans le même temps, au sol, des éléments anti-Kadhafi infiltrés dans l'armée libyenne profitent de la panique engendrée par ce bombardement pour s'emparer de sites stratégiques.

Mais comment justifier une telle attaque auprès de l'opinion internationale ? La C.I.A., le S.D.E.C.E. et les autres ont tout prévu : c'est la contribution égyptienne. Dès le début de l'attaque aérienne, de gros hélicoptères décollent d'une base située près de la frontière avec la Libye. Ils déposent dans le désert, en territoire égyptien, des blindés de fabrication soviétique peints aux couleurs libyennes sur lesquels on a effectué quelques tirs de lance-roquettes. Pour faire plus vrai, on ajoute une poignée de cadavres revêtus de l'uniforme libyen. Le but, c'est de faire croire à une attaque libyenne en Égypte. Des représentants de la presse internationale sont invités à venir photographier véhicules et cadavres. L'attaque aérienne des Mirage apparaît donc comme une simple action de représailles !

En somme, c'est à grande échelle le plan suivi par les nazis lorsqu'ils ont décidé en 1939 d'entrer en Pologne.

J'ajoute un dernier détail : comme par hasard, le jour de l'attaque aérienne, la flotte américaine croisera au large de la Libye. Pour dissuader éventuellement les Soviétiques de se mêler de ce qui ne les regarde pas.

Mais ce plan habile sinon très moral ne sera jamais appliqué ! Pourquoi ? Parce que François Mitterrand vient d'arriver au pouvoir en France. Lorsque Valéry Giscard d'Estaing donne les clefs de l'Élysée à son successeur, il lui livre les grandes lignes de ce plan anti-Kadhafi. Un plan dont il attribue la paternité à Sadate.

Mitterrand prend connaissance de ce fantastique montage. Et il décide d'attendre. Le nouveau président n'est pas chaud. Et les autres, services secrets égyptiens, C.I.A. et Mossad, devant l'hésitation des Français, choisissent de surseoir. C'est d'autant plus logique que Mitterrand a accueilli des ministres communistes dans son gouvernement. Une fuite vers Moscou est toujours possible. Donc, prudemment, on renonce.

Quelques mois plus tard, le président égyptien Anouar el-Sadate est assassiné. Les Libyens ont dû finir par être informés de ce qui se tramait contre eux et ont décidé de se venger à leur manière ! Tuer Reagan, Begin ou même Mitterrand, c'était difficile. Encore qu'on a parlé de commandos libyens qui se seraient introduits aux États-Unis et en France. Sadate, c'était incontestablement plus facile puisque de nombreux Libyens vivent en Égypte. Les extrémistes musulmans qui ont procédé à l'exécution ont été à l'évidence manipulés, sans doute avec l'assistance d'agents soviétiques infiltrés dans le haut commandement égyptien depuis l'époque Nasser. Ça a dû être un jeu d'enfant que de persuader quelques fanatiques de tirer sur Sadate. Sadate qui avait osé faire le voyage en Israël pour y parler de paix.

Le président égyptien est mort en octobre 1981. Un mois plus tard, le magazine américain *Time* lance une vraie bombe. Il affirme que Français et Américains ont comploté pour assassiner Kadhafi. Le journal américain semble détenir des informations très précises... Il affirme en particulier qu'au mois de février 1981 un haut responsable français s'est rendu à Washington pour discuter avec ses homologues américains des détails de l'opération.

Et, justement, en ce mois de février, M. Jean François-Poncet, ministre des Affaires étrangères de Valéry Giscard d'Estaing, a fait le voyage de Washington. Le journal se contente de faire le rapprochement.

J'ajoute que *Time*, sans donner tous les détails de l'opération que j'ai décrite, évoque l'utilisation par la C.I.A. et le S.D.E.C.E. d'exilés libyens. Et il indique également, détail amusant, que si le plan n'a pas été mis à exécution après cette rencontre de haut niveau en février, c'est que les Américains ont préféré attendre l'issue des élections présidentielles en France. Des élections où ils voyaient Giscard vainqueur sans aucune difficulté ! Donc, pour eux, il n'était pas utile de se presser.

À mon avis, on peut s'interroger sur l'origine des fuites qui ont permis à *Time* de publier ce papier. Pour ma part, je suis persuadé que c'est à Tripoli qu'il faut chercher. Ultime vengeance, Kadhafi se moque à sa façon des Américains et des Français en rendant publiques leurs manœuvres.

Un fou ? J'en suis moins sûr que jamais !

Jean François-Poncet a toujours nié, avec la plus grande fermeté, le rôle que lui prêtait le magazine Time. *Et, après les révélations du journal américain, les autorités françaises, les nouvelles autorités, ont gardé un silence prudent.*

Dans ces années 70, Kadhafi a vraiment cristallisé la haine des Occidentaux. La presse proche du pouvoir giscardien encourage la lutte à outrance contre Kadhafi. Voici par exemple ce qu'écrit Patrick Wajsman dans Le Figaro *: « Il ne faut pas oublier trop rapidement que Kadhafi continue de représenter un risque inac-*

ceptable pour le monde occidental. Et cela, quelque séduisantes que soient ses arabesques tactiques. Pourquoi ne s'en aperçoit-on pas ? Pourquoi n'attire-t-on pas davantage l'attention de l'opinion publique sur ce pays qui n'hésite pas à offrir à l'U.R.S.S. la possibilité d'exercer une formidable menace sur l'aire méditerranéenne ? Le dictateur libyen dispose d'un arsenal " made in Moscou " évalué à douze milliards de dollars. Ses quatre cent cinquante avions de combat sont souvent confiés à des pilotes nord-coréens et à des techniciens tchèques. Ses trois mille chars sont pour la plupart entretenus par des Soviétiques, l'encadrement de ses services secrets est abandonné à des Allemands de l'Est et à des Cubains. Au total, plus de cinq mille conseillers appartenant au bloc communiste forment, entraînent, chaperonnent et noyautent les adeptes du Templier d'Allah. » Et le journaliste de poursuivre sur le même ton : « À qui fera-t-on croire que de tels investissements en hommes et en matériels sont destinés à assurer la sécurité du seul territoire libyen ? »

Pour ce qui touche au mystérieux attentat dont a été victime le DC 9 italien, on peut se reporter au livre de Roger Faligot et Rémy Kauffer, consacré aux Maîtres espions *et paru chez Robert Laffont. Les deux enquêteurs donnent une version assez proche de celle de Monsieur X. Toutefois, ils ajoutent que dans ces actions anti-Kadhafi il existait, en dehors de la C.I.A. et du S.D.E.C.E., un troisième larron occidental : le MI 6, c'est-à-dire le service d'espionnage britannique. Mais ils évoquent aussi une autre thèse. Les Mig libyens auraient en fait attaqué un avion militaire français bourré d'armes. Attaque qui aurait entraîné la riposte immédiate de chasseurs américains ou français et la bavure qui a causé la perte du DC 9.*

Enfin, dans son livre de Mémoires, Le Pouvoir et la Vie, *paru en 1988, Valéry Giscard d'Estaing a reconnu que l'un des quatre secrets qu'il avait livrés à François Mitterrand en 1981, lors de la passation des pouvoirs, concernait précisément Kadhafi.*

19

Un bouc émissaire

Le 5 juillet 1979, la nouvelle fait l'effet d'une bombe dans les rédactions parisiennes : Pierre-Charles Pathé vient d'être arrêté. C'est un espion soviétique ! Pathé, le journaliste scientifique bien connu. Pathé, fils de l'un des pionniers du cinéma, Charles Pathé, l'homme qui a commercialisé le phonographe d'Edison et le cinématographe des frères Lumière et qui a envoyé ses équipes de reportage dans le monde entier, avant de créer ses propres caméras, de produire ses films et de faire fortune.

Pour Monsieur X, cette affaire est exemplaire. Mais elle recèle encore beaucoup de zones d'ombre. Lui qui a longtemps fréquenté le milieu des services spéciaux, et qui y dispose encore d'informateurs privilégiés, a une idée assez précise de ce que dissimule en réalité le dossier de Pierre-Charles Pathé.

Apparemment, il ne se passe rien. C'est le train-train habituel sur cette petite place de banlieue. Un homme d'un certain âge lance des miettes de pain aux pigeons, un autre passant plus jeune feuillette des magazines à la devanture du kiosque à journaux. Un peu plus loin, un troisième personnage fait du lèche-vitrines. Non, vraiment, il ne se passe rien en ce début d'après-midi ensoleillé. On se croirait en province, à l'heure où les petites villes s'assoupissent.

Ah, j'oubliais, il y a un quatrième homme. Grand, maigre, un peu voûté, les traits distingués, une serviette à la main, il attend. Quel âge peut-on lui donner ? Une bonne soixantaine, peut-être un peu plus. Son improbable rendez-vous tarde. Mais l'homme ne s'impatiente pas. Il ne regarde même pas sa montre. Sur cette petite place si tranquille, il paraît presque indécent de manifester la moindre nervosité.

Soudain un homme descend d'un taxi. Un grand type aux cheveux blancs, à la mâchoire volontaire. Mais cette irruption ne provoque aucune curiosité. L'homme aux pigeons continue à jeter des miettes de pain, le passant aux journaux feuillette toujours des magazines, le troisième n'en finit pas de regarder les devantures des boutiques. Quant au personnage voûté, il attend, patiemment.

Au milieu de la place, le nouveau venu aux cheveux blancs prend son temps. Il regarde autour de lui. Et, du pas de celui qui se sent la conscience tranquille, il traverse la rue, s'arrête devant l'homme voûté. Un peu comme s'il venait de le découvrir. Souriants, les deux personnages se serrent la main et, ensemble, comme une paire de vieux amis, ils se dirigent vers un café proche. Les trois autres hommes n'ont pas bougé. Et pourtant, si on les observe d'un peu plus près, on a l'impression que leurs lèvres bougent. Encore plus près et on découvre la minuscule oreillette qu'ils portent tous les trois. Ce sont des policiers de la D.S.T. Ils guettent la prise de contact entre un espion soviétique et celui qui est probablement l'un de ses correspondants.

Le Soviétique, ils le connaissent : c'est un diplomate en poste à l'Unesco. Il se nomme Kouznetsov. Mais l'autre est encore un inconnu. Trois quarts d'heure plus tard, quand le Soviétique et son compagnon sortent du bistrot, c'est ce dernier que les policiers vont suivre. Ils arriveront ainsi jusqu'à une modeste maison de deux étages, perdue au fin fond du XIIIe arrondissement de Paris. Et ils n'auront aucun mal à identifier son propriétaire et unique occupant, Pierre-Charles Pathé, le fils de l'illustre cinéaste.

Pathé a été arrêté par la D.S.T. un an après cette rencontre avec le diplomate-espion Kouznetsov, en juillet 1979. Les policiers ont surpris un nouveau rendez-vous avec le Soviétique dans un autre bistrot de banlieue. Pathé venait de remettre une liasse de documents à Kouznetsov.

C'est un jeune député de la majorité de l'époque (U.D.F.-R.P.R.) qui a mis le premier la D.S.T. sur la piste de Kouznetsov. Ce parlementaire s'étonnait d'être l'objet de la curiosité persistante d'un diplomate soviétique attaché à l'Unesco. L'affable Kouznetsov ne cessait de lui demander des informations sur la politique française, sur le mouvement gaulliste, etc. Le député a fini par s'en ouvrir discrètement à la D.S.T. C'est ainsi qu'en plaçant Kouznetsov sous une surveillance permanente, les policiers du contre-espionnage ont fini par identifier celui qui semblait être l'un de ses correspondants, Pierre-Charles Pathé. On allait ainsi découvrir une forme d'espionnage tout à fait nouvelle. Et qui n'avait rien, mais rien du tout à voir avec les aventures de James Bond.

Une confidence, d'abord : je connaissais Pierre-Charles Pathé. Ce n'était pas un ami, simplement une relation. Encore que je n'aurais pas rougi d'avoir été l'un de ses amis. Pierre-Charles était un homme de qualité, prodigieusement intelligent et cultivé.

Son père lui avait largement laissé de quoi vivre. Au reste, la personnalité paternelle était plutôt encombrante. Mais Pathé s'est si peu occupé de son rejeton que je ne sais pas si le jeune Pierre-Charles en a véritablement souffert.

Pathé junior s'intéressait à tout. C'était un parfait honnête homme comme on disait autrefois : il brillait dans beaucoup de disciplines, le droit, l'économie, les mathématiques, les sciences. Comme la fortune paternelle le lui permettait, il a parcouru le monde pendant sa jeunesse avant de penser à faire carrière. Il dirige d'abord l'une des entreprises de son père. Peu de temps, à vrai dire : Pierre-Charles n'a aucun goût pour les affaires. Après avoir renoncé à l'inspection des Finances, il trouve finalement sa voie : le journalisme et la vulgarisation scientifique ! Dans ce nouveau métier, tout le monde s'accorde rapidement à lui trouver une bonne plume et, surtout, une incontestable capacité d'analyse.

Pathé écrit d'abord dans *Libération*, le *Libération* d'Emmanuel d'Astier de La Vigerie qui est très proche du Parti communiste. Mais dans le même temps il publie dans *Réalités*, qui est loin d'être une revue de gauche. Il travaille également à *L'Événement* du même d'Astier et à *L'Observateur*. Des collaborations éclectiques. Même si, c'est vrai, il privilégie plutôt la presse de gauche.

Puis il crée sa propre revue, *Synthésis,* une feuille confidentielle, c'est-à-dire une lettre d'information vendue par abonnements. Un très petit tirage, mais des lecteurs de qualité : les deux tiers des parlementaires français sont abonnés. Sans compter les journalistes, les chefs d'entreprise, etc. Dans sa revue, Pierre-Charles Pathé livre maintenant des analyses politiques, des exercices de prospective économique. Toujours d'une grande qualité.

Politiquement, cette revue est assez clairement opposée à l'hégémonie nord-américaine. Mais, après tout, cet anti-américanisme est alors partagé par une assez grande partie de la majorité politique et en particulier par les gaullistes, surtout depuis le retour au pouvoir du général de Gaulle. Pour autant, la feuille de Pathé n'est pas aveuglément pro-soviétique. Son directeur prêche pour une politique européenne indépendante. Mais ses thèses rejoignent souvent les arguments développés par les Russes. Toutefois Pierre-Charles Pathé ne triche pas : à titre personnel, il n'a jamais fait mystère de ses sympathies pour le bloc de l'Est. Et cela, depuis fort longtemps !

Dans les années 50, il a publié un essai ouvertement prosoviétique. Ce qui est assez plaisant, car son père, au contraire, professe une admiration sans bornes pour les États-Unis d'Amérique. Je me rappelle par exemple que Pierre-Charles justifiait les exactions de la période stalinienne. Lui qui n'aurait pas fait de mal à une mouche, prétendait qu'il s'agissait des inévitables douleurs de l'enfantement. Pathé soutenait aussi que l'U.R.S.S. était un laboratoire d'idées neuves et que la patrie du socialisme finirait inévitablement par rattraper le gigantisme américain... On a vu ce qu'il en est advenu. Mais, à l'époque, Pathé était loin d'être le seul à croire cela. Le Parti communiste représentait encore plus d'un cinquième de l'électorat français.

Pierre-Charles Pathé, très tôt, s'est intéressé à l'U.R.S.S. Passionnément ! Pour mieux étudier l'expérience économique soviétique, il a appris le russe afin de comprendre le système des quinquennats. Cette ferveur l'a même conduit à épouser une « miss Russie » en exil. Un mariage qui n'a d'ailleurs duré que quelques mois. Pathé aimait papillonner. En amour, comme dans son travail !

Donc, il ne dissimule pas. Ces sympathies ouvertement affichées hors de sa revue ne l'empêchent nullement de fréquenter le gratin politique. Il voit beaucoup, beaucoup de monde. Dans tous les milieux. C'est ainsi que j'ai été amené à le rencontrer...

Les choses ne sont pas donc aussi claires qu'on a bien voulu le dire plus tard lorsqu'on a accusé Pathé d'être un agent soviétique. D'ailleurs, un espion n'affiche jamais son attachement au pays pour lequel il travaille. Bien au contraire. Pour mieux cacher son jeu, il professe des opinions opposées. Comme Kim Philby, par exemple, qui se prétendait de droite, sinon d'extrême droite.

Et si le journaliste a été accusé d'espionnage, c'est qu'une raison supérieure exigeait que Pierre-Charles Pathé fût condamné, lourdement condamné !

Avant d'en venir à l'explication qui s'impose, je crois qu'il faut décortiquer le dossier de l'accusation établi par mes amis de la D.S.T. et se pencher sur le passé du journaliste.

Pierre-Charles Pathé, je le rappelle, publie donc un essai très favorable à l'U.R.S.S. À l'ambassade à Paris, ce petit bouquin ne passe pas inaperçu. Et ça donne une idée au correspondant local du K.G.B., un certain Victor Mikheev. Il prend habilement contact avec Pathé. Pas question de proposer tout crûment à Pathé de devenir un agent. Non. D'abord, on va l'inviter à l'ambassade. Caviar, petits fours, vodka, les Soviétiques mettent les petits plats dans les grands. Incontestablement, Pierre-Charles Pathé est flatté.

Mikheev devient assez rapidement ami avec Pathé. Les deux hommes se voient très fréquemment. Le journaliste, qui a beaucoup de relations et connaît le Tout-Paris, livre-t-il des informations à l'homme du K.G.B. ? Sans doute. Mais rien qui ne soit secret ni confidentiel. Ou qui porte atteinte à la sécurité nationale. En retour, il obtient peut-être lui aussi quelques tuyaux intéressants. En tout cas, je ne vois là rien de vraiment répréhensible.

Mais si je me place délibérément du côté de l'accusation, je peux comprendre que ce contact prolongé d'un citoyen français avec un Soviétique soit considéré comme suspect par le contre-espionnage.

Un jour, Pathé dit à son ami Mikheev que son rêve serait d'avoir un journal à lui. Un journal où il pourrait s'exprimer librement, exposer ses idées. Et donc ses sympathies pour l'U.R.S.S.

Il ne s'agit pas encore de *Synthésis,* mais d'un autre bulletin dont le titre n'a aucune importance. Les Soviétiques lui proposent aussitôt de l'aider financièrement. Comme très probablement, plus tard, ils financeront aussi en partie *Synthésis.* Pathé accepte. C'est sans doute la grande erreur de sa vie. Mais pourquoi se méfierait-il ? Dans un premier temps, son ami du K.G.B. ne lui demande rien sinon d'être lui-même. C'est-à-dire un bon journaliste dont les analyses sont fiables, dont les informations sont toujours sûres. Et dont la signature est reconnue et respectée dans tous les journaux où il collabore.

En fait, le K.G.B. investit à long terme. Le véritable objectif consiste à faire de Pathé ce que l'on appelle un agent d'influence, c'est-à-dire un homme qui, comme son nom l'indique, est susceptible d'influencer l'opinion par ses écrits et de véhiculer un certain nombre d'informations dans les milieux qu'il fréquente.

Pierre-Charles Pathé était-il dupe ? Voilà la question capitale. Si je continue à rester dans le rôle de l'accusateur, je dis incontestablement non ! Mais si je revêts la robe de l'avocat de la défense, alors j'ai des doutes. De sérieux doutes. Et je soutiens que Pathé, qui n'a jamais dissimulé ses sympathies pour l'U.R.S.S., a simplement continué à être fidèle à lui-même. S'il lui est arrivé de faire de la propagande pro-soviétique, il l'a fait tout simplement par conviction.

On n'a donc aucune raison de le poursuivre ! À moins qu'on n'ait décidé de faire de Pierre-Charles Pathé un bouc émissaire. À moins qu'on n'ait choisi de se servir de lui !

Considérons d'abord l'arrestation de Pierre-Charles Pathé. Depuis quelque temps, la D.S.T. s'intéresse à un certain Kouznetsov. Ce diplomate est à coup sûr un agent du K.G.B. Presque par hasard, les policiers découvrent qu'il voit régulièrement Pathé. Toutefois, ça ne suffit pas. Le fait de rencontrer un diplomate soviétique n'est pas un délit en soi.

La D.S.T. attend presque un an, multipliant les écoutes, les filatures. Enfin, Pierre-Charles Pathé est pris, pratiquement en flagrant délit, à l'occasion d'un rendez-vous avec Kouznetsov où il remet des documents à ce dernier. Mais de quels documents s'agit-il ?

Dans l'enveloppe se trouvent des projets d'articles, le dernier numéro de la revue *Synthésis,* une liste de noms et d'adresses – celle des abonnés –, et aussi des notes de synthèse sur la situation politique française et quelques informations sur Mitterrand, Rocard et Chirac. Rien de bien secret. Et pourtant, Pierre-Charles Pathé sera condamné à cinq ans de prison pour « Activités de nature à nuire aux intérêts militaires et à la situation diplomatique de la France » ! Ce n'est pas rien.

Comment expliquer cette exceptionnelle sévérité ?

D'abord, au cours du procès qui s'est déroulé en 1980 devant la Cour de Sûreté de l'État, les hommes de la D.S.T. ont pesé de tout leur poids. L'un des commissaires qui avaient mené l'enquête a expliqué longuement et brillamment ce qu'était un agent d'influence et surtout ce qu'était la politique de désinformation systématiquement entreprise par le K.G.B. Il a ensuite démontré que Pierre-Charles Pathé, qui connaissait tant de monde, qui écrivait des articles dans de nombreux journaux, qui publiait une revue lue par des dizaines et des dizaines de parlementaires, était l'homme idoine pour être un agent d'influence.

Mais, dans ce cas, n'importe quel journaliste peut être accusé d'être un agent d'influence. À partir du moment où vous recueillez de l'information, vous pouvez être manipulé à votre insu par celui qui vous donne cette information.

Il y avait donc une raison supérieure pour condamner Pathé. Une raison qui a été tue lors du procès.

Pour bien comprendre, il faut remonter aux origines de la Ve République. Très vite, lorsque de Gaulle revient au pouvoir, souffle un vent assez violent d'antiaméricanisme. Ça ne pouvait que réjouir les Soviétiques ! Mais ça pouvait surtout les inciter à nouer des rapports plus étroits, plus confiants avec les nouveaux dirigeants français. De là à penser infiltrer quelques cercles gaullistes, il n'y avait qu'un pas à franchir. Les Soviétiques n'ont pas hésité.

Il y a eu d'abord l'affaire de la taupe de l'Élysée. Un transfuge soviétique a prétendu qu'un personnage proche du général de Gaulle était un espion soviétique. On a même prononcé quelques noms. Mais aucune preuve n'est jamais venue étayer ces accusations. Et cet espion, s'il a existé, n'a jamais été démasqué.

Pierre-Charles Pathé, lui, fréquentait assidûment une sorte de cercle politique qui s'est d'abord appelé le Nouveau Cercle du Faubourg Saint-Germain, puis le Mouvement pour l'indépendance de l'Europe. Un cercle qui regroupait essentiellement des gaullistes très antiaméricains. On y trouvait des gaullistes importants comme Sanguinetti, Fanton, Neuwirth, Achille-Fould, Capitant et bien d'autres. Il était quand même curieux d'y rencontrer le pro-soviétique Pathé ! Et c'est justement cela qui a inquiété la D.S.T. Non pas que le contre-espionnage ait eu peur que Pathé ne convertisse ces éminents personnages. Mais pourquoi d'autres « Pathé », d'autres taupes inconnues ne se seraient-elles pas glissées dans ce mouvement ?

En arrêtant Pathé, en le présentant comme un espion soviétique, la D.S.T. a voulu frapper un grand coup et arrêter toute tentative d'infiltration au sein de la majorité ! C'est dans cette mesure que je prétends que Pathé a été un bouc émissaire. Il fallait enrayer une éventuelle contagion, faire un exemple. Malgré le caractère dérisoire du dossier d'accusation.

Marcel Chalet était le directeur de la D.S.T. au moment de l'affaire Pathé. Il a publié un ouvrage de Mémoires aux éditions Grasset sous le titre Les Visiteurs de l'ombre. *Marcel Chalet consacre de nombreuses pages aux agents d'influence, pour reprendre le terme utilisé par Monsieur X. Et à ce propos il parle de désinformation. « Le contre-espionnage a découvert la désinformation à partir des années 50, toutes les fois que nous avons pu constater la discordance entre certaines réalités perceptibles et l'image que tentaient d'en donner les partis communistes, les organisations internationales de masse inféodées à l'Union soviétique, la presse, les hommes politiques ou les représentants officiels de ce pays à l'étranger. La prolifération des informations inexactes et des commentaires tendancieux sur des thèmes aussi variés que l'Alliance atlantique, le revanchisme allemand, la course aux armements, les crises internes des sociétés capitalistes, les violations des droits de l'Homme dans les pays de l'Ouest, etc., amenaient déjà à se poser la question de l'orchestration de ces campagnes. »*

Peu après, Marcel Chalet affirme qu'un transfuge, Anatoli Golitsine, a confirmé qu'il existait au sein du K.G.B. un organisme chargé de la désinformation. Et plus loin il dresse un inventaire des moyens utilisés, à commencer par l'intoxication : « Il faut y ajouter les faux (lettres, photos, documents fabriqués ou falsifiés) à grande ou à petite diffusion, les dénonciations indirectes, les rumeurs répandues à travers des manipulations politiques, les fausses confidences faites à des visiteurs ou diplomates étrangers, les missions confiées aux agents d'influence, les opérations de grand style confiées à des organisations de masse à partir d'un thème mobilisateur choisi, et éventuellement créé de toutes pièces, pour les besoins de la cause. La panoplie est riche, inépuisable. C'est un métier ! »

Pierre-Charles Pathé était-il un pion de ce dispositif? Ou n'était-il qu'un bouc émissaire comme semble l'insinuer Monsieur X?

Dans un article du Quotidien de Paris *paru en 1980, un journaliste qui signe de ses initiales, V.B., s'interroge à propos de Pierre-Charles Pathé : « Ses contacts avec le K.G.B. lui permettaient-ils d'avoir des informations exclusives ou bien utilisait-il surtout son métier comme couverture afin de récolter sans éveiller de soupçons des renseignements sur de nouvelles techniques scientifiques avant de les transmettre au K.G.B., avide de ce genre d'informations? Peut-être. D'après ceux qui l'ont bien connu, son attitude, ses déclarations ouvertement pro-soviétiques ne lui auraient pas permis d'accéder à des documents fondamentaux. Ces dernières années, il ne s'occupait plus que de sa revue* Synthésis. *Dans ce bulletin confidentiel de huit pages paraissant tous les mercredis, il n'était cependant jamais laudatif pour l'Union soviétique, jamais critique non plus. Il y dénonçait souvent la politique chinoise. »*

Le Figaro-Magazine, *dans un article consacré à l'affaire Pathé, donne quelques éléments d'information sur le Mouvement pour l'indépendance de l'Europe. C'est Alain Ravennes qui l'a créé en 1969, avec le plein accord de Bernard Tricot qui était alors conseiller du président Pompidou. L'objectif de ce mouvement était de favoriser le rapprochement entre l'Europe de l'Est et l'Europe de l'Ouest. Un objectif très gaulliste, qui ne pouvait pas foncièrement déplaire aux Soviétiques. D'ailleurs*

Ravennes a déclaré qu'à de nombreuses reprises il avait été approché par des agents de l'Est... Ce qui conforte l'hypothèse de Monsieur X.

Il faut noter que Pierre-Charles Pathé a sans doute été le seul Français condamné pour désinformation. Heureusement, le journaliste n'est pas resté trop longtemps en prison. Pathé a été gracié par le président Mitterrand dès juillet 1981.

20

Un empereur embarrassant

L'image devait frapper les imaginations : l'homme à la robe chamarrée, portant sur ses épaules un manteau de douze mètres en velours rouge entièrement doublé d'hermine et brodé d'aigle, de soleils et d'étoiles d'or, se lève, se saisit d'une énorme couronne aux milliers de brillants, surmontée d'un diamant de cinquante-huit carats, et se la pose sur la tête, se sacrant ainsi empereur. Exactement comme un certain Napoléon Bonaparte, cent soixante-treize ans plus tôt...

L'image devait frapper les imaginations. Elle fit surtout rire. Comment un ancien sous-officier de l'armée française pouvait-il avoir l'audace de singer Napoléon Ier ? Comment un dictateur africain avait-il la prétention de se livrer à un aussi grotesque simulacre ? Bokassa Ier ! Quelle rigolade ! Tout ce qui restait en nous d'esprit colonialiste et de racisme latent se réveillait : voilà maintenant que les rois nègres osent se faire empereurs !...

C'est vrai, ce sacre, cette cérémonie somptueuse, ce trône démesuré en or représentant un aigle, cette débauche de richesses, pouvaient prêter à rire. C'était oublier un peu vite que la République française avait largement contribué à l'organisation et au financement du sacre, que notre pays était officiellement représenté par l'un de ses ministres, que le directeur de l'information d'Antenne 2 s'était déplacé pour interviewer en direct Bokassa Ier, preuve manifeste de l'importance de l'événement. Et puis, si l'on s'en tient à l'actualité récente, l'intronisation d'un empereur afri-

cain est-elle moins digne d'intérêt que les obsèques mondiales et télévisuelles d'une princesse morte dans un accident de la route?

Deux ans plus tard, Bokassa Ier était déposé. À l'initiative de la France. Et par des militaires français. L'opération, à l'évidence, dissimulait et dissimule encore bien des mystères. Bokassa Ier faisait rire. Mais il faisait peut-être aussi peur. C'est pourquoi il fallait se débarrasser de lui au plus vite.

En 1979, donc deux ans avant l'élection présidentielle, Valéry Giscard d'Estaing a été accusé d'avoir reçu des diamants en cadeau de Bokassa, à qui il donnait bien volontiers du « cher parent ». Cette affaire des diamants, révélée par *Le Canard enchaîné*, a pesé lourd dans la défaite du candidat Giscard d'Estaing en 1981.

La République centrafricaine a toujours été un enjeu stratégique pour la France. D'abord à cause de sa position géographique. Cette ancienne colonie, qui s'appelait autrefois l'Oubangui-Chari, est en effet un trait d'union entre la zone soudanaise et le bassin du Congo, le ventre de l'Afrique. Au nord, il y a le Tchad, perpétuellement instable et surtout perméable à l'influence libyenne et islamique. À l'ouest se trouve le riche Gabon, un État pétrolier étroitement lié à la France. Ce n'est donc pas par hasard si notre pays a toujours entretenu une importante garnison militaire en Centrafrique. Il faut aussi tenir compte des richesses propres de cette république. Douzième producteur mondial de diamants, le Centrafrique possède d'énormes réserves d'uranium (plusieurs milliers de tonnes selon les experts).

Officiellement, nous avons accordé l'indépendance à nos ex-colonies africaines en 1960. Mais nous n'avons jamais cessé d'y exercer notre tutelle. Quels que soient les gouvernements de la France. Si c'est moins vrai aujourd'hui, c'est d'abord parce que nous n'avons plus les moyens d'être le gendarme de l'Afrique... Mais en 1979 nous étions présents. Très présents même! Et l'histoire exemplaire de la chute de Bokassa Ier témoigne avec éloquence des méthodes utilisées par nos services lorsqu'ils veulent déstabiliser un gouvernant africain.

Bokassa était un ancien sous-officier de la coloniale. Il a quand même fini sa carrière dans l'armée française avec le grade de capitaine. Même s'il est resté pour l'opinion, toujours condescendante lorsqu'il s'agit d'Africains, l'ancien adjudant devenu maréchal puis empereur !

En 1979, il approche de la soixantaine. Malgré une intempérance notoire, c'est encore un solide gaillard. Il faut l'être pour partager la vie de ses nombreuses épouses et élever son abondante progéniture.

Prénommé Jean Bédel parce qu'il est né le jour de la Saint-Jean-Baptiste-de-La-Salle – sur le calendrier, c'était orthographié Saint-Jean B.D.L, d'où Bédel –, Bokassa, orphelin très tôt, a été pris en charge par des Pères blancs dont il a reçu une bonne éducation. Il a même failli devenir prêtre. J'en profite pour tordre le coup à un canard qui a fait de Bokassa une espèce de brute avinée et stupide. C'est faux ! Même si de Gaulle, qui le recevait pourtant en grande pompe, se plaisait à l'appeler « le soudard », Bokassa était loin d'être sot.

Bokassa renonce donc à la prêtrise et choisit la carrière des armes. Il s'engage dans les fameux tirailleurs sénégalais où il va faire une « belle guerre ». Il fait partie des premières Forces françaises libres et, en 1944, il sera l'un des libérateurs de la Provence. Ensuite, c'est la coloniale et l'Indochine.

Au début des années 60, lors de l'indépendance de son pays, le capitaine Bokassa, qui arbore je ne sais combien de décorations dont la Légion d'honneur, devient presque naturellement le commandant en chef de la nouvelle armée centrafricaine... Il faut dire que le président de la République du nouvel État est son cousin, David Dacko. Cela n'empêchera pas Bokassa, quelques années plus tard, de le débarquer et de prendre le pouvoir à sa place avec l'aide de la France qui voit d'un mauvais œil Dacko se rapprocher de la Chine populaire.

Président, c'est encore trop peu. Bokassa se fait nommer président à vie. Et bientôt empereur. Bokassa Ier ! Comme Napoléon ! Et, comme son illustre modèle, il se couronnera lui-même et couronnera son épouse favorite, l'impératrice Catherine !

En 1979 éclate l'affaire des diamants. Incontestablement, ce scandale va accélérer la chute de Bokassa. En réalité, Paris a des raisons beaucoup plus sérieuses pour vouloir se débarrasser au plus vite de Bokassa. Mais on ne chasse pas le dirigeant d'un pays, fût-il africain, comme cela, d'un coup de baguette magique. Ces affaires-là, ça se prépare, ça se mitonne. Et les plus hautes instances de l'État vont charger les services secrets d'exécuter une très subtile manœuvre de désinformation.

La désinformation a longtemps été une spécialité soviétique. Mais c'était une technique que nous connaissions parfaitement. La désinformation est vieille comme le monde, c'est un Chinois, Sun Tzu, qui l'a en quelque sorte codifiée dans son *Art de la guerre*, cinq siècles avant Jésus-Christ. Il écrivait en substance que la plus grande des victoires ne consiste pas à gagner sur le champ de bataille mais à condamner son ennemi à l'impuissance sans avoir à le combattre.

La désinformation, qui est une des formes de la guerre psychologique, passe par l'intoxication. Les spécialistes répertorient trois formes d'intoxication. L'intoxication blanche, d'abord. Elle consiste à révéler à l'opinion publique des faits réels mais restés secrets en particulier pour des raisons d'État. Il y a ensuite l'intoxication grise qui mêle informations vraies, demi-vérités et contrevérités. Bref, on glisse dans un schéma cohérent, qui a toutes les apparences de l'authenticité, des mensonges. Mensonges qui seront particulièrement difficiles à détecter. Enfin, il y a l'intoxication noire où l'information est fausse, totalement inventée, mais si habilement imaginée qu'elle sera longue à démentir.

Dans le cas de Bokassa Ier, c'est l'intoxication grise qui a été utilisée : c'est-à-dire la révélation d'informations fausses glissées à l'intérieur d'une trame vraie.

Bokassa n'était pas un tendre. Et il ne faisait pas bon s'opposer à lui. Je ne citerai qu'un cas, celui d'un opposant, le colonel Banza, soupçonné d'avoir ourdi un complot contre l'empereur. Non seulement, il a été arrêté et promptement fusillé, mais bon nombre de ses parents ont été appréhendés et ne sont jamais réapparus.

Bokassa est un tyran qui ne s'embarrasse guère des lois et qui, à l'occasion, n'hésite pas à mettre lui-même la main à la pâte... Alors on va utiliser cette réalité pour échafauder une opération de désinformation. La manœuvre est simple : on ne prête qu'aux riches ! Bokassa a tué ou fait tuer dix personnes. Pourquoi n'en aurait-il pas fait tuer cent ou mille ? Encore faut-il un début de preuve.

À la fin 1978, le Premier ministre centrafricain Henri Maidou prend une curieuse décision : il impose aux écoliers et étudiants le port d'un uniforme. Aussitôt, c'est le tollé. La plupart des parents sont incapables d'assumer la dépense et les lycéens descendent dans la rue. Les lycéens mais aussi, curieusement, de jeunes adultes. Ceux-là ne sont pas venus par hasard, ils sont là pour casser ! À noter que pendant que se déroulent ces premières manifestations très violentes, le Premier ministre centrafricain se trouve à Paris, à l'invitation du président de la République française, Valéry Giscard d'Estaing.

Trois mois plus tard, comme le gouvernement n'est toujours pas revenu sur sa décision, les manifestations recommencent. Très vite, elles dégénèrent en quasi-émeute. Les premières victimes sont des policiers et des soldats. Pourquoi ? Parce que les policiers et les soldats centrafricains ne sont pas armés. Bokassa a tellement peu confiance dans ses troupes qu'il préfère les voir sans armes ! Quand on sait combien de chefs d'État africains ont été destitués par leurs militaires, on le comprend sans peine.

Mais devant l'ampleur de la révolte, Bokassa est bien obligé d'autoriser le gouvernement à distribuer des armes. Des manifestants tombent à leur tour. D'autres sont arrêtés, emprisonnés. Certains, de très jeunes gens, sont même fusillés dans la prison où on les a enfermés. Vite, très vite, on parle de bain de sang. Un véritable massacre, plusieurs centaines de victimes ! Pour la plupart, des gosses, des adolescents.

L'opération de désinformation est bien engagée : d'abord, on suscite des manifestations, on encourage la répression et on exagère considérablement le nombre des victimes. Et Bokassa est forcément montré du doigt. L'empereur, au moment de ces événements tragiques, résidait dans son palais, à quatre-vingts kilomètres de Bangui. Il n'a pas commandé ces fusillades et ces exactions. La meilleure preuve, c'est qu'aussitôt après il ordonne une enquête et limoge plusieurs responsables, dont certains ministres. C'est trop tard, le mal est fait : Bokassa, aux yeux du monde entier, est devenu un buveur de sang, un massacreur d'enfants ! Et c'est cela qui compte.

Sans doute me trouvez-vous bizarrement indulgent pour un homme qui n'avait quand même pas les mains très propres. Alors reportez-vous au procès de Bokassa en 1986. Une première fois, l'empereur déchu a été condamné à mort par contumace. Les juges du deuxième procès n'ont donc aucune raison d'être cléments. Pourtant le ministère public ne parvient pas à prouver la culpabilité de Bokassa dans l'affaire des lycéens. L'ex-empereur est simplement accusé de complicité !

C'est pourquoi j'affirme que l'ex-empereur a été victime d'une machination ourdie par nos services avec la complicité de hauts responsables centrafricains et d'opposants. Il fallait à tout prix faire de Bokassa un monstre. Et donc justifier son éviction du pouvoir ! D'ailleurs, la désinformation ne s'arrêtera pas là : quand Bokassa aura été renversé, on prétendra avoir trouvé dans les congélateurs du palais impérial de la chair humaine. Bokassa cannibale ! Là aussi l'accusation sera rejetée par les juges centrafricains lors du procès de l'ex-empereur !

En vérité, rien n'était trop énorme pour salir Bokassa ! Ce sont des hommes du S.D.E.C.E. qui ont pénétré les premiers dans le palais de Bokassa lors de l'opération Barracuda visant à destituer l'empereur. Ces mêmes hommes qui ont répandu la rumeur du cannibalisme...

En septembre 1979, l'empereur centrafricain fait une erreur fatale : il se rend en Libye pour rencontrer le colonel Kadhafi. La nuit qui suit son départ, deux Transall du S.D.E.C.E. décollent de Villacoublay. L'opération Barracuda commence. À bord se trouvent des militaires sans grades ni insignes. Ce sont des agents du S.D.E.C.E. et des gars du 1er R.P.I.M.A., un régiment parachutiste d'infanterie de marine qui sert traditionnellement d'auxiliaire au service « action » du S.D.E.C.E. Dans l'un des avions, il y a aussi un Africain, David Dacko, le cousin de Bokassa. Celui-là même qu'il a chassé du pouvoir. C'est le successeur choisi par la France !

Les deux Transall se dirigent vers Bangui. Sur place, tout se passe très vite. Les principaux bâtiments officiels et la radio sont occupés sans incident. David Dacko, nouveau président installé par la France, déclare à la radio que Bokassa est destitué. Le coup d'État est une réussite parfaite. L'opération Barracuda n'est pas terminée pour autant. Il faut s'emparer des documents détenus par Bokassa. S'ils étaient rendus publics, ils pourraient se révéler embarrassants pour la France et ses dirigeants. C'est pourquoi l'équipe du S.D.E.C.E. procède à un déménagement en bon ordre des deux résidences de Bokassa. Tout est emporté, y compris une fortune en diamants et en devises. Un vrai trésor.

Les documents sont acheminés rapidement en France et mis à l'abri par les hommes du S.D.E.C.E. Quant au trésor, mystère ! Mais dans ces cas-là, la question de l'utilisation de fonds clandestins ne pose jamais aucune difficulté.

Bokassa est donc en Libye lorsqu'il apprend sa destitution. Paradoxalement, il dédaigne l'hospitalité que lui offre Kadhafi et, d'une façon assez insensée, il choisit la France ! Pourquoi ? Parce qu'il possède en principe la double nationalité.

Dès que la Caravelle présidentielle centrafricaine est signalée, des Mirage l'escortent et obligent le pilote à se poser sur l'aérodrome militaire d'Évreux. Pendant trois jours, l'avion est bloqué : Bokassa est mis au secret dans son appareil ! Il lui est interdit de communiquer avec qui que ce soit.

Au bout de ces trois jours, Bokassa est envoyé en Côte-d'Ivoire où il est en quelque sorte assigné à résidence surveillée et gardé par des hommes du S.D.E.C.E. Ce qui, entre parenthèses, en dit long sur l'indépendance des pays africains.

D'un point de vue purement technique, le renversement de Bokassa est un succès. Mais dans les opérations apparemment les mieux réussies se glisse parfois un méchant grain de sable. Dans l'affaire Bokassa, ce grain de sable s'appelle Roger Delpey.

Delpey, à l'origine, est un baroudeur. Il a combattu en Indochine, comme Bokassa dont il a été le compagnon d'armes. Après l'Indochine, Delpey publie un livre à succès sur sa guerre et se lance dans la politique. Il est gaulliste jusqu'au moment où le général choisit de donner l'indépendance à l'Algérie. À partir de là, ses amitiés politiques vont plutôt le porter vers l'extrême droite. En 1979, l'ancien combattant apprend les massacres d'enfants à Bangui. Son sang ne fait qu'un tour : il écrit à Bokassa et lui demande des comptes ! Au nom de leur ex-fraternité d'armes ! Bokassa lui répond immédiatement et lui demande de venir à Bangui. Il veut s'expliquer, se justifier.

Delpey, ébranlé par les protestations d'innocence de Bokassa, entreprend une enquête en République centrafricaine sur les massacres de Bangui. Le baroudeur est rapidement persuadé que Bokassa est victime d'une manipulation et que plusieurs de ses ministres sont complices. Il veut l'avertir. Mais il est trop tard. À Paris, on a déjà décidé de mettre en branle l'opération Barracuda.

Après la déposition de l'empereur, Delpey est décidé à innocenter son camarade de combat en démontant la manipulation dont il a été victime. Il s'agite beaucoup, devient son défenseur, son homme de confiance. Contre toute attente, il réussit même à rencontrer l'ancien empereur en Côte-d'Ivoire malgré la surveillance imposée par les hommes du S.D.E.C.E.

À l'occasion de cette rencontre, Bokassa parvient à lui remettre de précieux documents qu'il avait emportés en Libye, et qui ont donc échappé aux sbires du S.D.E.C.E.

Une fois en possession de ces papiers, Delpey commence à démarcher des éditeurs. Il veut écrire un livre qui innocentera son ami. Toute cette agitation ne passe pas inaperçue. En haut lieu, on se décide à intervenir ! Heureusement pour le pouvoir, Delpey commet une erreur. À peu près la même erreur que celle qu'a commise son grand ami Bokassa. Il se rend à l'ambassade de Libye à Paris. À sa sortie, la D.S.T. lui met la main au collet et l'accuse illico d'espionnage au profit de Kadhafi. Une accusation qui ne sera étayée par aucun élément sérieux. À l'époque, en relatant son arrestation, de nombreux journaux évoqueront les lettres de cachet de l'Ancien Régime ! Delpey finira par bénéficier d'une ordonnance de non-lieu, après l'élection de François Mitterrand et donc la défaite de Valéry Giscard d'Estaing. Il aura quand même passé presque sept mois en prison.

En fait, ce qui intéressait le pouvoir, c'étaient les documents que détenait Delpey. Beaucoup concernaient le président de la République. Il était question des diamants, bien sûr, mais aussi des territoires de chasse qu'appréciaient Giscard d'Estaing et sa famille. Et encore d'affaires beaucoup plus privées dont je me garderai bien de parler. Delpey, après sa libération, a publié tout ça. Inutile d'y revenir. Mais la réalité est restée soigneusement dissimulée.

La question importante est celle-ci : pourquoi fallait-il éliminer Bokassa Ier à tout prix ? Pourquoi prendre autant de risques en s'immisçant si ouvertement dans les affaires d'un État indépendant ?

En 1979, Bokassa, qui se sent progressivement lâché par la France, entend se rapprocher du leader libyen. Le procédé s'apparente à une sorte de chantage. L'empereur s'adresse indirectement à Paris : « Si vous ne continuez pas à me soutenir et à m'aider, je vais voir ailleurs... » Officiellement, il s'agit de demander une petite contribution financière à un État ami. La Libye, par exemple. Officieusement, il s'agit de tout à fait autre chose. Et c'est la clef de cette affaire !

La République centrafricaine dispose, je vous le rappelle, de ressources importantes en uranium. Bokassa veut exploiter ces richesses. Il lui faut l'aide technique et financière de Paris. Curieusement, le gouvernement français rechigne. Les experts prétendent que l'exploitation ne serait pas rentable. En fait, je pense que nous considérions ces ressources comme une réserve. À exploiter plus tard. Bokassa, lui, ne l'entend pas de cette oreille. Excédé par les atermoiements de la France, il va chercher ailleurs. En Libye. Mais aussi en Irak. Deux pays arabes soupçonnés d'encourager le terrorisme international, qui vont pouvoir ainsi acquérir des tonnes d'uranium. Le contrat est prêt, il va bientôt être signé. La France ne peut l'accepter. Bokassa doit donc disparaître de la scène politique centrafricaine !

Dans cette affaire, les diamants ont pesé bien peu.

L'ogre Bokassa ! Dans un extraordinaire article publié dans Libération *en octobre 1979 sous la signature de Serge July, un certain Jacques Duchemin, qui a été ministre de Bokassa pendant les derniers mois de son règne, fait un portrait hallucinant de Bokassa : « Le personnage de Bokassa a ses chances, selon moi, de rester dans l'histoire au même titre que Néron, Caligula ou Gilles de Rais. Il efface la plupart de ses collègues parce que dans le domaine, sinon du crime, du moins de la réputation du crime, il a battu des records. » Plus loin, ce même Duchemin ajoute : « Videla, Pinochet sont des nains à côté de lui et Amin Dada un dictateur grotesque, vulgaire et subalterne. »*

Dernière citation de ce Duchemin : « Bokassa n'était pas un anthropophage habituel. Il est exact qu'il gardait de la chair humaine dans ses frigos, par politesse, par hospitalité pour certains de ses collègues chefs d'État africains qui continuent à manger de la chair humaine... » Charmant. Il convient quand même de préciser que Jacques Duchemin, aventurier professionnel et comploteur-né, a souvent été tenu pour un honorable correspondant du S.D.E.C.E. Ce qui, évidemment, accréditerait la thèse de

Monsieur X sur la désinformation dont aurait été victime Bokassa.

Dans la presse de l'époque, on ne trouve une semi-confirmation de la thèse de Monsieur X que dans une interview de Bokassa publiée par le journal Jeune Afrique.

Pour le reste, Pascal Krop, dans son ouvrage Secrets de l'espionnage français, *donne une relation relativement précise de l'opération Barracuda et de la destitution de Bokassa Ier.*

L'ex-empereur est mort en 1996. Après avoir séjourné plusieurs années en Côte-d'Ivoire, il était revenu en France dans un château qu'il possédait. En 1986, déjouant la surveillance dont il était toujours l'objet, il avait réussi à fausser compagnie à ses gardiens et il était revenu chez lui en Centrafrique. Condamné à la réclusion perpétuelle, il avait ensuite bénéficié d'une remise de peine. Il a fini tranquillement ses jours dans un mysticisme exacerbé, au milieu des siens.

21

Meurtre par procuration

Quelques coups de feu claquent. Un homme s'écroule sur la banquette arrière de son auto... La scène est banale dans le Liban des années de sang. À Beyrouth, au début des années 80, les attentats sont quotidiens. Dans la ville divisée et ruinée, les habitants vivent terrés. Alors un assassinat de plus ou de moins... Oui, mais l'homme qui est tombé sous les balles des tueurs est l'ambassadeur de France au Liban ! L'annonce de son assassinat va provoquer un véritable choc dans la plupart des communautés libanaises.

C'est à partir de 1975 que la Suisse du Levant, comme on appelait le Liban, devient le champ clos de luttes intestines. Derrière chaque clan, derrière chaque seigneur de la guerre, se cachent des intérêts étrangers. Syrie, Irak, Iran, Israël, Arabie Saoudite, se font la guerre par milices interposées. Avec en filigrane la question palestinienne et l'ombre des deux Grands, Américains et Soviétiques.

Et la France ? Elle ne peut demeurer indifférente en raison des liens anciens qu'elle entretient avec le Liban où beaucoup d'habitants sont francophones. Lorsque les premiers troubles déchirent le pays, la France propose d'envoyer des troupes afin de « consolider la paix », pour reprendre les mots utilisés par Valéry Giscard d'Estaing, alors président de la République. L'initiative française provoque des tollés. Les milieux progressistes libanais, mais aussi les Palestiniens, accusent notre pays de vouloir revenir à la politique de la canonnière. Le France n'interviendra donc qu'au sein de la FINUL, dans le Sud-Liban, pour s'interposer entre Israéliens et Palestiniens, puis, plus tard, dans le cadre de la force multinationale.

Mais en essayant de réunifier le Liban, en veillant à dialoguer avec l'ensemble des communautés, la France ne fera que s'attirer les inimitiés de toutes les factions. Comme s'il était impossible de réaliser un véritable équilibre dans ce pays de passions et de sang. L'ambassadeur Louis Delamare le paiera de sa vie.

J'ai fait très souvent le voyage de Beyrouth. C'était insupportable de voir cette ville que j'aimais plonger peu à peu dans le chaos. Beyrouth, capitale du Proche-Orient, carrefour de tous les trafics : drogue, armes, blanchiment d'argent sale, etc. Profitant de la déliquescence de l'État, chaque seigneur de la guerre possédait sa milice et mettait en coupe réglée un secteur économique. Même aux pires moments de la guerre, quand les obus et les attentats obligeaient les Beyrouthins à vivre cachés, les affaires continuaient. On reconstruisait à mesure qu'on détruisait. Les bâtisseurs étaient sans doute aussi ceux qui fournissaient les obus.

Début 1981, c'est l'enfer. D'un côté, il y a l'armée et les forces du Front libanais, les F.L., c'est-à-dire les Forces libanaises. Pour une fois, les chrétiens sont unis autour d'un homme charismatique, Bachir Gemayel. De l'autre côté, il y a ce qu'on appelle la FAD, la Force arabe de dissuasion, une appellation qui ne trompe personne : cette FAD dissimule en réalité l'armée syrienne. Damas, qui n'a jamais reconnu l'indépendance du Liban, considère en effet que le Liban n'est qu'une simple province syrienne. Au côté de la FAD, il y a l'A.L.P., l'Armée de libération de la Palestine, mais aussi les Druzes socialistes de Joumblatt.

En cette année-là, les chrétiens passent à l'offensive contre les Syriens. Ils attaquent en deux points : Beyrouth-Ouest et Zahlé, dans la plaine de la Beqaa. Les Syriens ripostent durement.

Tandis que Beyrouth est bombardée tous les jours, Zahlé est encerclée. Le conflit risque de s'internationaliser car les chrétiens libanais font appel à Israël. Deux hélicoptères syriens sont abattus au-dessus de Zahlé par l'aviation israélienne. Damas répond en installant des batteries de missiles sol-air SAM. On frôle la guerre entre la Syrie et Israël : les super-grands doivent s'en mêler.

Quant à la France, en ce début de 1981, elle est surtout préoccupée par la prochaine élection présidentielle. Toutefois, lorsque Valéry Giscard d'Estaing apprend que Zahlé est pilonnée par les Syriens, il décide de faire un geste et envoie des avions sanitaires pour évacuer les blessés chrétiens. Geste électoral? Geste peu réaliste en tout cas : les Libanais n'ont nul besoin d'assistance sanitaire car leurs hôpitaux sont au moins aussi bien équipés que les nôtres!

Cette initiative élyséenne plonge dans l'embarras notre ambassadeur, Louis Delamare : le diplomate a bien du mal à trouver suffisamment de blessés volontaires pour remplir un seul des Transall envoyés par Paris. À force d'opiniâtreté, ce petit bonhomme moustachu et débonnaire parvient quand même à racoler une vingtaine de blessés et les expédie en France. Mission accomplie.

Delamare n'est pas un ambassadeur ordinaire. Personnage incontournable de la capitale libanaise, ce fin spécialiste du Proche-Orient connaît tout le monde! Et il rencontre tout le monde. À la Résidence des Pins, sa résidence officielle – un magnifique bâtiment de caractère mauresque qui sera ultérieurement détruit puis restauré dans les années 90 –, on croise les chefs des différentes factions libanaises. Ce n'est pas un mince exploit quand on sait la haine réciproque qui anime tous ces seigneurs de la guerre. Ainsi Delamare a des contacts réguliers avec le leader druze Walid Joumblatt mais également avec Bachir Gemayel, le chef des milices phalangistes, et Yasser Arafat, le chef de l'O.L.P. Le 14 juillet 1981, pour la fête nationale française, il a même réussi l'exploit de réunir à la Résidence des

Pins tous les dirigeants des milices. Un incontestable succès diplomatique !

Delamare ne se contente pas de recevoir. Il se déplace aussi beaucoup. C'est l'un des seuls diplomates à franchir quotidiennement la ligne de démarcation, la fameuse ligne verte, qu'on ne peut franchir qu'au Musée. Il se bat à sa façon pour la paix et l'unité du Liban. Il veut d'abord encourager la reprise du dialogue entre Libanais. Et ensuite réconcilier les Libanais avec leurs encombrants hôtes palestiniens. Forcément, ça ne peut pas plaire à tout le monde ! Les Syriens, surtout, n'apprécient guère son action. Pour eux, l'unité libanaise signifie l'indépendance du pays. Et ils n'en veulent à aucun prix !

Donc, Delamare gêne. On le lui a fait savoir à la façon libanaise. Sa voiture a été plastiquée et, à de nombreuses reprises, des obus sont tombés dans le parc de la chancellerie. De simples avertissements.

Pourtant, Louis Delamare ne prend pas de précautions particulières. Il se promène en auto sans escorte armée dans Beyrouth, avec pour seul compagnon le chauffeur de l'ambassade. Considérant qu'il a des amis dans tous les clans, il doit penser qu'il est intouchable. D'ailleurs il a refusé la voiture blindée que le Quai d'Orsay voulait lui envoyer. C'est sa seule véritable erreur, l'erreur fatale d'un Juste. Mais c'est aussi sa façon à lui, courageuse, de montrer qu'il n'a pas peur et que rien ne le fera renoncer à sa mission pacifique.

Fin août, le ministre des Affaires étrangères de François Mitterrand, Claude Cheysson, se rend à Beyrouth. Delamare lui a organisé une rencontre avec Yasser Arafat. Pour le plus grand déplaisir des Syriens. Même si, en principe, Palestiniens et Syriens sont dans le même camp, Hafez el-Assad exige qu'Arafat lui obéisse au doigt et à l'œil. Or le bouillant dirigeant palestinien ne néglige pas une occasion de manifester son indépendance. Par exemple en rencontrant Cheysson à Beyrouth et non à Damas sous les auspices du président syrien. Autre motif de mécontentement de ce dernier : le ministre français a aussi rencontré les dirigeants libanais. Et à l'issue de ses rencontres avec les Libanais, Cheysson a donné une conférence de presse où il s'est prononcé contre toute occupation étrangère au Liban. Encore une pierre dans le jardin de Damas !

Le 4 septembre au matin, exceptionnellement, Beyrouth est presque calme. On a bien entendu quelques coups de feu du côté du port et assisté à quelques échanges d'obus de part et d'autre de la ligne démarcation. Mais c'est la routine.

Louis Delamare, comme tous les jours, travaille à l'ambassade située à Beyrouth-Ouest, très près de la ligne verte. Ce matin-là, se tient une énième réunion au palais présidentiel de Baabda. Autour du président libanais Sarkis sont rassemblés les ministres des Affaires étrangères du comité quadripartite arabe nommés par la Ligue arabe. Ce sont eux qui, en principe, commandent la Force arabe de dissuasion. Mais, en fait, tout le monde sait que ce sont les Syriens qui tirent les ficelles.

L'heure du déjeuner approche. Delamare va rejoindre la Résidence des Pins. La voiture de l'ambassadeur doit traverser la ligne de démarcation et pénétrer dans Beyrouth-Est, c'est-à-dire la partie de Beyrouth contrôlée par les Syriens. Cela signifie franchir de nombreux barrages contrôlés par les hommes de la FAD, la Force arabe de dissuasion. Le véhicule de Delamare, une 604 arborant un fanion tricolore, est bien connu. Et l'ambassadeur avance sans encombre.

La Résidence des Pins est en vue. Soudain, une grosse BMW blanche se met en travers de la 604. À l'intérieur, quatre hommes. Des personnages qui vont se conduire de façon très curieuse. L'un d'eux, armé d'un pistolet-mitrailleur, descend de la BMW. Il court vers la 604 et se précipite sur la porte arrière. Dans l'auto, Louis Delamare a compris. Il ordonne à son chauffeur de bloquer les portières. L'assaillant ne peut pas ouvrir. Un deuxième homme armé sort. Il essaie d'ouvrir l'autre portière arrière. Nouvel échec ! Alors les deux hommes tirent sur l'ambassadeur à travers les glaces. Louis Delamare est mortellement touché. Son chauffeur essaie bien de le conduire à l'hôpital le plus proche. En vain. Il n'y a plus rien à faire.

Les assassins, eux, s'enfuient. Étrangement, les barrages tenus par les Syriens s'ouvrent devant eux et la BMW, on l'apprendra plus tard, rejoint sans aucune difficulté les quartiers populaires chiites de la capitale libanaise. Ce n'est pas le seul mystère : l'endroit où l'ambassadeur a été assassiné est entouré de barrages tenus par les hommes de la FAD. Or ceux-ci n'ont pas réagi.

Autre interrogation : pourquoi les tueurs ont-ils essayé d'ouvrir les portières avant de tuer Louis Delamare ? Leur véritable objectif n'était-il pas d'enlever l'ambassadeur français ? Devant l'échec de leur tentative, ils l'auraient assassiné.

Il était tentant de penser que les Syriens étaient sinon les auteurs de l'assassinat du moins les complices. Mais dans ce genre d'affaire, surtout lorsqu'elle survient au Proche-Orient, il convient d'être prudent et d'examiner toutes les pistes possibles. Et justement, dans les services, avant d'incriminer les Syriens, nous pensons à Téhéran. Pourquoi ? Parce que la France a récemment accueilli sur son sol au moins trois opposants notoires au régime de l'ayatollah Khomeyni : Bani Sadr, Chapour Bakhtiar et le chef des moudjahidin, Massoud Radjavi. Un triple droit d'asile qui a déchaîné la colère de l'Iran et justifié les menaces proférées contre notre pays et ses intérêts dans le monde.

Khomeyni aurait très bien pu imaginer prendre notre ambassadeur en otage afin de l'échanger contre l'un des opposants réfugiés chez nous. Depuis l'affaire de l'ambassade américaine de Téhéran, les Iraniens se sont déjà fait une solide réputation de preneurs d'otages. Et ils vont hélas donner plus tard la preuve de leur sinistre savoir-faire à Beyrouth même. En outre, étant donné l'importance de la communauté chiite au Liban, les khomeynistes y sont comme chez eux et contrôlent des quartiers entiers de la capitale libanaise. Avec la complicité des Syriens.

Il ne faut pas non plus exclure la piste palestinienne. Non pas Arafat avec qui Delamare entretenait les meilleurs rapports du monde, mais une faction dissidente de l'O.L.P. Il n'en manque pas depuis que Yasser Arafat a fait clairement le choix de la diplomatie contre celui de la violence terroriste. Deux informations très précises nous sont parvenues quelque temps avant l'assassinat de notre ambassadeur. D'abord, un mouvement jusqu'alors inconnu, « El Assifa » – derrière lequel nous avons très vite soupçonné la présence de l'un des plus redoutables terroristes palestiniens, Abou Nidal –, a publié un communiqué menaçant où il était question de châtier tous les « médiateurs » entre Israël et les Palestiniens. Louis Delamare pouvait être considéré comme l'un de ces médiateurs. En choisissant le camp de la paix, en intervenant inlassablement pour que les uns et les autres se rencontrent, il était au cœur de toutes les négociations. Il ne faut pas oublier que les Israéliens occupaient au sud du Liban une large bande du territoire national. Il était évident que jamais les Syriens ne se retireraient du pays si les Israéliens continuaient d'occuper ces terres à sa frontière. Louis Delamare essayait d'obtenir le retrait israélien. C'était donc l'un de ces médiateurs menacés par « El Assifa ».

La deuxième information nous est venue de Vienne. Un attentat contre une synagogue y a fait deux morts et de nombreux blessés, quelques jours avant l'assassinat de Louis Delamare. Et, à l'occasion de ce drame, les autorités autrichiennes ont eu vent de l'existence d'un nouveau mouvement terroriste, « Juin noir », qui se proposait de déclencher une nouvelle vague de terreur dans les pays occidentaux.

« El Assifa », « Juin noir » ? Nous n'avons aucune preuve. Il faut donc aller chercher la vérité sur le terrain. À Beyrouth même !

Je crois qu'à l'époque il doit exister au moins une centaine de groupuscules armés dans la capitale libanaise. Sans compter les milices officielles. Ça signifie que pour exécuter un contrat on peut y trouver des tueurs pour une bouchée de pain, c'est-à-dire à peu près mille francs ! Quant aux armes, elles fourmillent dans la ville. Y compris les plus sophistiquées. C'est dire la difficulté de l'enquête menée sur place par les services.

Le premier qui nous donne un vrai tuyau, c'est Arafat ! À peine huit jours après la mort de Delamare, il nous fait tenir un dossier terriblement accusateur pour les Syriens. Il avance même des noms, ceux des membres du commando. Prudemment, nous vérifions les assertions du leader palestinien. Nos hommes reconstituent d'abord l'itinéraire parcouru par la BMW blanche après l'assassinat. Heureusement, à Beyrouth, quand on connaît les gens et qu'on dispose d'un peu de monnaie dans sa poche, on arrive à savoir beaucoup de choses. Nous pouvons donc établir que la puissante voiture a effectivement franchi sans difficulté plusieurs barrages tenus par les Syriens. Puis elle s'est dirigée vers le quartier populaire de Chyah, un quartier chiite de la banlieue sud. Là, la BMW s'est arrêtée devant l'un des sièges du mouvement Amal, un mouvement chiite proche à la fois des Iraniens et des Syriens et très étroitement contrôlé par les services de renseignement de Damas.

Les membres du commando sont descendus et entrés dans le bâtiment. Exactement comme s'ils étaient chez eux.

Le principal tueur est un nommé Housseini. Leur chef s'appelle Mohammed Yacine. Et il y a encore un type du nom de Moussawi. J'ai oublié l'identité du quatrième. Peu importe ! Ce qui est très intéressant, c'est que Yacine, le chef, est un homme des services secrets syriens. L'assassinat semble donc signé !

À Paris, on estime qu'il faut une réponse à la hauteur de l'affront subi. Quelques semaines après le meurtre de Delamare, une voiture piégée explose à Damas près de la présidence du Conseil. Il y a des dizaines de morts.

Quant aux tueurs, les agents français les pourchassent sans relâche. Et l'un d'eux au moins, le nommé Moussawi, est liquidé en 1983 dans un hôpital libanais à Tripoli.

Mais, dans le même temps, nous nous interrogeons : cette facilité avec laquelle la BMW a traversé les barrages, cette arrivée au siège du mouvement Amal au vu et au su de tout le monde dans un quartier qui grouille de passants... Pourquoi aussi peu de discrétion ? Surtout dans une ville comme Beyrouth où tout finit par se savoir, où il y a des informateurs à tous les coins de rue. Des professionnels auraient au moins pris le soin de changer de voiture avant de disparaître !

C'est ainsi que petit à petit nous sommes amenés à penser que les membres du commando n'auraient pas agi autrement s'ils avaient voulu que la Syrie apparaisse comme l'organisatrice de l'assassinat.

Certes, les assassins étaient des gens à la solde de Damas. Mais n'ont-ils pas été manipulés ?

Personnellement, je commence à entrevoir une partie de la vérité en découvrant un étonnant récit dans le journal arabe publié à Paris, *Al-Watan al-Arabi*. Un organe de presse qui sera d'ailleurs l'objet d'un attentat au début de l'année suivante. Et ce n'est sans doute pas sans rapport avec le dossier Delamare.

Selon ce journal, les Syriens sont fortement irrités par les efforts de la diplomatie française qui vise à mettre fin au siège de la ville de Zahlé. C'est principalement l'activité de Louis Delamare qui provoque la colère de Damas. Au cours d'une réunion secrète, les principaux dignitaires du régime syrien se posent la question : que faire de ce Delamare ? L'assassiner ? Non. Pas tout de suite, en tout cas. On décide d'abord de l'intimider. Commencent alors des bombardements autour de la chancellerie française. Des obus « égarés », bien sûr. Puis, comme notre ambassadeur ne semble nullement renoncer à son action pour la paix, on plastique une voiture de l'ambassade. Mais Delamare n'est pas du tout impressionné. Alors, les Syriens, avec l'assentiment et l'aide des Iraniens qui, eux aussi, sont furieux contre les Français, choisissent de frapper un grand coup. L'opération « enlèvement » est montée. Une opération qui se termine tragiquement par un assassinat.

Ce récit est crédible. Presque trop crédible. Mais quand on sait que *Al-Watan al-Arabi* est un journal violemment antisyrien et proche de l'Irak, on ne peut que se poser des questions. Qui a informé cet organe de presse ? Et pourquoi ?

Je n'ai pas de preuves mais j'ai quand même ma petite idée. Au moment de la crise de Zahlé, je vous le rappelle, on frôle la guerre entre les Arabes et les Israéliens. À cette époque, Israël est en pleine campagne électorale et le Premier ministre Begin peut être tenté de faire de la surenchère pour gagner. Mais il triomphe sans même engager son pays contre la Syrie. La paix armée continue. Begin forme un premier puis un deuxième gouvernement en août. Il y fait entrer au poste de la Défense un homme qui ne rêve que d'en découdre, Ariel Sharon. Un mois plus tard, Delamare est assassiné.

Je n'accuse pas mais, pour les faucons israéliens, la politique française au Proche-Orient était inacceptable. L'assassinat d'un ambassadeur français à Beyrouth – un ambassadeur qui entretient en outre des contacts fréquents avec Yasser Arafat – était susceptible d'exacerber le ressentiment des chrétiens libanais contre les Palestiniens, causes de tous leurs maux...

Se débarrasser d'un tel homme en faisant accuser les Syriens, les faucons israéliens ne pouvaient pas imaginer un piège plus diabolique !

L'ont-ils réellement fait ? Ont-ils manipulé les tueurs syriens, ce qui ne devait pas être très difficile ? Je ne le sais pas. Mais le Mossad nous a habitués à des machinations encore plus machiavéliques.

Aucun ouvrage, aucun article de journal n'évoque une telle thèse. Toutefois dans l'excellent livre de Jonathan Randal sur le Liban, La Guerre de mille ans, *on trouve ce commentaire : « Avec la formation du nouveau gouvernement Begin, toutes les contradictions non résolues qui entouraient la politique israélienne au Liban furent balayées par un véritable raz de marée d'agressivité et de militarisme. Le principal architecte de la nouvelle politique fut le ministre de la Défense, Ariel Sharon, qui avait mis la main sur ce portefeuille tant convoité, en raison du goût qu'il avait manifesté toute sa vie pour la violence, la témérité et le pouvoir. » Sharon qui, entre parenthèses, soutenait alors publiquement que la zone d'influence militaire d'Israël devait s'étendre bien au-delà du monde arabe... Sharon, enfin, qui enverra bientôt ses chars jusque dans les rues de Beyrouth et portera une lourde responsabilité dans les massacres des camps palestiniens de Sabra et Chatila.*

Enfin, le journal Le Matin *daté du 5 septembre 1981 publie ce portrait de l'ambassadeur de France au Liban assassiné le 4 septembre : « On peut dire que Louis Delamare représentait la France sans rien emprunter aux manières des diplomates traditionnels. Il avait dans sa forte carrure, et derrière ses yeux sans cesse en alerte, suffisamment de ressources propres. Une force de travail qui ne laissait guère de temps aux dîners mondains, une liste intarissable d'histoires drôles à raconter, beaucoup de chaleur, de curiosité et de bon sens. Un gaulliste qui n'avait pas attendu le 10 mai pour incarner la force tranquille, un serviteur de l'État aux allures d'inspecteur Maigret, qui ne se prenait pas pour un prophète. »*

22

Le faux enlèvement

Un enlèvement qui n'en est pas un. Un tueur incapable de tuer un agneau. Un service secret qui joue au chat et à la souris avec un juge d'instruction. Un président de la République personnellement impliqué dans un roman noir de série B. Tels sont quelques ingrédients d'une affaire particulièrement embrouillée qui a fait les beaux titres des journaux il y a quinze ans. L'affaire Virgil Tanase.

Tanase est un écrivain d'origine roumaine né en 1945. Auteur turbulent et non conformiste, opposé au régime dictatorial et népotique de Nicolas Ceausescu, ce dissident choisit en 1977 de se réfugier en France. Deux ans plus tard, on lui accorde la nationalité française. Sur notre territoire, il continue à sa manière à lutter contre Ceausescu en animant par exemple une Ligue pour la défense des droits de l'homme en Roumanie. À ses côtés, un autre écrivain dissident, Paul Goma. On le retrouvera plus tard.

En janvier 1982, Virgil Tanase publie dans le magazine Actuel *un violent article contre le dictateur roumain sous le titre : « Sa Majesté Ceausescu Ier, roi communiste. » Dans sa diatribe, Tanase cite l'un de ses confrères, Alexandru Ivasiuc : « Nous sommes vingt-deux millions d'hommes et de femmes à vivre dans le subconscient d'un fou. » Ce fou, c'est Ceausescu, le Génie des Carpates, le Danube de la pensée, comme il aime à se faire appeler. La Roumanie, affirme Tanase, vit depuis trente-cinq ans à l'heure de Vichy.*

Quatre mois après la publication de ce pamphlet, Tanase disparaît en plein Paris. Et chacun, aussitôt, d'imaginer que c'est la terrible Securitate qui l'a enlevé. Car il y a des précédents. Des dissidents, originaires de Roumanie ou d'autres pays du bloc soviétique, ont déjà été enlevés ou tués par les services secrets de l'Est. On se souvient des fameux parapluies bulgares qui ont servi à éliminer opposants ou dissidents.

Quelques jours plus tard, François Mitterrand donne une conférence de presse. On lui pose une question sur la disparition de Virgil Tanase. Le président de la République répond que s'il était démontré, hypothèse tragique, que M. Tanase a disparu pour ne pas reparaître, cela entamerait sérieusement la nature des relations entre la Roumanie et la France. Or, justement, le président français doit se rendre en Roumanie dans peu de temps. Voyage qui sera finalement annulé. À cause de l'affaire Tanase.

Ce qui est plus étonnant, c'est que lorsque François Mitterrand fait cette réponse aux journalistes, il sait déjà que Tanase est à l'abri et ne risque donc plus rien. Jacques Attali, dans le premier tome de son Verbatim, *l'atteste formellement. Le président a donc menti sciemment. Pour cacher quelle opération ? Pour dissimuler quel secret d'État ?*

J'ai eu le plus grand mal à y voir clair dans cette affaire Tanase. Non seulement parce que l'affaire semblait embrouillée. Mais surtout parce que l'enlèvement de Virgil Tanase dissimulait une machination tellement tortueuse que dans les services on l'a tenue rigoureusement secrète. Il m'a fallu beaucoup de persuasion pour obtenir un minimum d'explications tant il est vrai qu'il y a des dossiers sur lesquels on n'a pas forcément envie de s'exprimer. Et où l'on répugne à reconnaître sa responsabilité !

Le 20 mai 1982, Tanase quitte son domicile du quartier de la Bastille. Il a un rendez-vous au jardin du Luxembourg avec un type qui doit lui remettre une traduction. C'est en tout cas ce qu'affirmera plus tard sa femme, Doïna.

Tanase sort donc de chez lui. Il remonte le boulevard de la Bastille et prend la première rue à droite. Soudain, deux hommes bondissent d'une voiture garée le long du trottoir. Ils sautent sur l'écrivain et l'embarquent dans l'auto qui démarre aussitôt.

La scène est vue par quelques témoins qui pourront confirmer que l'écrivain a été réellement enlevé.

Le soir même, Doïna se présente dans son commissariat de quartier. Deux hommes l'accompagnent. Ce sont des inspecteurs de la D.S.T. Mais on ne l'apprendra que beaucoup plus tard. L'épouse de Tanase signale la disparition de son mari. Le planton de service lui demande de repasser le lendemain. Il faut dire qu'à l'époque la police est plutôt méfiante lorsqu'il s'agit d'enlèvements d'écrivains : quelque temps plus tôt, Jean-Edern Hallier a simulé un enlèvement pour mieux vendre son dernier livre !

Dans le cas de Tanase, très vite, on se rend compte qu'il s'agit de quelque chose de plus sérieux. L'écrivain est d'origine roumaine et l'on sait que la Securitate ne recule devant aucun moyen pour faire taire les opposants.

La Justice est saisie et une information ouverte pour arrestation illégale et séquestration arbitraire. Le dossier est confié à un juge d'instruction, Jean-Louis Debré, le futur ministre de l'Intérieur. Ce qui, rétrospectivement, ne manque pas de sel.

Tout de suite, cette affaire fait beaucoup de bruit. Des manifestations sont organisées devant l'ambassade roumaine, la Fédération internationale des Droits de l'homme publie un communiqué vigoureux ; des intellectuels se déclarent solidaires de Tanase et accusent Ceausescu et son régime dictatorial. Les Roumains, mis au pied du mur, doivent enfin réagir. Vingt jours après la disparition de l'écrivain, l'ambassade publie un communiqué écrit dans le plus pur jus stalinien : « La Roumanie n'est pas impliquée, sous quelque forme que ce soit, dans l'affaire Virgil Tanase. Toute cette campagne qui s'est déchaînée en France n'est qu'une inqualifiable provocation, mise en scène et menée par des milieux hostiles de l'émigration roumaine de pair avec d'autres milieux qui ne voient pas d'un bon œil le développement des relations roumano-françaises. Toutes les spéculations concernant l'implication de la Roumanie sont dépourvues de tout fondement. »

D'autre part, dans la presse, à plusieurs reprises, on évoque avec insistance les rapports que l'écrivain aurait entretenus avec la D.S.T. dès son arrivée en France en 1977. Des rumeurs propagées d'abord par des émigrés roumains puis reprises par plusieurs journalistes.

Personnellement, je suis de très près les affaires roumaines. Au cours de ce premier semestre de l'année 82, des événements importants touchent la Roumanie, en particulier une gigantesque purge dans les hautes sphères du parti. Des dizaines de dirigeants affiliés à une secte auraient comploté contre le régime et tenté de renverser Ceausescu. En fait, il s'agit du type même de la purge stalinienne : on se débarrasse de ses anciens amis pour mieux asseoir son pouvoir et terroriser ceux qui auraient la tentation de vous faire défaut.

L'affaire Tanase éclate à Paris, à peine la purge calmée en Roumanie. Y a-t-il un rapport entre ces deux événements ?

En France, le juge Debré enquête. Rapidement, il se rend compte qu'il dispose de très peu d'éléments. À part les témoins de l'enlèvement, rien. Aucun indice, aucune trace de Tanase. Pas de revendication, pas de demande de rançon. Alors il entend longuement Doïna Tanase. Et il demande aux inspecteurs de la Brigade criminelle d'en faire autant.

En fait, Debré a une drôle d'impression. Appelons cela une intuition. À sa demande, le domicile de Doïna Tanase est placé sur écoutes. Et tout de suite, les enregistrements effectués détectent des anomalies. La ligne de téléphone semble brouillée. On y entend des bruits bizarres. Mais c'est tout.

Le temps passe. Mais, un jour, Doïna Tanase va faire une erreur. Une partie, une toute petite partie de la vérité, se dévoile.

Ce matin de juin, l'épouse de l'écrivain décroche le téléphone, compose un numéro. À l'autre bout du fil, un homme. La conversation est très brève et relativement anodine. Mais ça a suffi pour que le numéro que Doïna a composé soit repéré. Vérifications faites, il s'agit d'un numéro attribué à la D.S.T. !

Si les enquêteurs sont embarrassés, Jean-Louis Debré, lui, entre dans une violente colère. On se moque de lui ! Depuis le début, on lui cache manifestement la vérité. À son tour, il compose le fameux numéro de téléphone. Et lorsqu'au bout du fil le fonctionnaire de la D.S.T. auquel Doïna Tanase a parlé lui répond, il exige de le voir. Immédiatement !

À la D.S.T., on déteste être contraint de se confier aux magistrats. Il est tellement facile d'opposer le « Secret défense » aux juges trop indiscrets. Mais, en l'occurrence, un impair a été réellement commis. Avec l'autorisation de sa direction, le policier de la D.S.T. va donc livrer quelques bribes de vérité au juge d'instruction.

Le fonctionnaire de la D.S.T. explique : c'est en avril 1982, plus d'un mois avant « l'enlèvement », que le contre-espionnage a approché Tanase. Les policiers lui annoncent qu'un violent article qu'il a récemment publié dans *Actuel* lui vaut la colère de Ceausescu. Le dictateur s'estime diffamé, lui et sa famille. Il a décidé de liquider l'écrivain. Un agent roumain, un certain Monsieur Z, est chargé de l'exécution. Tanase, peut-être flatté d'apprendre qu'un chef d'État a décidé personnellement de se débarrasser de sa modeste personne, accepte sans beaucoup d'hésitation la proposition de la D.S.T. qui entend l'escamoter afin de le protéger. Naturellement, sa femme est au courant. Elle sait même où son mari est caché.

Quand il entend ce récit, le juge Debré tombe des nues. D'autant qu'on lui dit que les plus hautes autorités de l'État sont dans le secret. Naturellement, on interdit au magistrat de faire état officiellement de ces informations confidentielles dans son enquête. En somme, on se contente de satisfaire sa curiosité. Et le juge est prié d'en rester provisoirement là !

La conséquence immédiate, c'est qu'il peut partir en vacances tranquillement ! Mais avant de goûter les plaisirs de l'été, j'imagine que Jean-Louis Debré n'a pu éviter de se poser cette question : si le tueur, ce mystérieux Monsieur Z, est identifié et donc certainement surveillé par la D.S.T., pourquoi ne pas l'avoir intercepté au lieu de cacher Tanase ?

C'est que les dés sont pipés.

En fait, si les policiers de la D.S.T. ont été obligés d'avouer l'organisation du faux enlèvement de l'écrivain roumain, ils ont omis de dire l'essentiel. Parce que, au moment où le juge Jean-Louis Debré a reçu cette confession, le service de contre-espionnage peut encore espérer réussir une assez étonnante opération de manipulation.

Tout commence quelques mois plus tôt avec l'entrée en scène d'un curieux personnage. Il s'appelle Mateï Haïducu. C'est un espion roumain. Capitaine de la Securitate, il se trouve en France depuis sept ans. Recruté par la centrale roumaine dès sa sortie de l'université, il a suivi une formation classique dans une école d'espionnage locale avant d'être expédié en France en 1975. La Securitate lui a fabriqué une « légende », un passé de dissident. Ce qui lui permet de contacter immédiatement les milieux émigrés roumains et de bénéficier d'un statut de réfugié. En même temps, il entre dans une société de robinetterie industrielle qui travaille pour les centrales nucléaires. Un poste stratégique : rapidement, Haïducu transmet des informations intéressantes à sa centrale.

En 1982, la vie tranquille de cet espion est bouleversée. À la faveur d'un séjour en Roumanie, ses chefs lui donnent l'ordre de se débarrasser de deux opposants, deux écrivains exilés, Virgil Tanase et Paul Goma. Haïducu feint d'accepter sa mission. Aussitôt revenu en France, il se précipite à la D.S.T. Depuis longtemps, il a été retourné par le contre-espionnage français : Mateï Haïducu est un agent double.

C'est alors que des stratèges de la D.S.T. imaginent une opération assez subtile.

En 1978, avec l'aide de la C.I.A., le général Papeca, un des patrons du renseignement roumain, a fui son pays. Un joli succès pour les Américains! Pourquoi ne pas essayer de rééditer l'opération? Au profit des Français. Le successeur de Papeca s'appelle Plesita. Selon des informations assez précises recueillies par la D.S.T., le général Plesita serait prêt à faire défection afin d'échapper à la purge qui est en train de décimer l'élite du Parti communiste roumain.

Comment lui forcer la main? En le déstabilisant, par exemple! En fabriquant une « bavure » qui lui vaudrait le courroux de Ceausescu.

Les révélations de Mateï Haïducu arrivent à point. Si la Securitate est publiquement accusée de préparer des assassinats en France, au risque de créer de graves incidents diplomatiques, son chef, le général Plesita, n'aura plus qu'une issue pour sauver sa vie : la fuite à l'Ouest!

La D.S.T. met en place le piège. Virgil Tanase est contacté et prévenu : un agent roumain, un certain Mateï Haïducu, a été chargé de le liquider. Non seulement lui, mais aussi l'un de ses amis, Paul Goma. Les hommes du contre-espionnage connaissent par le détail le mode opératoire de l'assassin. Ils proposent donc à l'écrivain exilé le plan suivant : d'abord ils organisent son faux enlèvement. Puis, une fois Tanase mis au vert, ils prennent le tueur sur le fait au moment où il s'attaquera à Goma. Lorsque ce dernier s'apprêtera à boire une boisson empoisonnée proposée par le tueur, un quidam interviendra, bousculera Goma et lui renversera son verre. Mateï Haïducu, confondu, devra passer aux aveux.

Tanase avale sans broncher ce scénario quelque peu rocambolesque puisqu'il s'agit de piéger la Securitate. Lorsqu'on est un opposant exilé et traqué, on n'a pas toujours le choix. D'autant que la D.S.T. va scrupuleusement exécuter son plan. Tanase est « enlevé ». Goma échappe à sa tentative d'empoisonnement, et c'est d'autant plus facile que Mateï Haïducu est entièrement dans les mains du contre-espionnage français. Seul hic : la malencontreuse intervention du juge Debré. Mais on a vu de quelle façon on l'a berné.

Il reste maintenant à conclure. Et à récolter les fruits de l'intoxication.

À la fin du mois d'août, coup de théâtre ! Le mystérieux Monsieur Z, alias Mateï Haïducu, apparaît en pleine lumière à l'occasion d'une conférence de presse dans les locaux du journal *Actuel*. Et il n'est pas seul : il est entouré de Tanase et Goma, ses deux cibles. Haïducu dévoile les noirs desseins de la Securitate. Tanase et Goma confirment. La D.S.T. triomphe.

Malheureusement, le pétard est mouillé : le général Plesita ne fait pas défection. Des fuites révèlent prématurément l'affaire du faux enlèvement de Tanase et sabotent l'exfiltration de Plesita en donnant l'alerte aux autorités roumaines. En effet, dans les jours qui ont précédé la réapparition de Tanase et sa conférence de presse en compagnie de Haïducu et de Goma, plusieurs journalistes savaient. Certains d'entre eux avaient été informés par le président de la République en personne.

C'est ainsi que j'ai compris.

1982. Les socialistes sont au pouvoir depuis l'année précédente. À la D.S.T. comme au S.D.E.C.E., on n'en mène pas large. Les gens de la D.S.T. n'ont pas une excellente réputation à gauche. Et ils ont sans doute de bonnes raisons de croire que le pouvoir ne leur fera pas de cadeaux. Il ne faut pas oublier qu'avant même l'élection présidentielle, des militants socialistes, et pas n'importe lesquels, ont réclamé un solide nettoyage de la D.S.T. Ils accusent en effet le contre-espionnage de se livrer à des opérations de basse police et n'ont pas oublié l'affaire des plombiers du *Canard enchaîné* ni celle de Roger Delpey, le confident de Bokassa, mis à l'ombre pendant sept mois, à cause de l'affaire des diamants. Et puis, disons-le tout net, dans ce service, on n'est pas spécialement de gauche.

Donc la D.S.T., malgré la réussite de l'opération Farewell [1], a l'impression, à tort ou à raison, d'être dans la ligne de mire du pouvoir. Il lui faut donc redorer son blason. D'autant qu'il y a concurrence dans la boutique. Mitterrand, qui n'a aucune

1. Voir *Mémoires secrets*, tome 1, p. 257.

confiance dans les services existants (S.D.E.C.E. et D.S.T.), vient de donner le feu vert à la création d'un nouvel organisme, la fameuse cellule antiterroriste de l'Élysée. Un service monté par des gendarmes. Une horreur pour les policiers de la D.S.T., qui comme tous les flics de France ne supportent pas les pandores !

À tout point de vue, la D.S.T. se sent menacée. C'est ainsi que ses dirigeants imaginent l'opération Tanase destinée à déstabiliser le général Plesita, à provoquer sa défection et, surtout, à prouver que la maison est toujours performante.

Tanase réapparaît fin août au cours de cette spectaculaire conférence de presse dans les locaux d'*Actuel*. Deux jours plus tôt, deux jours seulement, l'Élysée a publié un communiqué triomphant annonçant un grand succès de la cellule du colonel Prouteau dans la lutte contre le terrorisme international. C'est l'affaire des Irlandais de Vincennes, dont on sait comment elle finira. Mais sur le moment les gendarmes triomphent. Et la D.S.T. fait grise mine. Elle essaie de reprendre l'initiative en rendant publique l'opération Tanase. Mais il est trop tard. Des fuites bien organisées ont fait échouer la défection du général Plesita. Des fuites qui, j'en suis sûr, ont été sciemment provoquées par des personnes bien informées ayant accès à la présidence de la République et à ses secrets ! Il ne me paraît pas trop difficile de les identifier.

Beaucoup de commentateurs ont émis des doutes sur l'affaire Tanase. Libération, *par exemple, qui titre : « Une affaire d'espionnage à la Tintin menée de A jusqu'à Z par la D.S.T. Coup tordu ou coup de maître ? Belle embrouille en tout cas ! » Mais nulle part on ne fait allusion au fait que la D.S.T. aurait pu monter cette affaire pour redorer son blason.*

Bien au contraire, son chef de l'époque, Marcel Chalet, écrit dans son livre de Mémoires, Les Visiteurs de l'ombre, *que l'objectif de l'opération était bien le général Plesita. Et il présente l'affaire ainsi : le transfuge Haïducu vient informer la D.S.T. qu'il est chargé de tuer les deux dissidents Goma et Tanase. Aussitôt, une section spécialisée de la D.S.T. met au point une classique opération de contre-espionnage. Il s'agit de feindre d'abord un attentat manqué contre Goma, puis un réel enlèvement de Tanase. Pourquoi ? Pour faire croire aux Roumains que l'agent Haïducu a accompli sa mission. Puis on révèle spectaculairement l'échec de ces deux attentats. De telle façon qu'à Bucarest le commanditaire de l'opération, le général Plesita, soit amené à fuir à l'Ouest pour échapper aux représailles. Mais, malheureusement, une indiscrétion fait capoter l'affaire.*

Une explication qui rejoint en partie la thèse de Monsieur X.

Autre chose : dans cette affaire, le juge d'instruction Jean-Louis Debré a rendu une ordonnance de non-lieu en décembre 82. Il reconnaît l'implication de la Securitate mais ne cache pas que le comportement de la D.S.T. l'a agacé. Treize ans plus tard, ministre de l'Intérieur, il sera le patron de cette même D.S.T.

23

La vengeance de Khomeyni

Rien de plus facile, rien de plus meurtrier, rien de plus lâche aussi que les attentats terroristes contre les avions de ligne. Une petite bombe, un seul trou dans le fuselage. Et c'est la catastrophe obligée. Un crash qui se traduit aussitôt en dizaines, en centaines de victimes...

Nombreux ont été les exemples dans les années passées. À commencer par celui qui nous a le plus touchés, celui du vol UTA 772 Brazzaville-Paris en 1989.

Presque à chaque fois, malgré les efforts souvent spectaculaires des enquêteurs qui sont allés jusqu'à reconstituer morceau après morceau les carlingues des avions sabotés, l'identité des terroristes et la responsabilité des commanditaires n'ont pu être formellement établies. C'est le cas dans l'affaire du DC 10 de l'UTA. Et également dans l'explosion du Boeing 747 de la Pan Am en 1988 au-dessus du village de Lockerbie, en Écosse.

Pour ces deux affaires, un même État, la Libye, a été fortement soupçonné d'avoir été à l'origine de ces attentats. Ce qui lui a valu des sanctions de la part des Nations unies. Mais, encore une fois, aucune preuve définitive n'a pu être apportée.

Ce genre d'affaire se prête à toutes les manipulations. Dans le monde bouillonnant du terrorisme international, il est aisé de brouiller les pistes à l'infini, d'entretenir la confusion, d'égarer la Justice. Et c'est exactement ce qui s'est passé avec le crash du Boeing de la Pan Am.

Mais rappelons d'abord les faits : le 21 décembre 1988, en début d'après-midi, le vol 103 de la Pan Am décolle de Francfort. Après une escale à Londres, le Boeing 747 doit rejoindre Detroit. À bord, il y a une majorité d'Américains qui travaillent en Allemagne et retournent au pays pour les fêtes de fin d'année. Lorsque le jumbo-jet baptisé *Maid of Sea* c'est-à-dire « Demoiselle de la mer » redécolle de Londres après deux heures d'escale, deux cent cinquante-neuf personnes se trouvent à bord, passagers et membres d'équipage compris.

Une demi-heure plus tard, l'avion vole déjà à plus de 30 000 pieds, c'est-à-dire un peu plus de 9 000 mètres, et le personnel de bord sert l'apéritif. L'appareil survole alors l'Écosse. Le commandant de bord a choisi la route nord, celle qui passe par le Groenland. Soudain, une violente explosion secoue le Boeing 744. Elle s'est produite à l'avant, sans doute dans une des soutes à bagages. Immédiatement, le jumbo-jet prend feu et se désintègre. Au sol, dans le petit village de Lockerbie, c'est l'épouvante. Des fragments enflammés tombent sur le village. Des maisons brûlent. Partout, des milliers de débris, des dizaines de corps dont certains sont encore attachés à leur fauteuil. Onze villageois trouvent aussi la mort dans l'incendie qui dévaste la petite agglomération. Et, parmi les passagers, il n'y a bien sûr aucun survivant.

On pense rapidement à un attentat. L'appareil était en excellent état. Un premier examen des fragments du fuselage ne met en évidence aucun indice d'une éventuelle fatigue du métal. Mais surtout, les boîtes d'enregistrement retrouvées après le crash ne font état d'aucune anomalie. À l'exception de ce que les spécialistes appellent un « faible bruit ». Le dernier signal transmis par le Boeing avant qu'il ne se désintègre. Sans doute l'enregistrement de l'explosion.

Une violente polémique éclate quand on apprend que l'attentat de Lockerbie était programmé. Un certain nombre de gens savaient qu'il risquait de se produire tôt ou tard ! C'est l'un des grands mystères de cette affaire.

Au début du mois de décembre, deux semaines avant la catastrophe, un correspondant anonyme appelle l'ambassade américaine à Helsinki au nom de l'organisation terroriste d'Abu Nidal. Il indique que dans les quinze jours à venir un attentat à la bombe sera perpétré contre un appareil de la Pan Am sur la ligne Francfort-États-Unis.

C'est exactement ce qui est arrivé ! Alors comment a-t-on pu laisser faire ? Les autorités américaines se défaussent en prétendant que cet homme a déjà appelé à plusieurs reprises et que ces menaces n'ont pas été suivies d'effet.

La réalité est plus complexe. Plus sordide aussi. C'est d'abord une affaire de gros sous. Après cet appel téléphonique, le Département d'État américain a informé l'administration fédérale de l'aviation. Celle-ci, à son tour, a envoyé un bulletin d'avertissement aux compagnies aériennes et aux différents responsables d'aéroports internationaux. Mais tout ce petit monde a décidé de ne pas ébruiter l'affaire afin de ne pas perturber le trafic aérien. Si cette information avait été rendue publique, des centaines, des milliers de voyageurs auraient renoncé à prendre l'avion. En cette période de fin d'année où le trafic est particulièrement dense, ç'aurait été financièrement catastrophique. On a donc préféré le risque d'envoyer près de trois cents personnes à la mort !

Je dois quand même ajouter à la décharge de tous ces responsables que les menaces d'attentat étaient fréquentes. Et rarement sérieuses. Alors, une de plus, une de moins... Et puis, rendre publique cette information, c'était aussi encourager un bon nombre de plaisantins à proférer des menaces fantaisistes et donc, à terme, risquer de bloquer le trafic aérien.

À défaut de paniquer le public, on aurait pu au moins prendre des précautions afin de prévenir cet attentat. Manifestement, certaines autorités ont failli. C'est d'autant plus vrai que, quelques semaines avant l'attentat, la police allemande a fait une intéressante découverte : au cours d'une rafle dans des milieux palestiniens suspectés de terrorisme, les policiers ont saisi un curieux engin, une bombe dissimulée dans un poste de radio qui ne se déclenche que lorsque la pression atmosphérique baisse. Par exemple, dans la soute à bagages d'un avion qui monte pour atteindre son altitude de croisière.

Il semble vraisemblable que c'est ce genre de bombe qui a été utilisé lors de l'attentat du Boeing de Lockerbie. Car, très vite, les enquêteurs britanniques acquièrent la certitude qu'il s'agit bien d'un attentat.

Dans les jours qui suivent le crash, de nombreuses hypothèses sont émises. Naturellement, on pense d'abord aux Palestiniens à cause de la découverte des policiers allemands. Les hommes chez qui a été trouvée cette bombe appartenaient au Front populaire de libération de la Palestine-Commandement général, l'organisation d'Ahmed Djibril, une formation pro-syrienne. C'est une première piste.

Il y a aussi ce mystérieux correspondant qui a annoncé l'attentat quinze jours avant la catastrophe au nom d'Abu Nidal. Une piste d'autant plus vraisemblable que le terroriste palestinien est connu pour agir aussi en sous-main pour des pays comme la Libye ou la Syrie...

Autre commanditaire possible, l'Iran. Non seulement un correspondant anonyme, encore un, a revendiqué l'attentat au nom des Gardiens de la révolution, mais surtout tout le monde a encore à l'esprit la terrible bavure de la marine américaine qui a abattu par erreur un Airbus iranien au-dessus du détroit d'Ormuz, au mois de juillet précédent. Les Iraniens n'ont-ils pas tenté de se venger ? Mais pourquoi auraient-ils attendu cinq mois ?

Enfin, certains observateurs font une relation entre l'attentat et le procès d'un terroriste chiite libanais, Mohamed Hamade, procès qui vient justement de s'ouvrir à Düsseldorf.

Quelques jours seulement après le crash, les enquêteurs observent que l'armature métallique d'un des compartiments à bagages a été déformée par une explosion. Dans le même temps, les experts de la police scientifique mettent en évidence la présence de résidus d'explosifs sur des débris de l'avion. L'analyse chimique indique qu'il s'agit d'un plastic très puissant, très performant, le Semtex. Cet explosif fabriqué essentiellement en Tchécoslovaquie est une substance très malléable de couleur jaune miel tout à fait semblable à de la pâte à modeler et peu dangereuse à manipuler. Le Semtex est l'explosif préféré des terroristes internationaux. Les Irlandais, les Arméniens et les Palestiniens, bien sûr, l'ont utilisé. L'autre intérêt du Semtex, c'est qu'il lui suffit d'un très faible courant électrique pour exploser. Une simple pile de montre par exemple. Avec le Semtex, on peut donc réaliser des bombes très discrètes et difficilement détectables. Même si aujourd'hui les services de sécurité disposent d'appareils qui décèlent pratiquement toutes les molécules.

Ce Semtex, utilisé par presque toutes les organisations terroristes, n'est donc pas une signature satisfaisante pour désigner le ou les auteurs de l'attentat. Les experts passent alors minutieusement au crible tous les débris de l'avion. Et ils trouvent : un morceau de plastique minuscule dans le col d'un vêtement. Tout petit mais quand même suffisamment grand pour fournir l'amorce d'une piste.

Ce fragment est un morceau de circuit imprimé. Les spécialistes l'identifient comme étant une partie d'un détonateur. Mieux, en le radiographiant, ils peuvent reconstituer son numéro de fabrication. Dans une enquête, on a rarement une telle chance. À partir de ce numéro, il est peut-être possible de remonter jusqu'au fabricant. Et donc aux acheteurs éventuels.

Les enquêteurs procèdent d'abord par comparaison : la première constatation, toute simple, est que le détonateur est assez semblable à celui sur lequel les policiers allemands ont mis la main chez les terroristes du groupe d'Ahmed Djibril, terroristes protégés et armés par la Syrie. Semblable aussi à des détonateurs utilisés par deux Libyens lors d'un attentat perpétré contre l'ambassade des États-Unis au Togo.

Deux États, la Syrie et la Libye du colonel Kadhafi, peuvent être légitimement soupçonnés. Mais la suite de l'affaire va réserver d'autres surprises.

Les enquêteurs, et parmi eux il y a maintenant des Américains, identifient le fabricant de ces détonateurs, un citoyen suisse de Zurich, un certain Bollier. Un industriel qui a des liens privilégiés avec l'Allemagne de l'Est et rencontre les gens de la Stasi, lors de ses fréquents voyages à Berlin-Est. Plus tard, après la chute du Mur, on découvrira qu'il était réellement considéré comme un auxiliaire par les hommes de Markus Wolf.

La R.D.A. est-elle impliquée dans l'attentat de Lockerbie ? Les enquêteurs ne le croient pas. Mais les services secrets est-allemands ont pu acheter des détonateurs à Bollier afin de les redistribuer aux terroristes qu'ils soutiennent à l'occasion. Dans le monde du renseignement, les choses ne sont jamais tout à fait blanches ou noires. Or, chez nous, dans les services, nous savons que l'industriel a aussi des relations avec la C.I.A. ! Étonnant ? Pas tant que cela. Un type qui vend des détonateurs susceptibles d'être utilisés par des terroristes, c'est une fantastique source d'informations ! Dans le cas présent, justement Bollier parle : il donne rapidement aux enquêteurs une des premières informations crédibles. Il affirme avoir vendu une poignée de détonateurs du même type que celui de Lockerbie à des Libyens !

Incontestablement, le filet se resserre autour de la Libye de Kadhafi. Et ce n'est qu'un début. Les enquêteurs s'intéressent également au bagage qui aurait contenu la bombe. En fouillant dans la mémoire des ordinateurs qui gèrent l'acheminement des bagages à Francfort et en comparant avec les débris retrouvés à Lockerbie, ils aboutissent à la désignation d'une valise marron, une Samsonite. Le bagage serait arrivé à Francfort dans un vol en provenance de Malte. Cette valise, malgré toutes les consignes de sécurité en vigueur, aurait été embarquée dans les soutes du Boeing de la Pan Am alors même que son propriétaire n'était pas enregistré sur le vol 103.

Les policiers font le déplacement dans cette île méditerranéenne accueillante où, traditionnellement, les hommes de Kadhafi circulent comme ils le veulent. Ils s'intéressent en priorité aux vêtements retrouvés à proximité de la valise marron qui a contenu la bombe. Il y a là une chemise d'homme et des vêtements de bébé. Tous portent des traces de Semtex. Il existe donc de fortes chances pour qu'ils se soient trouvés dans la valise. Et les enquêteurs pensent qu'il y a une petite chance qu'ils aient été achetés à Malte.

Très vite, les policiers britanniques découvrent l'entreprise de confection maltaise qui a fabriqué ces habits. Coup de chance, l'un des vêtements de bébé n'a été fabriqué qu'à cinq cents exemplaires, tous distribués chez des détaillants de l'île. Second coup de chance : l'un de ces commerçants, dont la boutique se trouve à quelques centaines de mètres à peine de l'aéroport, se souvient. Il est même extraordinairement précis : son client était de type méditerranéen, sans doute un Libyen ! Ce boutiquier a une mémoire tellement prodigieuse que les policiers peuvent aussitôt établir un portrait-robot de l'acheteur.

Miracle, l'homme est presque immédiatement identifié. C'est un certain Ali al-Megrahi, un membre des services de sécurité libyens. Il aurait agi avec un complice de la compagnie Libyan Airlines. Le commanditaire de l'attentat aurait été le propre beau-frère de Kadhafi, Abdullah Senoussi. Le dossier semble bouclé. Kadhafi est clairement montré du doigt. À l'évidence, c'est le résultat auquel on voulait aboutir ! Dans les services où nous suivons de très près cette enquête éclair, ça nous paraît cousu de fil blanc !

Nous nous remémorons une étrange affaire qui s'est produite deux ans avant l'attentat de Lockerbie. Le 25 août 1986, le très sérieux *Wall Street Journal* dévoile que les États-Unis et la Libye sont sur la voie d'un nouvel affrontement. Cette escalade trouverait sa source dans les indications recueillies par l'administration républicaine suivant lesquelles Kadhafi aurait repris la planification et la préparation d'actes terroristes. Une information reprise par le commandant en chef des forces de l'OTAN et développée par l'envoyé spécial du président Reagan, Vernon Walters, lors d'une tournée européenne où il rencontre les principaux dirigeants. Aussitôt la tension monte en Méditerranée.

Un mois plus tard, un autre quotidien, le *Washington Post*, révèle que toute cette campagne fait partie d'un plan préconçu. La preuve, c'est un mémorandum du conseiller de Reagan pour les affaires de sécurité nationale, John Poindexter, celui-là même qui sera mêlé au scandale de l'Irangate. Le conseiller de Reagan écrit : « Un des éléments clefs de la nouvelle stratégie est de combiner les événements vrais et fictifs, à travers une campagne de désinformation. » Un projet visant à déstabiliser Kadhafi pour le forcer – suivant la formule même du président Reagan – « à se demander, chaque fois qu'il va se coucher, ce que nous allons faire » ! Notons au passage que cette entreprise de désinformation est intervenue juste après le raid aérien américain sur Tripoli et Benghazi, raid au cours duquel ont été tués des dizaines de civils et la fille adoptive de Kadhafi.

Nous soupçonnons que cette accusation de la Libye procède d'une semblable opération de manipulation. Surtout quand on sait que le fabricant de détonateurs, ce Bollier, entretient d'étroits rapports avec la C.I.A.

Kadhafi a toujours été la bête noire des États-Unis. Mais est-ce que ça suffit à expliquer cet acharnement ? N'y a-t-il pas derrière cette affaire autre chose ? Une réalité embarrassante qu'on aurait essayé de dissimuler. La vérité va être longue à se faire jour.

J'ai souvent évoqué les étranges relations qui existent entre les services secrets et le monde du grand banditisme. Des liaisons parfois inévitables mais toujours dangereuses. Et j'affirme que la catastrophe de Lockerbie n'est que la conséquence d'une coupable imbrication entre ces deux mondes.

Les années 80 sont marquées par les prises d'otages. Essentiellement au Liban. Des Français, des Anglais, des Américains sont enlevés, vraisemblablement par des intégristes du Hezbollah. Mais ces années 80 voient aussi une explosion du trafic et de la consommation de drogue. Une partie non négligeable de la production de drogue vient justement de la plaine de la Beqaa au Liban. Cette région est alors contrôlée par le Hezbollah, sous le parrainage syrien. À la faveur de la guerre civile et de la désorganisation totale des autorités libanaises, on peut y cultiver le pavot en toute tranquillité et en tirer des profits substantiels. Pour être tout à fait juste, il faut dire que nombre de factions libanaises se sont livrées au trafic de drogue. Aux États-Unis, dans les services de la D.I.A., la Defence Intelligence Army (c'est-à-dire le service de renseignement de l'armée qui est aussi le plus important service secret américain, avant même la C.I.A.), on imagine de combiner une opération avec les Stups américains.

Il s'agit d'utiliser une technique où les Américains sont passés maîtres. Une opération d'infiltration des réseaux de trafiquants de drogue libanais. Le premier objectif, c'est de comprendre quels sont les rouages du trafic. Le second objectif est beaucoup plus malin. Les Américains imaginent qu'en infiltrant les réseaux de trafiquants de drogue, ils vont remonter jusqu'aux responsables du Hezbollah C'est-à-dire aux ravisseurs, à ceux qui détiennent les otages occidentaux.

Il faut savoir que dans ce domaine la législation américaine est plus souple que la nôtre. Elle permet par exemple à un agent des Stups de se livrer au trafic de drogue, si c'est pour la bonne cause, c'est-à-dire l'arrestation des trafiquants. Les Américains ont une expression pour ce genre de techniques : ils appellent ça des « livraisons contrôlées » !

Au début, l'opération libanaise fonctionne plutôt bien. Assez rapidement, les agents des Stups, secondés par ceux de la D.I.A., réussissent à établir des contacts avec les trafiquants libanais. Et ils jouent leur rôle avec une grande efficacité en permettant à leurs correspondants d'acheminer de la drogue aux États-Unis en toute sécurité. C'est dangereux, mais c'est le seul moyen de donner confiance aux trafiquants.

Seulement, l'opération va déraper. Certains agents américains voient passer de telles sommes d'argent qu'ils se laissent tenter et qu'ils deviennent de véritables pourvoyeurs de drogue en augmentant les quantités et la fréquence des livraisons. C'est d'autant plus grave qu'en face ils ont un partenaire redoutable !

Un personnage très proche du président syrien, qui est aussi à l'époque un homme influent dans les services secrets de son pays, contrôle en réalité les trafiquants de la plaine de la Beqaa. Cet homme voit clair dans la manœuvre des Américains. Il imagine de s'en servir ! Il est bien placé pour savoir que le vol 103 de la Pan Am est l'un des vecteurs du trafic. La drogue est convoyée sur cette ligne. Services de police et de douane sont invités à fermer les yeux. Même les Allemands sont dans le coup. Le vol 103 n'est décidément pas un vol comme les autres.

En octobre, deux mois avant le crash de Lockerbie, les policiers allemands opèrent donc une rafle chez les membres du réseau d'Ahmed Djibril lié à la Syrie. Le matériel qu'ils trouvent indique que les terroristes préparent un attentat contre un avion de ligne. Mais on ne veut pas voir clair. Les Américains qui cornaquent les services secrets allemands ne croient pas à la menace syrienne. Pour eux, le premier État terroriste, c'est la Libye. Et la découverte allemande ne colle pas avec leurs schémas. C'est une erreur considérable. Parce que Djibril, malgré la rafle opérée en Allemagne, n'est pas décidé à renoncer. Ça va être d'autant plus facile pour lui que grâce à ses contacts avec les services secrets syriens, il est lui aussi parfaitement au courant du trafic de drogue qui passe par le vol 103 de la Pan Am. C'est donc l'un de ses hommes qui remplace les deux ou trois kilos d'héroïne qui doivent être convoyés vers les États-Unis par un transistor piégé, bourré de Semtex. Une opération sans risque puisque Djibril sait que ces envois sont régulièrement signalés aux policiers et douaniers et ne font l'objet d'aucun contrôle. Voilà donc expliqué le mystère de la valise sans propriétaire !

Le comble, c'est qu'à bord du Boeing ont pris place des agents des Stups américains, ceux-là mêmes qui, depuis Chypre et Beyrouth, ont organisé toute la manœuvre d'infiltration des trafiquants libanais.

Les Américains ont découvert assez vite la vérité. Et la mise en cause de la Libye n'a été qu'une opération poudre aux yeux, destinée à effacer toute trace des erreurs commises par les services américains.

Il reste une question sans réponse : qui a averti l'ambassade américaine à Helsinki de l'imminence d'un attentat ? Honnêtement, je ne le sais pas. Mais je pense qu'il s'agissait d'un signal ou d'un avertissement. En désignant ce vol 103, ce correspondant anonyme indiquait qu'il était au courant du trafic de drogue. Ensuite, que s'est-il passé ? Je l'ignore.

Et le mobile de Djibril ? On peut imaginer qu'il voulait se venger après l'arrestation de ses hommes en Allemagne fédérale. Mais je crois plutôt qu'il n'a fait qu'exécuter un contrat. Le véritable commanditaire de l'attentat se trouvait du côté de Téhéran. Les Iraniens n'avaient jamais pardonné aux États-Unis leur terrible méprise du détroit d'Ormuz. Le commandant du croiseur américain *Vincennes* avait cru être attaqué par un F 14. Et il avait ordonné la destruction de l'appareil. Mais il s'agissait en réalité d'un avion de ligne, un paisible Airbus iranien.

L'attentat de Lockerbie était vraisemblablement la vengeance des islamistes iraniens. Et Kadhafi, pour une fois, n'avait rien à voir dans l'affaire !

Dans leur ouvrage, L'Œil de Washington, *paru chez Albin Michel, Fabrizio Calvi et Thierry Pfister font état de la défection d'un agent des Stups américains, Lester Coleman. Celui-ci a affirmé que le vol 103 de la Pan Am servait bien à convoyer la drogue libanaise jusqu'aux États-Unis, avec la complicité des services américains.*

Par ailleurs, dans leur livre sur L'Histoire de l'espionnage mondial *paru aux éditions du Félin, Genofeva Étienne et Claude*

Monniquet donnent une version assez proche de celle de Monsieur X. Ils écrivent : « Washington aurait tout fait pour brouiller les cartes et faire d'une pierre deux coups en camouflant les erreurs de la D.I.A. et en accusant la Libye. À moins, bien entendu, que cette dernière ne soit à l'origine d'une gigantesque opération de désinformation... »

Bibliographie complémentaire pour éclairer les propos de Monsieur X

ANDREW C. et GORDIEVSKY O., *Le K.G.B. dans le monde*, Fayard

ATTALI Jacques, *Verbatim*, Robert Laffont

BARRON John, *K.G.B., The Secret Work of Secret Agents*, Readers

BONDACHE Colette, *Les Années 50*, Fayard

BOURCART J.R.D., *L'Espionnage soviétique*, Fayard

BUCHHEIT Gert, *Secrets des services secrets*, Arthaud

BUREAU Jacques, *Un soldat menteur*, Robert Laffont

CALVI F. et PFISTER T., *L'Œil de Washington*, Albin Michel

CAVE BROWN Anthony, *Philby père et fils*, Pygmalion

CAVE BROWN, Anthony, *Guerre secrète*, Pygmalion

CHALET M. et WOLTON T., *Les Visiteurs de l'ombre*, Grasset

COOKRIDGE E. H., *Mettez l'Europe à feu*, Fayard

CORMIER Jean, *Le Che*, Gallimard

COURTOIS S. et coll., *Le Livre noir du communisme*, Robert Laffont

DELARUE Jacques, *Trafic et crimes sous l'Occupation*, Fayard

DELPEY Roger, *La Manipulation Jacques Grancher*

DEROGY J., PONTAUT J.-M., *Enquête sur trois secrets d'État*, Robert Laffont

EISENBERG, DAN et LANDAU, *Le Mossad*, Stanké
ELGEY G., *Histoire de la IVe République*, Fayard
ETIENNE G. et MONNIQUET C., *Histoire de l'espionnage mondial*, Éd. du Félin
EYTAN Steve, *L'Œil de Tel-Aviv*, Stanké
FABRE-LUCE A., *La Dernière Nuit du docteur Ward*, Plon
FALIGOT R. et KAUFFER R., *Les Maîtres espions*, Robert Laffont
FALIGOT R. et KROP P., *La Piscine*, Le Seuil
FETJÖ F., *Histoire des démocraties populaires*, Le Seuil
GISCARD D'ESTAING Valéry, *Le Pouvoir et la Vie*, Cie 12
GUEVARA Ernesto, *Journal de Bolivie*, La Découverte
HOUBART J. et RANKOVITCH, J.-M., *Guerres sans drapeau*, Julliard
JACQUARD et NASPLÈZES, *Carlos, le dossier secret*, Picollec
KHROUCHTCHEV, *Souvenirs*, Robert Laffont
KNIGHTLEY P., *Profumo, les dessous d'une affaire d'État*, Robert Laffont
KRIEGEL A., et COURTOIS S., *Fried, le grand secret du P.C.F.*, Le Seuil
KROP Pascal, *Les Secrets de l'espionnage français*, Lattès
LAUNAY J., *Les Morts mystérieuses de l'histoire contemporaine*, GV Service
Lazlö Rajk et ses complices..., Stephaneum, Budapest
MONS Jean, *Sur les routes de l'Histoire*, Albatros
MOYZISCH, *Opération Cicéron*
OSTROVSKY V., *Un agent des services secrets israéliens parle*, Presses de la Cité
PAHLEVI Reza, *Mémoires*, Gallimard
PENKOVSKY O., *Les Carnets secrets*, Scoop Agengy
PORCH Douglas, *Histoire de services secrets français*, Albin Michel
RANDAL Jonathan, *La Guerre de mille ans*, Grasset
ROBRIEUX Philippe, *Histoire intérieure du Parti communiste*, Fayard

ROSS T. et WISE D., *Le Gouvernement secret des États-Unis*

SINGER K. et SHERROD J., *Les Espions qui ont changé l'Histoire*

SLANSKA Josepha, *Rapport sur mon mari*, Mercure de France

SOUDOPLATOV A. et P., *Missions spéciales*, Le Seuil

TULLY Andrew, *C.I.A.*, Stock

VIOLET B., *Carlos, les réseaux secrets du terrorisme international*, Le Seuil

WOLTON Thierry, *La France sous influence*, Grasset

WOLTON Thierry, *Le K.G.B. en France*, Grasset

WYBOT R., *Batailles pour la D.S.T.*, Presses de la Cité

Les revues *Historia*, *L'Histoire*, les *Cahiers du Centre d'études d'histoire de la Défense*, *L'Événement*, *Mémorial de notre temps*, *Documentation française*. Et les journaux *Le Monde*, *Paris-Presse*, *Le Figaro*, *L'Aurore*, *Libération*, *Paris-Jour*, *France-Soir*, *The Guardian*, *Paris-Match*, *Le Canard enchaîné*, *Jeune-Afrique*, *Le Matin*, *Al-Watan al-Arabi*, *Time*, *Le Monde diplomatique*, *Wall Street Journal*, *Washington Post*, *Le Figaro Magazine*, *L'Observateur*, *Le Quotidien de Paris*, *The Times*, *Actuel*, *Le Journal du Dimanche*, *La Croix*, *Le Point*, *L'Événement du Jeudi*, *L'Express*, *L'Humanité*, *Franc-Tireur*, *La Tribune de Genève*, *Combat*, *Le Parisien libéré*.

Table

Cet ouvrage a été réalisé par la
SOCIÉTÉ NOUVELLE FIRMIN-DIDOT
Mesnil-sur-l'Estrée
pour le compte des Éditions Denoël
en mars 1999

Imprimé en France
Dépôt légal : mars 1999
N° d'édition : 9149 - N° d'impression : 46204